Ministério da homilia

Coleção Liturgia Fundamental

- *Liturgia e vida espiritual: teologia, celebração, experiência* –
  Jesús Castellano
- *Renascer da água e do Espírito: Batismo e Crisma, sacramentos da iniciação cristã* –
  Pierpaolo Caspani
- *Ministério da homilia* – José Aldazábal

José Aldazábal

Ministério da homilia

Dados Internacionais de Catalogação na Publicação (CIP)
(Câmara Brasileira do Livro, SP, Brasil)

Aldazábal, José, 1933-2006
Ministério da homilia / José Aldazábal ; [tradução Luís M. Sander].
-- São Paulo : Paulinas, 2018. -- (Coleção liturgia fundamental)

Título original: El ministerio de la homilía
Bibliografia.
ISBN 978-85-356-4469-2

1. Fé (Cristianismo) 2. Homilética 3. Igreja Católica - Liturgia
4. Palavra de Deus 5. Pregação I. Título. II. Série.

18-20776   CDD-251

Índice para catálogo sistemático:
1. Pregação homilética : Cristianismo   251
Maria Paula C. Riyuzo - Bibliotecária - CRB-8/7639

1ª edição – 2018
1ª reimpressão – 2021

Título original da obra: *El ministerio de la homilía,*
© *Centre de Pastoral Litúrgica, Barcelona, 2006.*

Direção-geral: *Flávia Reginatto*

Conselho Editorial: *Dr. Antonio Francisco Lelo*
Dr. João Décio Passos
Ma. Maria Goretti de Oliveira
Dr. Matthias Grenzer
Dra. Vera Ivanise Bombonatto

Editores responsáveis: *Vera Ivanise Bombonatto e*
Antonio Francisco Lelo
Tradução: *Luís Marcos Sander*
Copidesque: *Mônica Elaine G. S. da Costa*
Coordenação de revisão: *Marina Mendonça*
Revisão: *Sandra Sinzato*
Gerente de produção: *Felício Calegaro Neto*
Projeto gráfico: *Manuel Rebelato Miramontes*
Capa e diagramação: *Tiago Filu*
Imagem capa: *Old Books closeup @ Subbotina*

Nenhuma parte desta obra poderá ser reproduzida ou transmitida por qualquer forma e/ou quaisquer meios (eletrônico ou mecânico, incluindo fotocópia e gravação) ou arquivada em qualquer sistema ou banco de dados sem permissão escrita da Editora. Direitos reservados.

Paulinas
Rua Dona Inácia Uchoa, 62
04110-020 – São Paulo – SP (Brasil)
Tel.: (11) 2125-3500
http://www.paulinas.com.br – editora@paulinas.com.br
Telemarketing e SAC: 0800-7010081
© Pia Sociedade Filhas de São Paulo – São Paulo, 2018

*Ele foi a Nazaré, onde fora criado,
e, segundo seu costume,
entrou em dia de sábado na sinagoga
e levantou-se para fazer a leitura.
Foi-lhe entregue o livro do profeta Isaías;
abrindo-o, encontrou o lugar onde está escrito:
"O Espírito do Senhor está sobre mim, porque ele me ungiu
para evangelizar os pobres;
enviou-me para proclamar a remissão aos presos
e aos cegos a recuperação da vista, para restituir a liberdade aos oprimidos e
para proclamar um ano de graça do Senhor".
Enrolou o livro, entregou-o ao servente e sentou-se.
Todos na sinagoga olhavam-no, atentos.*

*Então começou a dizer-lhes:
"HOJE SE CUMPRIU AOS VOSSOS OUVIDOS
ESSA PASSAGEM DA ESCRITURA".*

*Todos testemunhavam a seu respeito
e admiravam-se das palavras cheias de graça
que saíam de sua boca. [...]
Diante dessas palavras, todos na sinagoga
se enfureceram. E, levantando-se,
expulsaram-no para fora da cidade
e o conduziram até um cimo da colina
sobre a qual estava construída,
com a intenção de precipitá-lo de lá.
Ele, porém, passando pelo meio deles,
prosseguiu seu caminho.
Desceu então a Cafarnaum, cidade da Galileia,
e ensinava-os aos sábados.
Eles ficavam pasmados com seu ensinamento,
porque falava com autoridade (Lc 4).*

Sumário

Siglas 9
Introdução 11

CAPÍTULO 1
A homilia, realidade viva 13

CAPÍTULO 2
Identidade da homilia 25

CAPÍTULO 3
A Palavra de Deus, acontecimento salvador 41

CAPÍTULO 4
A homilia na história 63

CAPÍTULO 5
A homilia, obediente à Palavra 77

CAPÍTULO 6
A homilia a serviço do "hoje" da comunidade 99

CAPÍTULO 7
A homilia e a passagem ao rito sacramental 127

CAPÍTULO 8
Quem prega. A pessoa do homileta 137

CAPÍTULO 9
O CONTEÚDO BÍBLICO DA HOMILIA 173

CAPÍTULO 10
A LINGUAGEM DA HOMILIA 205

CAPÍTULO 11
EM QUE CELEBRAÇÕES SE PREGA 223

CAPÍTULO 12
PREPARAÇÃO REMOTA E PRÓXIMA 241

CAPÍTULO 13
OUTRAS SUGESTÕES PASTORAIS 255

CAPÍTULO 14
A HOMILIA, EDUCADORA DA FÉ 263

APÊNDICES

I
A SOLENE PREGAÇÃO DO LIVRO DE NEEMIAS 275

II
O PROBLEMA DA HOMILIA 279

III
ACUPUNTURA HOMILÉTICA 283

IV
CONSELHOS A UM MAU ORADOR 289

BIBLIOGRAFIA 293

Siglas

AA	*Apostolicam Actuositatem*, Vaticano II
ADAP	Assembleias dominicais na ausência do presbítero
AG	*Ad Gentes*, Vaticano II
CD	*Christus Dominus*, Vaticano II
CDC	Código de Direito Canônico
CT	João Paulo II, *Catechesi tradendae* (1979)
DMC	Diretório para as missas com crianças
DH	Dicionário de Homilética
DV	*Dei Verbum*, Vaticano II
EM	Paulo VI, *Eucharisticum Mysterium* (1965)
EN	Paulo VI, *Evangelii Nuntiandi* (1975)
PC	*Perfectae Caritatis*, Vaticano II
PDV	João Paulo II, *Pastores Dabo Vobis* (1992)
Ench	*Enchiridion*. Documentação litúrgica pós-conciliar (A. Pardo)
IGLH	Instrução Geral sobre a Liturgia das Horas
IGMR	Instrução Geral do Missal Romano
LG	*Lumen Gentium*, Vaticano II
OLM	*Ordo Lectionum Missae* (2. ed. 1981). Trad. bras.: Elenco das Leituras da Missa
PO	*Presbyterorum Ordinis*, Vaticano II
PPP	Comisión Episcopal de Liturgia (Espanha), *Partir el Pan de la Palabra* (1983)
RE	Ritual de exéquias (1989)
SC	*Sacrosanctum Concilium*, Vaticano II
VQA	João Paulo II, *Vicesimus Quintus Annus* (1988)

Introdução

Jesus incumbiu seus discípulos à mesma missão que ele havia realizado: que pregassem o Evangelho a toda criatura. E assim o tem feito a Igreja durante dois mil anos.

Além de ser uma comunidade evangelizada, repleta ela própria da Boa-Nova, e que, na liturgia, celebra essa Boa-Nova com trabalho e serviço e tenta construir uma sociedade nova, a Igreja é também uma comunidade profética, que anuncia ao mundo inteiro a salvação por Cristo Jesus.

Dentro dessa missão evangelizadora, no sentido amplo da palavra, tem particular interesse o serviço da pregação homilética no marco da celebração da comunidade cristã.

A finalidade deste livro não é ensinar "como se faz homilia" nem oferecer uma extensa teologia da Palavra de Deus, ou da exegese bíblica, ou da teologia do ministério da pregação na Igreja em geral. Tampouco pretende apresentar uma teoria completa da comunicação social ou psicológica, com todas as chaves da comunicação da linguagem.

O que tenta este livro é dar algumas ideias, tão ordenadas quanto possível, sobre o que é a homilia, qual sua posição no conjunto da pregação eclesial, qual sua estrutura e dinâmica interior, quem a realiza e a quem a destina. E também sobre qual é a pedagogia comunicativa que se deve pôr em prática para transmitir com eficácia a Palavra de Deus à comunidade concreta que a escuta.

Eu o escrevi pensando nos sacerdotes e nos seminaristas ou leigos que tentam exercer em geral o ministério da pregação, sobretudo o da homilia dentro da celebração litúrgica.

Certamente não pretendo apresentar "a" homilética, mas "uma" homilética, ou uma aproximação ao tema da homilia, com uma intenção claramente prática e pastoral.

É imensa a bibliografia que se publicou sobre a homilia, a partir das chaves da Bíblia, da história, da patrística, da teologia ou das ciências da comunicação.

Sobretudo na Alemanha e nos países anglo-saxões, apareceram muitos estudos sobre a teoria da pregação, de modo especial no âmbito protestante, que sempre deu maior importância à Palavra, ao contrário dos católicos, que produzimos em séculos passados uma literatura mais abundante em torno do sacramento.

De tanto que se escreveu sobre a pregação homilética, talvez pareça a alguns que é um tema já esgotado. Mas certamente não é supérfluo. Quem realiza esse prazeroso e nada fácil ministério da homilia na comunidade cristã sente o quão necessário continua sendo este ministério na Igreja atual, precisamente em meio a uma sociedade que não é mais tão cristã como antes. E também a conveniência de refrescar a homilética, a "teoria da homilia", para saber respeitar sua identidade dentro do conjunto da pregação eclesial e realizá-la nas melhores condições para que a comunidade vá crescendo e se fortalecendo em sua fé à luz da Palavra de Deus.

Capítulo 1
A homilia, realidade viva

A homilia é, em nosso tempo, um tema do qual se fala muito, a favor ou contra, uma realidade viva que interessa tanto aos pastores quanto aos fiéis da comunidade cristã.

É um ministério nobre, prazeroso para muitos dos que o realizam e proveitoso para muitíssimos fiéis. Porém, ao mesmo tempo, é um ministério difícil.[1]

Dificuldades em torno da homilia

a) Alguns problemas e perguntas surgem para a homilia a partir da própria *Palavra de Deus* que é necessário transmitir e traduzir para a vida de hoje.

Até poucos anos atrás, os Lecionários eram muito mais reduzidos. A Palavra de Deus do Antigo Testamento se proclamava poucas vezes, e cada ano as mesmas passagens, que não eram precisamente as

---

[1] Gomis, J. La homilía como problema. *Phase*, n. 85, p. 55-61, 1975; id. Crisis homilética. *Phase*, n. 165-166, p. 252-260, 1988; Rogues, J. ¿Tiene futuro la homilía? *Sel Teol*, n. 141, p. 47-52, 1997; cf. Lewek, A. *Die Neubelebung der Predigt durch die Erneuerung der Homiletik*. Theol Glaube, v. 1, p. 90-102, 1978: é um autor polonês, que situa bem e com simplicidade a homilética hoje.

mais importantes. Agora pode causar certa dificuldade aos pregadores ter que seguir os vários Lecionários e comentar livros que talvez nem sequer tenham estudado em seus tempos de seminário.

Nestes livros, encontramos, não poucas vezes, passagens difíceis de entender e de explicar: dos profetas, ou dos escritores do Novo Testamento como Paulo ou João, que apresentam às vezes uma teologia muito densa, ou páginas de singular violência e de uma moral que parece difícil de conjugar com o ensinamento de Cristo. A temática de alguns destes livros pode revelar-se árdua aos cristãos de hoje. Para captar sua mensagem, o pregador necessita de um esforço grande de preparação e reflexão.

Além disso, houve uma notória evolução nos estudos exegéticos, que condiciona muito a interpretação que se possa fazer das leituras dos vários livros bíblicos, em sua aplicação à vida atual dos fiéis. Parece a alguns que os exegetas nos tiraram muitas das "seguranças" que tínhamos, por exemplo, a respeito da historicidade de vários livros, e às vezes nos fazem duvidar de tudo.

b) Outras vezes, as dificuldades surgem a partir da própria pessoa do *pregador*.

Até poucos anos atrás, muitos sacerdotes não pregavam nunca ou quase nunca. Nas catedrais, costumava-se reservar este ministério, em todas as missas, a um cônego especificamente preparado para a pregação: o cônego "magistral". Em muitos seminários, não se ensinava, nem se ensina ainda, a disciplina da homilética. Davam-nos noções de "oratória sagrada", mas a homilia segue outras chaves bastante diferentes. Um pregador de hoje necessita de uma formação bíblica considerável, alimentada por uma formação permanente de que cada um tem que cuidar com responsabilidade.

Aos que pregam, que agora são a maioria, custa-lhes às vezes entender a mensagem bíblica, o "quê" devem pregar. É-lhes difícil dominar todo o AT e o NT. Custa-lhes também se conectarem com a comunidade que os escuta, "a quem" vão pregar: às vezes, não a conhecem suficientemente e, outras vezes, a conhecem demais, porque é sempre a mesma. Sobretudo, podem não se sentir preparados para o "como" vão fazer, porque a homilia supõe uma arte pedagógica e comunicativa nada fácil em muitas ocasiões.

Para alguns, a homilia representa uma responsabilidade que, às vezes, lhes dá medo ou lhes exige um tempo de preparação que não creem ter disponível em seu horário, ou lhes faltam livros adequados que os ajudem em sua preparação. Não raro, a experiência fez com que perdessem a ilusão ou a confiança, e o ministério da pregação lhes é, antes, oneroso e os faz sofrer, porque os deixa insatisfeitos e provavelmente notam que também a comunidade fica insatisfeita.

Também é verdade que alguns podem apresentar certa negligência e falta de convicção quanto à importância deste ministério e à necessidade de uma preparação cuidadosa. Inclusive a falta de fé profunda pode influir nesse desencanto e pouca motivação. Para o ministério pastoral, necessita-se um grau de vida de fé que dá luz e força também para a homilia dentro da celebração sacramental, que é um dos ministérios mais nobres mas também dos mais difíceis de um sacerdote.

c) Também a *comunidade* é fonte de perguntas que afetam a realização da homilia.

Se o pregador, por sua parte, às vezes se sente pouco à vontade neste ministério, também pode acontecer o mesmo aos fiéis que o escutam. Em alguns momentos, o pregador duvida das próprias forças. Em outros, tem motivos para pensar até aonde chega a capacidade de interesse e compreensão da comunidade que o escuta.

É verdade que muitos fiéis apreciam o ministério da homilia dentro da celebração dominical e, inclusive, diária. Consideram-na enriquecedora de sua vida de fé. Nas pesquisas de opinião, há, não poucas vezes, elogios e agradecimento pelo esforço dos sacerdotes em ajudá-los com sua explicação homilética.

Mas também há perguntas e críticas por parte de alguns fiéis.

Muitas comunidades, sobretudo as paroquiais, são heterogêneas, e não é fácil encontrar a linguagem apropriada para captar o interesse de seus diversos componentes. Particularmente difíceis são as homilias dirigidas a crianças ou jovens, como também aos presentes em uma missa celebrada em zonas turísticas.

Outras comunidades são homogêneas, ou para os pregadores são sempre a mesma, que os escuta domingo após domingo e ano após ano, como acontece em muitas cidadezinhas e de modo especial em comunidades religiosas com missa diária.

Às vezes, nota-se nos fiéis uma clara falta de interesse, ou preconceitos persistentes – motivados em parte pelas campanhas dos meios de comunicação –, no tocante a tudo que diz respeito à religião e, concretamente, à explicação que o ministro da celebração lhes faz das leituras. Em um mundo secularizado que os educa continuamente para o interesse pelo imediato, pelo material e pelo que preocupa diretamente sua vida social e familiar, não é estranho que muitos fiéis estejam desmotivados e que a linguagem religiosa e os temas que a Bíblia lhes oferece não sejam precisamente de seu interesse.

Os cristãos de agora não são tão "dóceis" e receptivos como os de antes, mas se mostram bem mais críticos nos assuntos da religião. Embora, muitas vezes, não haja entre eles oposição, mas indiferença.

É verdade que, em determinadas circunstâncias, as próprias homilias que eles vão escutando tampouco fazem muito para prestigiar este gênero de transmissão, pela pobreza da linguagem ou pela falta de aplicação concreta à vida. Alguns as consideram, com frequência, longas, enfadonhas, vazias, distantes da realidade, mal preparadas. P. Tena se perguntava (em *Phase*, n. 95, 1976) "que parte de influência terá a homilia na decisão de não participar na missa dominical".

Muitos fiéis têm pouca formação bíblica, e isso contribui para que a linguagem das leituras e das homilias lhes pareça estranha. Ou, ao contrário, sua formação bíblica é bastante sólida, inclusive, melhor do que a do pregador. O pregador fará bem em recordar que alguns fiéis estão bem preparados em termos de cultura religiosa, que têm um alto nível de vida de fé e, portanto, são exigentes quanto à qualidade das celebrações e, concretamente, da homilia: não se conformam com repetições, com superficialidades, com homilias que, logo se vê, não foram preparadas, e estão desejosos de uma séria formação continuada, à luz da Palavra, para aplicá-la à sua vida.

É difícil em geral falar em público, mais ainda quando se trata de coisas de fé. Entre outras razões, porque há uma clara "inflação de palavras" na sociedade atual, o que faz com que os ouvintes da homilia possam estar saturados de palavras e escutem uma exortação religiosa com o mesmo escasso interesse com que escutam as propagandas políticas ou comerciais com que são bombardeados continuamente.

d) Muitos problemas acompanham a homilia do ponto de vista da *linguagem* que é necessário empregar nela, ou seja, do "como" transmitir a mensagem da Palavra a essa comunidade concreta.

Não é fácil captar a linguagem bíblica e então transmiti-la aos fiéis do século 21, ou conservar o justo equilíbrio entre a importância que a Palavra tem em si e sua aplicação à vida de hoje.

Uma das queixas mais frequentes, tirando a duração excessiva das homilias, que torna desproporcionada a celebração, é sua pouca pedagogia, sua falta de proximidade com a vida e o uso de uma linguagem difícil de entender. Às vezes, os fiéis criticam o conteúdo das homilias;

outras vezes, sua linguagem e sua forma; e outras ainda, sua falta de preparação e estrutura.

O processo da comunicação interpessoal é sempre difícil e está sendo estudado por muitos autores a partir das leis da linguagem, da psicologia e da sociologia. Não é nada fácil aplicar estas leis ao ministério homilético, que em poucos minutos tem que realizar esta transferência da Palavra para a vida e para esta comunidade concreta que escuta.

Em um mundo marcado pela linguagem audiovisual, uma homilia que se baseia somente na palavra pode ficar pouco estimulante se não se cuida muito de sua pedagogia. Paulo VI expunha bem a situação:

> Sabemos bem que o ser humano moderno, saturado de discursos, se mostra muitas vezes cansado de ouvir e, pior ainda, como que imunizado contra a palavra. Conhecemos também as opiniões de numerosos psicólogos e sociólogos, que afirmam ter o ser humano moderno ultrapassado já a civilização da palavra, que se tornou praticamente ineficaz e inútil, e vivendo, hoje em dia, na civilização da imagem (EN 42).

Além disso, em um mundo marcado pela participação democrática em todos os níveis, a homilia pronunciada por uma única pessoa, sem diálogo nem intervenção de outros, pode parecer inapropriada para alguns.

e) Não é demais recordar que estas dificuldades que experimentamos no ministério da homilia *não são novas*. Há tempo se fala da "crise da homilia", que é, a rigor, crise da pregação ou crise da religiosidade e da fé em geral, inclusive, em nações tradicionalmente cristãs.

Porém, lendo um pouco de história, vê-se que a crise existiu sempre. Já no AT os profetas fracassaram não poucas vezes em seu desejo de transmitir ao povo a mensagem de Deus.

Quando Jesus pronunciou a primeira homilia em Nazaré, sua aldeia, por incumbência do chefe da sinagoga, começou suscitando a admiração de todos, mas terminou despertando a ira geral, por ter denunciado sua falta de fé, e esteve a ponto de ser lançado da colina. A "homilia" que Jesus dedicou aos dois discípulos de Emaús no caminho tampouco parece que teve muito êxito: não entenderam o que lhes dizia nem o reconheceram. Foi depois, durante a ceia, que se abriram os olhos deles.

Quando Paulo, na noite de despedida dos responsáveis pelas comunidades em Trôade, se alongou em suas explicações, teve que experimentar que um jovem chamado Êutico, sentado na janela, adormeceu profundamente – foi precisamente um jovem o primeiro a adormecer em uma missa –, caiu do terceiro andar e morreu. Menos mal que Paulo pôde milagrosamente ressuscitá-lo e continuar a celebração.

Agostinho, o grande pregador de Hipona, que atraía com seus sermões inclusive não crentes, também se queixava às vezes de que alguns saíam da igreja durante o sermão e, caso se ouvisse que passava algum circo pela rua, com suas músicas e atrações, arrastaria atrás de si muitos jovens que, portanto, já não participariam na celebração.

São Tomás de Aquino, no ano de 1259, em Paris, foi interrompido, no meio de seu sermão, por um ruidoso contestatário que começou a protestar em voz alta em relação ao que dizia o pregador, tachando-o de herege, até que algumas pessoas conseguiram tirá-lo da igreja...

Tudo isso não é para consolar os pregadores desanimados, mas, sim, para que não se deixem levar pelo desalento. Além dos defeitos a corrigir no modo de realizar a homilia, não se pode esquecer de que a pregação, homilética ou não, tem uma carga profética que incomoda alguns, porque aplica a Palavra de Deus à vida concreta.

Revalorização da homilia

Por outro lado, são muitos os fatores que fazem hoje da pregação homilética uma realidade prazerosa, positiva, de renovado interesse no momento atual da Igreja, desde que, a partir do Concílio, se restabeleceu sua verdadeira identidade e se urgiu sua realização.

a) Antes de mais nada, houve na Igreja um redescobrimento da *importância da Palavra* de Deus e um interesse bastante generalizado pela formação bíblica, fruto de um prolongado movimento bíblico na Igreja. Muitos cristãos, pessoalmente ou em grupos, baseiam agora sua espiritualidade e seu crescimento na fé precisamente na leitura e na assimilação da Palavra bíblica. É possível dizer que os fiéis vão tendo cada vez mais familiaridade com a linguagem e a mensagem bíblica, incluindo o Antigo Testamento. Isto faz com que não só se aprecie a *lectio divina*, que vai se ampliando em suas diversas modalidades, mas concretamente se espere da homilia um alimento mais eficaz para crescer na vida de fé.

b) Na celebração litúrgica, entende-se cada vez melhor a estrutura interior do rito e, dentro dele, aceita-se melhor o *lugar da homilia*, que conecta as leituras com a celebração sacramental que segue e, sobretudo, com a vida. Esta nova consciência é fruto do movimento litúrgico que desembocou nas decisões do Vaticano II e redescobriu não só a importância da liturgia da Palavra na celebração, mas, concretamente, também da homilia e suas linhas dinâmicas interiores. Apesar das opiniões desfavoráveis que, às vezes, se tem da homilia, ela não está mal situada nas pesquisas de opinião: os cristãos tendem a admiti-la (resignadamente?), porque lhes parece lógica, dentro da dinâmica da celebração. É claro que, certamente, gostariam que fosse mais bem preparada e mais concreta.

c) Os *Lecionários* são agora muito mais ricos do que antes, ao longo do Ano Litúrgico, tanto para as missas dominicais (com seus três ciclos A, B e C) como para as diárias (com seu duplo ciclo I e II), incluindo também os livros do Antigo Testamento, que antes quase não eram proclamados na missa. Também são muito melhores – em alguns casos, novos – os Lecionários para os vários sacramentos, para as festas dos Santos e outras celebrações votivas ou particulares.

d) É um fato cada vez mais aceito que a homilia é *parte integrante da celebração* e que cada missa dominical ou festiva deve incluí-la. Para muitas comunidades, sobretudo religiosas, também as missas diárias, de modo particular nos tempos fortes do ano, têm sua homilia, que as ajuda para que a Palavra de Deus toque suas vidas.

Recordemos que, durante séculos, não se pregou nas missas dominicais, embora se fizesse isso em dias marcados, com panegíricos de santos (ou dos missa-cantantes) ou se realizassem sermões sobrepostos à missa, pregados por outro sacerdote, normalmente sem muita referência aos textos bíblicos.

É cada vez mais comum a pregação também nas missas feriais, e não só nas comunidades religiosas, mas também nas paróquias.

Também é um fator positivo e estimulante que agora não se celebre nenhum sacramento sem proclamação da Palavra, com sua correspondente homilia, coisa que antes não se fazia.

e) Os que se preparam para este ministério ou já se dedicam a ele recebem uma ajuda notável na *teologia renovada* que estudam, sobretudo a bíblica, com uma apresentação teológica nova sobre Deus, ou sobre Cristo, ou sobre a Igreja e a moral. Isso faz com que a homilia possa ter melhor apoio na hora de traduzir para nossas coordenadas atuais as mensagens da Palavra, baseando-se nesta teologia mais positiva e centrada nos valores da História da Salvação. Na primeira metade do século 20, houve um saudável movimento "querigmático", impulsionado por autores como J. A. Jungmann, H. Rahner e F. X. Arnold, preocupados em renovar a teoria e a práxis da pregação cristã. Isso influiu notoriamente também no gênero homilético desta pregação.

f) A homilia está recebendo interpelações e luzes também de parte das *ciências humanas* da sociologia, da psicologia, das leis da comunicação linguística e da retórica. Se a conexão com a Bíblia ajuda sobretudo no âmbito do "quê" pregar, estas ciências estimulam a melhorar o "como" comunicar essa mensagem aos cristãos de hoje.

g) Também se pode dizer que há *subsídios* e ajudas melhores e mais abundantes para a preparação das homilias, tanto das dominicais como das dos outros dias, ou para os diversos sacramentos. Essas publicações, que agora se multiplicam também pela Internet, tendem a dar ao pregador materiais melhores para a exegese e para a aplicação da mensagem bíblica à vida dos ouvintes.

h) Está se cultivando a própria *homilética*, como ciência, do ponto de vista psicológico, sociológico, linguístico etc. Também os estudiosos da retórica interpelam significativamente nossa "arte de pregar" na celebração.

i) São interessantes, embora talvez ainda insuficientes entre nós, as *análises sociológicas* que estão se realizando em torno do ministério da homilia visto pelos fiéis.[2]

---

[2] Enumero algumas: VV.AA. *Ricerca interdisciplinare sulla predicazione*. Bologna: Dehoniane, 1973, 264 p.: análise psicológica e sociológica de 150 homilias em Milão; Traullé, C. Propos et questions sur la prédication. *LMD*, n. 126, p. 83-107, 1976 (análise sociológica de 30 sermões, com base em respostas de fiéis): VV.AA. La homilía hoy: ¿medio de comunicación? Estudio sociologico. *Phase*, n. 212, p. 175-180, 1996 (pesquisa de opinião com 1.174 pessoas nas Ilhas Canárias); Sartor, P. L'omelia a Milano dal Concilio a oggi attraverso le indagini empiriche. *La Scuola Cattolica*, n. 2-3, p. 289-349, 1996: estudo sério sobre pesquisas de opinião feitas em Milão sobre a pregação, com bibliografia abundante de estudos publicados na Itália; Borello, S. Mediatori e comunicatori: come predicano gli omileti italiani. *Ambrosius*, n. 3, p. 239-283, 2003.

Panorama positivo

São muitos os fatores positivos que aproximaram a homilia da Palavra bíblica, da vida concreta e da dinâmica interior da celebração sacramental.

Tudo isso faz com que sejam muitos os sacerdotes que encontram na pregação homilética dominical ou diária alimento para sua própria vida espiritual e sentem autêntica alegria em poder ajudar os fiéis com seu serviço, para o qual se preparam responsavelmente.

Paulo VI não hesitou em afirmar que também os fiéis que recebem a ajuda deste ministério estão se valendo agora claramente dele para o crescimento em sua vida de fé:

> Os fiéis congregados para formar uma Igreja pascal, a celebrar a festa do Senhor presente no meio deles, esperam muito desta pregação e dela poderão tirar fruto abundante, contanto que ela seja simples, clara, direta, adaptada, profundamente aderente ao ensinamento evangélico e fiel ao magistério da Igreja, animada por um ardor apostólico equilibrado que lhe advém de seu caráter próprio, cheia de esperança, nutriente para a fé e geradora de paz e unidade. Muitas comunidades paroquiais ou de outro tipo vivem e consolidam-se graças à homilia de cada domingo, quando ela tem as qualidades apontadas (EN 43).

Os fiéis de hoje necessitam mais do que em outros tempos da ajuda permanente da homilia que aproxime a Palavra às suas vidas e os vá formando em uma mentalidade que possa contrabalançar à da sociedade em que vivem. Para muitos, a homilia é o elemento principal da celebração (embora não o devesse ser, porque o mais importante é a própria Palavra), o elemento que os sacerdotes mais preparam e quase o único de que os fiéis se lembram depois.

Podemos afirmar que, se pode parecer a alguns que a homilia não os enriquece, muitos outros fiéis, tanto os dominicais como os religiosos e muitos outros que participam diariamente da Eucaristia, são efetivamente ajudados e ficam iluminados e alimentados em sua fé pela celebração e, concretamente, pela homilia. Quantos milhares e milhões de cristãos, na Igreja, recebem com regularidade o alimento deste ministério homilético!

Se é possível falar de crise homilética, é necessário recordar também que, às vezes, as crises servem de purificação e nos obrigam a nos examinar para melhorar a qualidade de nossas homilias e, assim, favorecer mais decididamente a vida de fé de nossas comunidades.

Capítulo 2
Identidade da homilia

É importante ter consciência da identidade própria da homilia. Ou seja, saber, antes de tudo, o que ela é e o que se pode pedir dela. Respeitando sua identidade, dentro do conjunto da ação eclesial, é como melhor podemos exercer este ministério.

As três dimensões básicas da pregação

Dentro do amplo campo da pastoral profética da Igreja, é necessário distinguir diversos gêneros de pregação da Palavra de Deus: sobretudo a evangelização, a catequese e a homilia, que formam idealmente um processo unitário e sucessivo.

A *evangelização* se refere ao primeiro anúncio, à apresentação global da Boa Notícia, do "querigma" ou "proclamação" de Cristo como realização pessoal da salvação de Deus. É a dimensão mais "missionária" da pregação. Corresponde aos verbos gregos *euaggelizo* (*euaggelion* é "boa-nova") e *kerysso* ("anuncio, proclamo"). Daí vêm em grego *keryx* ("pregoeiro, arauto") e *kerigma* ("proclamação, anúncio").

A *catequese* sistematiza e aprofunda o que a evangelização anunciou globalmente. É a dimensão mais "didática" da pregação, pela qual se vão apresentando por partes os conteúdos da mensagem. Catequese vem do verbo grego *kat-exo* ou *kat-exeo*, "fazer eco", "ressoar". Outras vezes, é designada como *didasko*, "ensinar". Por isso, a catequese se expressa também com termos como *didaché* e *didaskalia*.

A *homilia* é a comunicação da Boa-Nova dentro da celebração litúrgica, que é seu âmbito próprio. É uma exortação para que aquilo que já se crê globalmente (como evangelizados) e se vai entendendo em profundidade (como catequizados) vá calando em nossa mentalidade e seja levado para a prática na vida, seguindo a mensagem das leituras escutadas na celebração. O verbo grego é *omiléo*, que significa "conversar" e se refere a um estilo de comunicação fraterna.

A *evangelização* ou *kerigma* se dirige em princípio a "não crentes", a pagãos (e também, por extensão, aos batizados que se afastaram da fé ou que nunca foram evangelizados de verdade), e apresenta a História da Salvação centrada em Cristo Jesus e seu mistério pascal. Tem como fonte básica o Evangelho e como meta a fé e a conversão dos ouvintes, como a aceitação de Cristo morto e ressuscitado. Este foi o núcleo da pregação de Pedro, Estêvão ou Paulo no Novo Testamento. Todos os cristãos podem realizá-la, nos ambientes familiares, escolares, missionários ou de meios de comunicação.[1]

A *catequese* ou didascália tem como destinatários aqueles que já creem em Cristo Jesus, os "catecúmenos", crianças, jovens ou adultos que aceitaram a fé, mas que necessitam conhecer mais a fundo, e sistematicamente, o conteúdo do Evangelho cristão. Tem como fonte básica o catecismo e como meta um aprofundamento sistemático no conhecimento de Cristo e da fé. A catequese pode ser transmitida por todos os cristãos: os pais, os professores, os catequistas, os missionários.

---

[1] O papa Paulo VI dedicou, em sua exortação *Evangelii Nuntiandi*, os números 6-16 ao desenvolvimento do aspecto "De Cristo evangelizador a uma Igreja evangelizadora". Cf. também EM 27.

Os Santos Padres faziam "catequese" da fé aos seus fiéis, e diversos catecismos, como o de Trento, o de Pio X e agora o Catecismo da Igreja Católica (1992), oferecem ajuda a este conhecimento da fé.

Um exemplo de catequese que segue a evangelização temos no que nos narra o livro dos Atos sobre o dia de Pentecostes. Pedro termina seu discurso com uma afirmação "querigmática", anunciadora de Cristo: "Saiba, portanto, com certeza, toda a casa de Israel: Deus o constituiu Senhor e Cristo, este Jesus a quem vós crucificastes" (At 2,36). A seguir, conta-se como muitos acolheram a mensagem, converteram-se e foram batizados e acrescentados à comunidade dos crentes. Na vida dessa comunidade, destacam-se vários aspectos: o primeiro deles é o "ensino dos apóstolos" (a *didaché*), que é acompanhado pela *koinonia* ou "vida em comum", o "partir do pão" ou Eucaristia e as "orações" (At 2,42). A *didaché* é a catequese ou aprofundamento no conhecimento de Cristo que já tinham aceitado, parecida com a que Jesus ofereceu aos dois discípulos de Emaús, a partir dos salmos e dos profetas do Antigo Testamento.

À catequese se deve acrescentar a teologia: um ensino mais profundo e sistemático, que hoje em dia se oferece não só nos seminários e nas casas de formação de religiosos, mas também a muitos leigos que se interessam e participam em cursos de teologia, sobretudo nos Institutos Superiores de Ciências Religiosas.[2]

A *homilia* tem seu ambiente próprio dentro da celebração litúrgica. Este é seu traço característico, que a distingue dos outros tipos de pregação. Portanto, escutam-na, em princípio, os que já são crentes e estão celebrando a Eucaristia ou outros sacramentos. Assim como a

---

[2] Sobre a identidade própria da catequese, cf. CT 18-25; por exemplo, a definição de catequese: "desenvolver a inteligência do mistério de Cristo, à luz da Palavra" (CT 20); cf. também Congregação para o Clero. *Diretório geral para a catequese*. São Paulo, Paulinas, 2009; Groppo, G. Omelia e catechesi. *Riv Lit*, p. 563-575, 1970.

evangelização e a catequese podem ter como destinatária uma única pessoa, a homilia, em princípio, dirige-se a uma comunidade. Tem como base as leituras bíblicas proclamadas na celebração e como meta o convite persuasivo a traduzir o que foi escutado para a vida, seguindo o estilo de conduta que nos marca a Palavra de Deus. Ela é uma "exortação" (em grego, às vezes, *parenesis* ou *paraclesis*). O sujeito próprio desta pregação homilética é o ministro que preside a celebração; portanto, normalmente, um ministro ordenado, ou também um leigo, se tiver sido devidamente encarregado deste ministério.

Antes e depois desse processo de pregação

Agora, pode-se dizer que este processo, de certo modo unitário e sucessivo – evangelização, catequese, homilia –, tem um preâmbulo e uma prolongação.

O preâmbulo é a "pré-evangelização", pela qual se prepara uma pessoa para que se sinta interessada pela notícia que vai receber. De algum modo, trata-se de "captar a benevolência" das pessoas, imersas em um mundo secularizado, tentando prevenir seus preconceitos ou dialogar, de forma simples, sobre valores humanos anteriores ao Evangelho. É uma etapa pré-querigmática, parecida com a que se descreve quando Paulo pregava aos seus ouvintes de Atenas, valorizando aquilo que havia de bom neles, citando-lhes autores seus, dispondo sua mente para a grande notícia salvadora de Cristo. O Ritual da Iniciação Cristã de Adultos, antes da etapa propriamente evangelizadora, fala de um "tempo oportuno de amizade e colóquios" entre os cristãos e as pessoas que, supõe-se, possam se interessar em conhecer o que é o cristianismo.

Por outro lado, depois do terceiro momento do processo – a homilia dentro da pregação –, há outra etapa de prolongação, porque esta pregação tem consequências. Antes de tudo, está a "palavra sacramental", que leva a Palavra proclamada na primeira parte da celebração à sua eficácia mais densa no rito sacramental, por exemplo, do Batismo ou da Penitência ou da Eucaristia ("eu te batizo [...] eu te absolvo [...] este é meu Corpo"). O sacramento continua sendo, de alguma maneira, "proclamação" da Palavra, agora com sinais simbólicos sacramentais.

Mas ainda resta talvez o principal nesta prolongação: a Palavra nos leva à vida, exorta-nos a aceitar um estilo de atuação em conformidade com essa Boa-Nova anunciada, acolhida e celebrada.

Além disso, é bom recordar, na hora de situar a homilia no conjunto da pregação eclesial, que há outras várias formas de anúncio ou de reflexão sobre a Palavra: o estudo bíblico pessoal, em grupos ou em cursos, a *lectio divina*, a leitura espiritual e a meditação pessoal, as conferências, as diversas manifestações da religiosidade popular, o contato pessoal e a direção espiritual, a difusão da fé pelos meios de comunicação social, pelos livros, revistas e escritos. Poderíamos também citar o efeito evangelizador que têm obras artísticas de pintura e escultura, como também composições musicais como as cantatas de Bach ou sua "Paixão segundo São João ou São Mateus", que são um anúncio comovedor da Páscoa do Senhor.

A homilia como complemento das outras formas de pregação

A comparação que fizemos da homilia com a evangelização e a catequese é antes de tudo teórica.

Dissemos que a homilia se dirige, em princípio, a pessoas que já estão batizadas, que são crentes, embora sejam fracas, e é próprio dela edificar e ajudar a crescer na fé que já se tem. Porém, muitas vezes, continua fazendo falta que a homilia evangelize e catequize ou que ofereça um aprofundamento na teologia.

Na prática, quase nunca esse processo acontece de forma ideal. Nem sempre foi feita a evangelização que levasse a um período de catequese e celebração. Sobretudo neste tempo em que a situação de alguns países é claramente de "não cristandade", nem sempre os ouvintes de uma homilia já estão convertidos de forma séria ou instruídos suficientemente ou medianamente maduros em sua fé. Nem sempre é tão real o que seria o caminho lógico: a evangelização que suscita a fé, a catequese que a alimenta e ilumina, e a homilia que a atualiza à luz da Palavra e a relaciona com a vida.

As pessoas que escutam a homilia são, em princípio, batizadas, mas nem sempre totalmente "crentes" e evangelizadas. Muitos dos que vão a algumas celebrações (sobretudo em bodas, primeiras comunhões e exéquias) poderiam ser considerados "neopagãos", por causa de seu afastamento da fé.

Tampouco se pode dizer que todos os que escutam uma homilia estejam catequizados, inclusive nas missas dominicais. Seria possível considerá-los de alguma maneira sempre "catecúmenos" necessitados de um aprofundamento em seus conhecimentos de fé.

Por isso, a homilia, muitas vezes, deverá complementar a evangelização ou a catequese, que logicamente são anteriores, mas que comumente não foram realizadas de modo completo e, em todo caso, nunca são suficientes. Isso sem pretender substituí-las plenamente, porque ambas, a evangelização e a catequese, têm ou devem ter seus canais próprios.

A homilia, sem perder sua identidade própria – conduzir ao sacramento e à vida –, às vezes deverá continuar evangelizando, por exemplo, no caso das bodas e das exéquias. Ou seja, deverá anunciar a salvação que Deus nos oferece em Cristo Jesus, que é a melhor "boa-nova" que podemos ouvir, e convidar ocasionalmente para a "conversão", para a fé, que em certos ambientes não se pode tomar por óbvia. A homilia tem, pois, uma dimensão "missionária" ou "querigmática" inegável, sobretudo em alguns ambientes.

Muitas vezes também a homilia deve ser "catequizadora". A homilia dominical ou diária constitui ao longo do ano a melhor catequese do mistério de Cristo. A catequese, por si só, não segue as leituras bíblicas, mas o catecismo, ou seja, uma estruturação sistemática da fé cristã. Mas a homilia – de novo sem perder sua finalidade de conduzir ao sacramento e à vida – exerce o serviço de completar a catequese dos cristãos, quanto à compreensão dos mistérios da salvação e à sua prática na vida.

A celebração da Eucaristia, e dentro dela a proclamação das leituras e sua explicação homilética, constitui uma autêntica "catequese em ação" e a melhor "formação permanente" da comunidade. É verdade que a catequese tem canais muito próprios e válidos no conjunto de atividades de uma comunidade cristã, tanto para crianças quanto para adultos, como também os deve ter o ministério da evangelização. Mas a missa dominical, em seu conjunto, com suas leituras e sua homilia, chega a um maior número de pessoas e, a longo prazo, é mais eficaz em seu trabalho de aprofundamento também catequético e até teológico.

Tudo isso adquire maior urgência se consideramos que, para muitos cristãos, a única forma de acesso à educação em sua fé é a celebração do domingo e, dentro dela, a escuta da Palavra e da homilia.

O decreto conciliar sobre "o ministério dos presbíteros", *Presbyterorum Ordinis*, expressa bem todo esse processo de pregação:

> O povo de Deus é reunido antes de tudo pela Palavra de Deus vivo, que é justíssimo esperar receber da boca dos sacerdotes. Com efeito, como ninguém se pode salvar se antes não tiver crido, os presbíteros, como cooperadores dos bispos, têm, como primeiro dever, *anunciar a todos o Evangelho* de Deus, para que, realizando o mandato do Senhor: "Ide por todo o mundo, pregai o Evangelho a todas as criaturas" (Mc 16,15), constituam e aumentem o povo de Deus. Com efeito, é pela Palavra da salvação que é suscitada no coração dos infiéis e alimentada no coração dos fiéis a fé, mercê da qual tem início e se desenvolve a assembleia dos fiéis [...]. Por isso, os presbíteros são devedores de todos, para comunicarem a todos a verdade do Evangelho, de que gozam no Senhor.
>
> Portanto, quer quando, por uma convivência edificante entre os povos, os levam a glorificar a Deus, quer quando, pregando abertamente, anunciam o mistério de Cristo aos que não creem, quer quando *ensinam o catecismo cristão* ou explanam a doutrina da Igreja, quer quando procuram estudar à luz de Cristo as questões do seu tempo, sempre é próprio deles ensinar não a própria sabedoria, mas a Palavra de Deus e convidar instantemente a todos à conversão e à santidade. A pregação sacerdotal – não raro dificílima nas circunstâncias hodiernas do mundo, se deseja mover mais convenientemente as mentes dos ouvintes – não deve expor apenas de modo geral e abstrato a Palavra de Deus, mas sim aplicando às circunstâncias concretas da vida a verdade perene do Evangelho.
>
> Deste modo se exerce o multiforme ministério da Palavra segundo as diversas necessidades dos ouvintes e os carismas dos pregadores. [...] [isso] vale sobretudo para a *liturgia da Palavra na celebração* da missa, na qual se unem intimamente a anunciação da morte e da ressurreição do Senhor, a resposta do povo ouvinte e a própria oblação em que Cristo confirmou a nova aliança no seu sangue [...] (PO 4).

O documento da *Comissão Episcopal de Liturgia da Espanha sobre a homilia* se também explica como a homilia deve, às vezes, "evangelizar":

Há ocasiões em que a tarefa de pronunciar a homilia se faz particularmente delicada, seja porque uma grande parte das pessoas que assistem a ela acudiram por motivações de tipo social ou de outra índole, por exemplo nos funerais ou nas bodas, ou porque o fazem atraídas pelo peso do costume ou da tradição, como ocorre às vezes nas festas de padroeiros. A presença destas pessoas, nem sempre incrédulas ou indiferentes, obriga a realizar uma pregação respeitosa e aberta a todos, mas também, e talvez mais que em outras circunstâncias, a anunciar os conteúdos essenciais da mensagem cristã, como a cruz de Cristo como sinal do amor universal de Deus, a Igreja mistério de comunhão a serviço dos homens, o homem imagem de Deus e redimido por Cristo, a santidade do matrimônio e da família, a esperança na vida futura etc.

Nas homilias durante a celebração do matrimônio, será preciso, muitas vezes, atentar sobretudo para a situação pessoal dos que vão receber o sacramento; contudo, a pregação, por mais positiva que seja, não poderá suprir uma preparação catequética e espiritual que deveria acontecer antes. Quando se trata de um funeral, a homilia deve evitar toda aparência de elogio fúnebre do defunto, embora deva conduzir ao consolo que brota da esperança cristã e da fé na Palavra do Senhor e na oração da Igreja (PPP 30).

A homilia como "conversa fraterna"

A palavra "homilia" vem do grego *omileo, omilein*, "conversar, ter uma conversa": não necessariamente no sentido de conversação participativa, mas no de um tom familiar adotado por quem fala, diante de irmãos da comunidade, em contraposição ao tom de um professor ou de um conferencista.

Temos exemplos interessantes do uso deste termo no Novo Testamento.[3]

---

[3] Para o sentido que esse termo tem no Antigo Testamento, cf. Barile, R. L'omelia. *Riv Past Lit*, n. 2, 64 p. (dossiê interior), 2004.

Em Lc 24,14, diz-se que os dois discípulos de Emaús conversavam entre si (*"omíloun pros allelous"*) e, enquanto assim conversavam (*"en to miléin"*, v. 15), saiu-lhes ao encontro o Ressuscitado.

At 20,7 nos descreve como Paulo conversava com os responsáveis pelas comunidades em Trôade (*dielégeto*) e alongou a conversa (*ton logon*). Enquanto Paulo conversava (*dialogomenou*), o jovem Êutico adormeceu e caiu para a rua. Depois de devolvê-lo vivo à comunidade, Paulo conversou longo tempo (*omilesas*: v. 11) até o amanhecer. Certamente não se trata de uma "homilia" como a entendemos agora: era a despedida do apóstolo, que queria deixar as coisas bem ordenadas.

Também em outro ambiente se utiliza este termo: Pedro "conversava" (*synomilón*) com o centurião Cornélio, ao chegar à sua casa (At 10,27). Em At 24,26, Lucas diz que o procurador Félix, em Cesareia, adiava o julgamento de Paulo (esperando conseguir dele algum dinheiro) e "conversava com ele" (*omílei autó*).

Citando um verso do poeta Menandro, Paulo usa uma vez esta palavra em outra direção menos otimista: avisa os seus de que "as más conversações (*omiliai kakái*) corrompem os bons costumes" (1Cor 15,33).

Segundo os técnicos, o termo "homilia" (que Orígenes parece ter empregado pela primeira vez no sentido atual em seus livros *Homilias sobre São Lucas* e *Homilias sobre o Gênesis*) designaria desde o início uma "conversa familiar", que se caracteriza por seu tom fraterno, uma exortação familiar em torno da Palavra que se escutou.

É diferente, portanto, do que significaria a palavra grega *logos*, em latim *oratio*, no sentido de "discurso". A homilia não se faz da perspectiva de um conferencista, de um propagandista ou de um doutor. Não pretende ser uma aula, nem uma conferência, nem um panegírico, nem um discurso em véspera de eleição. É a palavra de um irmão que fala a seus irmãos sobre o que Deus disse a todos. O professor ensina; o homileta edifica, exorta, incita.

Antes se chamava de "sermão" o que agora denominamos de "homilia". No Vaticano II, empregam-se indistintamente os dois termos, mas se fala sobretudo de "homilia" (SC 24, 52, 78...).

Agora se entende o "sermão" como mais temático, mais próprio dos exercícios piedosos e dos dias de missão. A pregação nestes exercícios piedosos (novenas, tríduos), assim como nos exercícios espirituais, e sobretudo nas "conferências", não se faz necessariamente a partir das leituras bíblicas, como na homilia, mas centrada em um "tema religioso" ou na "vida do santo".

A homilia não é um "tema doutrinal", nem pretende primordialmente ensinar, embora também o faça (SC 33 afirma que "a liturgia é também grande fonte de instrução para o povo fiel"). O que ela pretende é celebrar a Palavra e exortar a que se cumpra na vida, ao mesmo tempo em que conduz, a partir dessa mesma Palavra, à celebração do sacramento. É, portanto, simultaneamente exortação (*parenesis*) e pedagogia para o mistério (*mistagogia*).

A homilia como parte integrante na dinâmica da celebração

A homilia volta a inserir-se agora decididamente dentro da dinâmica da celebração da Palavra, depois das leituras bíblicas.

Nos últimos séculos não era assim. No Código de Direito Canônico do ano de 1917 e em outros documentos magisteriais, ela não aparecia como parte da celebração.

Nas Rubricas publicadas em 1960, muito pouco antes do Concílio, dizia-se no n. 474: *"Homilia non superimponatur Missae celebrationi impediendo fidelium participationem; proinde, hoc in casu, Missae celebratio suspendatur, et tantummodo expleta homilia resumatur"*. Ou seja, considerava-se a homilia muito útil, mas ela não deveria ser "sobreposta à celebração da missa, impedindo assim a participação dos fiéis", e então se deveria "suspender a celebração da missa e não retomá-la até que a homilia estivesse terminada". A homilia era tida, pois, como um parêntese dentro da celebração. Em alguns lugares, durante o sermão, inclusive, se apagavam as velas do altar, ou o sacerdote tirava a casula. Na celebração dos sacramentos, normalmente não se pregava.

Ressituar a homilia dentro da celebração, e não como um corpo estranho, foi um grande passo adiante do Vaticano II. Agora nos parece até mesmo estranho que o Concílio tivesse que dizê-lo, mas na época era necessário: "Indiquem as rubricas o momento mais apto para a pregação, como é parte da ação litúrgica (*'utpote partis actionis liturgicae'*)" (SC 35); "recomenda-se vivamente a homilia como parte da própria liturgia (*'pars ipsius liturgiae'*)" (SC 52).

Assim o foram repetindo os documentos posteriores. O Missal Romano recorda que a homilia "é parte da liturgia", e "muito recomendada, pois é necessária para alimentar a vida cristã" (IGMR 65). Além disso, ela foi colocada claramente em seu lugar: não antes ou depois da celebração, mas depois da proclamação das leituras. Agora nos parece o mais normal que, depois de proclamar a Palavra, se dedique um tempo a que o presidente da celebração explique e aplique essa Palavra à vida da comunidade.

A homilia faz parte da liturgia, não só porque é feita dentro e durante a celebração, mas porque ela própria é ato litúrgico, um ato cultual, um ato salvífico que entra na estrutura da celebração, unida à proclamação da Palavra, em relação com a oração que segue e a ação de graças e a participação na Eucaristia.

A pregação mais integral, mais integradora

Como lembramos, a homilia não é a única forma de pregação, embora possa parecer a mais digna por causa de seu âmbito litúrgico. No Diretório para os Bispos de 2004, diz-se que, "por ser parte da liturgia, ápice e fonte de toda a vida da Igreja, a homilia se sobressai entre todas as formas de pregação e, de certa forma, as resume" (n. 122). O Código de Direito Canônico de 1983 afirma que "entre as formas de pregação destaca-se a homilia, que é parte da própria liturgia e se reserva ao sacerdote ou diácono" (CDC 767). João Paulo II, em sua exortação *Catechesi Tradendae*, diz que "a pedagogia da fé encontra sua fonte e seu complemento final na Eucaristia, ao longo do horizonte completo do ano litúrgico" (CT 48).

Por isso, disse-se que a homilia é o ápice e a plenitude de todas as outras formas de pregação. Poder-se-ia definir assim: um ministro ordenado que dirige sua homilia a uma comunidade que se reuniu para celebrar, o faz a partir das Escrituras proclamadas, em um tom familiar, para ajudar que todos atualizem o que transmite a Palavra em suas vidas e sejam conscientes também de sua relação com o sacramento que segue.

A homilia, quando benfeita, une a celebração da Palavra com a do sacramento. Une e integra esta pregação litúrgica com as demais, tanto anteriores como posteriores, porque a homilia não é a única maneira de pregar a Palavra. Une também a celebração com a vida.

Por isso, ela é considerada como um gênero de pregação total, um elemento integrador, que une as leituras com a vida da comunidade e também com o sacramento.[4]

O Lecionário e a identidade da homilia

É interessante ler o que a introdução ao Lecionário, em sua 2ª edição de 1981, diz a respeito da identidade da homilia dentro da celebração. O Lecionário (OLM = *Ordo Lectionum Missae*) é o livro mais próximo deste ministério.

> *OLM 24.* A homilia, como parte da liturgia da Palavra, que ao longo do ano litúrgico expõe, a partir do texto sagrado, os mistérios da fé e as normas da vida cristã, a partir da Constituição litúrgica do Concílio Vaticano II, muitas vezes e com muito interesse foi recomendada e até prescrita para certas ocasiões. Na celebração da missa, a homilia, que normalmente é feita pelo próprio presidente, tem como finalidade que a Palavra de Deus anunciada, juntamente com a liturgia eucarística, seja como "uma proclamação das maravilhas realizadas por Deus na história da salvação ou mistério de Cristo". Com efeito, o mistério pascal de Cristo, anunciado nas leituras e na homilia, realiza-se por meio do sacrifício da missa. Cristo está sempre e operante na pregação de sua Igreja.

---

[4] Sobre a identidade da homilia dentro da celebração litúrgica, cf. especialmente: Gelineau, J. L'homélie forme plénière de la prédication. *LMD*, n. 82, p. 29-42, 1965; Wiener, C. Exégèse et annonce de la Parole. *LMD*, n. 82, p. 59-76, 1965; Massi, P. Omelia, didascalia, kerygma, catechesi o "actio liturgica". *Riv Lit.*, n. 4, p. 523-537, 1970; Gantoy, R. Homélie, témoignage, partage. *Comm Lit.*, v. 5, p. 387-404, 1978; Giglioni, P. L'omelia nella prassi liturgica. *Riv Lit.*, n. 1, p. 33-51, 1984; Rebok, J. La homilía eucarística: su originalidad y sus dimensiones fundamentales. *Discalia*, n. 37, p. 4-20, 1984; VV.AA. L'omelia, parte dell'azione liturgica. *Riv Lit*, n. 2, p. 171-231, 1987; Coffy, R. *La celebración, lugar de la educación de la fe*. Barcelona: CPL, 1992, p. 5-18 (Cuadernos Phase, 38) [antes em *Phase*, n. 118, 1980]; Goenaga, J. A. La homilía entre la evangelización y la mistagogia (teología). *Past Lit.*, n. 226, p. 4-23, 1995; Lara, A. Servir la mesa de la Palabra: La homilía en los principales documentos del Magisterio (1963-1994). *Past Lit.*, n. 227, p. 5-25, 1995; Simon, H. Scienza dell'Omiletica. *DizOm*, p. 1.030-1036; Seveso, B. Teologia della predicazione. *DizOm*, p. 1.567-1.592; Join-Lambert, A. Du sermon à l'homélie. *Nouv Rev Théol.*, n. 1, p. 68-85, 2004.

Assim, pois, a homilia, quer explique as palavras da Sagrada Escritura que se acaba de ler, quer explique outro texto litúrgico, deve levar a assembleia dos fiéis a uma ativa participação na Eucaristia, a fim de que "vivam sempre de acordo com a fé que professaram" (SC 10). Com essa explicação viva, a Palavra de Deus que se leu e as celebrações que a Igreja realiza podem adquirir maior eficácia, com a condição de que a homilia seja realmente fruto de meditação, devidamente preparada, não muito longa nem muito curta, e que se levem em consideração todos os presentes, inclusive as crianças e o povo, de modo geral as pessoas simples.

Na concelebração, a homilia, ordinariamente, é feita pelo celebrante principal ou por um dos concelebrantes.

OLM 25. Nos dias em que ela for prescrita, a saber, nos domingos e festas de preceito, deve-se fazer a homilia em todas as missas que se celebram com assistência do povo, sem excluir as missas que se celebram na tarde do dia precedente. Também deve haver homilia nas missas celebradas para as crianças ou para grupos particulares.

Recomenda-se muito a pregação da homilia nos dias de semana do Advento, da Quaresma e do Tempo pascal, para o bem dos fiéis que participam regularmente da celebração da missa; e também em outras festas e ocasiões nas quais há maior assistência de fiéis na Igreja.

OLM 26. O sacerdote celebrante profere a homilia na cadeira, de pé ou sentado, ou no ambão.

OLM 27. Não pertencem à homilia os breves avisos que se devam fazer à assembleia, pois seu lugar é em seguida à oração depois da comunhão.

OLM 41. O presidente exerce, também, a sua função própria e o ministério da Palavra de Deus quando pronuncia a homilia.

Com efeito, a homilia conduz os irmãos a uma compreensão saborosa da Sagrada Escritura; abre as almas dos fiéis à ação de graças pelas maravilhas de Deus; alimenta a fé dos presentes acerca da palavra que na celebração se converte em sacramento pela intervenção do Espírito Santo; finalmente, prepara os fiéis para uma comunhão fecunda e os convida a praticar as exigências da vida cristã.

Capítulo 3
A Palavra de Deus, acontecimento salvador

Não podemos entender a homilia nem refletir sobre ela se não a situamos em seu contexto, que é a proclamação da Palavra de Deus.

A homilia – o ministério do homileta – acontece dentro desse diálogo inefável entre Deus e sua comunidade, que implica a proclamação e a acolhida da Palavra. O homileta faz o papel de ponte ou dobradiça entre Deus e a comunidade.[1]

---

[1] Sobre a Palavra de Deus e sua importância na celebração e, concretamente, para a homilia, cf. *La mesa de la Palabra:* ordenación de las lecturas de la misa: texto y comentario. 2. ed. Barcelona, 1994, 100 p. (Dossiers CPL, 37). Além disso, Martimort, A. G. El diálogo entre Dios y su pueblo. In: *La Iglesia en oración.* Barcelona, 1967, p. 154-194 [A Igreja em Oração. Petrópolis, Vozes, 1992]; Semmelroth, O. *La Palabra eficaz*: para una teología de la proclamación. San Sebastián: Dinor, 1967, 274 p.; VV.AA. Liturgia de la Palabra. *Phase*, n. 56, p. 122-209, 1970; VV.AA. *La Parole dans la liturgie.* Paris: Cerf, 1970, 176 p.; Durrwell, F. X. La presencia de Jesucristo en la predicación. In: *Palabra en el mundo*. Salamanca: Sígueme, 1972, p. 31-46; Ratzinger, J. *Palabra en la Iglesia*. Salamanca: Sígueme, 1976, 326 p.; Rodríguez Medina, J. J. *Teología pastoral de la palabra de Dios*. Madrid: PPC, 1978, 342 p.; VV.AA. Celebrare la Parola. *Riv Lit.*, n. 1, p. 1-79, 1984; VV.AA. La palabra de Dios en la celebración de la Misa. *Phase*, n. 152, p. 5-83, 1986; Triacca, A. M. Linee teologico-liturgiche della celebrazione della Parola. *Salesianum*, n. 4, p. 669-689, 1991; VV.AA. *La Palabra en la celebración cristiana*. Barcelona: CPL, 1992, p. 41-81 (Cuadernos Phase, 33); VV.AA. La palabra de Dios en la celebración litúrgica. *Past Lit.*, n. 229-230, p. 1-171, 1995-96; Puig, A. La Iglesia, oyente de la palabra de Dios. *Phase*, n. 207, p. 219-230, 1995; VV.AA. *Oyentes de la Palabra*. Barcelona: CPL, 2000, 78 p. (Cuadernos Phase, 105); Arocena, F. *La celebración de la Palabra*: teología y pastoral. Barcelona: CPL, 2005 (Biblioteca litúrgica, 24).

Recuperação da Palavra

O Vaticano II promoveu decididamente a recuperação da Palavra de Deus por parte do povo cristão.

Já desde o primeiro documento aprovado, o da liturgia, o Concílio quer que os fiéis cheguem a ter um amor vivo e suave à Escritura:

> É muito grande a importância da Sagrada Escritura na celebração litúrgica. [...] Portanto, para promover a reforma, o progresso e a adaptação da sagrada liturgia, é necessário desenvolver aquele suave e vivo amor pela Sagrada Escritura de que dá testemunho a venerável tradição dos ritos, quer orientais, quer ocidentais (SC 24).

Este reencontro e crescente revalorização da Palavra se deveram ao duplo movimento que havia preparado os ânimos nas décadas anteriores: o litúrgico e o bíblico, além do ecumênico.

No ano de 1965, começou-se a proclamar as leituras bíblicas em nossas línguas. Em 1969, apareceram os novos Lecionários, uma das reformas principais do pós-Concílio e um dos fatores da maturação da espiritualidade do povo cristão, com a nova organização das leituras (três ciclos para os domingos, dois para as férias), e a importância recuperada do salmo de meditação e da homilia. Depois, por ocasião da 2ª edição típica do Lecionário, publicou-se em 1981 uma *Ordo Lectionum Missae* (= OLM), notavelmente enriquecido em sua introdução.

Isto teve consequências não só na liturgia: o redescobrimento da Palavra está influindo positivamente na teologia, na espiritualidade, na catequese, nas devoções populares e nos grupos de oração.

Agora se pode dizer que o principal alimento espiritual para o povo cristão não são os livros devotos de alguns autores, mas a Palavra de Deus, com a qual se está chegando a uma evidente maior familiaridade. Se antes era possível afirmar, simplificando, que os católicos eram a Igreja do Sacramento e os protestantes a Igreja da Palavra, agora ambos os grupos se aproximaram do reconhecimento do grande binômio: Palavra e Sacramento.

Chegou-se a dizer que o fato mais importante da reforma litúrgica, do ponto de vista ecumênico, pastoral e espiritual, a chave e a medida de uma renovação litúrgica para toda a Igreja, é o lugar preeminente que a Palavra de Deus ocupa hoje na liturgia (J. Castellano).

A Palavra como acontecimento sempre novo

A Palavra de Deus, que depois a homilia comenta e aplica, é Palavra sempre viva. É acontecimento novo cada vez que se proclama, sobretudo, na celebração eclesial da comunidade, como cada sacramento e cada Eucaristia são um ato salvífico novo cada vez que se celebram. Pode-se comparar isso com o que acontece na música: uma sinfonia ou uma sonata ou uma ária estão escritas no papel, mas são "música" e "acontecimento" que "ocorre" de novo cada vez que se interpretam. Ou com uma carta: o escrito sobre o papel se converte em "palavra viva", quando a pessoa à qual se dirige a aceita, abre, lê e acolhe.

Deus dirige sua Palavra à comunidade cristã, e quando esta escuta sua proclamação e a acolhe a partir de sua fé, a Palavra passa do papel ao acontecimento. É então que "a escritura se faz palavra" (Orígenes), também na leitura pessoal, mas principalmente na celebração. O livro é papel e tinta, mas está destinado a tornar-se Palavra, que não é só doutrina ou informação histórica: é Palavra viva.

Deus nos fala hoje e aqui, através de textos que foram escritos há dois mil ou dois mil e quinhentos anos. No AT, Ele nos falou mediante os profetas. Depois, na plenitude do tempo, por meio de Cristo Jesus. Foi nele que a Palavra de Deus entrou mais profundamente em nossa história. E agora continua nos falando, porque sua Palavra é Palavra sempre viva.

K. Barth disse que "a pregação é a Palavra de Deus pronunciada por ele mesmo, utilizando o serviço de um homem que fala a seus contemporâneos, através de um texto bíblico".

A introdução ao Lecionário convida a que tudo, na celebração, "suscite nos ouvintes a recordação da presença de Deus que fala a seu povo" (OLM 35).

Hoje se cumpre a Palavra

Como disse Jesus na sinagoga de sua cidadezinha, depois de ter lido a passagem do profeta Isaías: "Esta Escritura se cumpriu hoje". A Palavra é sempre viva e atual: o *in illo tempore* se converte em *hodie*, o "naquele tempo" no "hoje". Já faz dois mil anos que as bem-aventuranças ressoam; porém, se são proclamadas entre nós, são uma palavra nova e ressoam com toda a sua força hoje e aqui.

Nas leituras, não estamos só proclamando algo passado, mas Deus fala agora a esta comunidade: "[...] nos livros sagrados, o Pai que está nos céus vem amorosamente ao encontro de seus filhos, conversando com eles" (DV 21); "quando se leem as Sagradas Escrituras na Igreja, Deus mesmo fala a seu povo e Cristo, presente em sua palavra, anuncia o Evangelho" (IGMR 29); "nas leituras, depois explicadas pela homilia, Deus fala a seu povo, descobre-lhe o mistério da redenção e salvação e lhe oferece alimento espiritual" (IGMR 55); "as maravilhas que Deus realizou em outro tempo, na história da salvação, fazem-se de novo presentes, de um modo misterioso mas real, através dos sinais da celebração litúrgica" (OLM 7).

A Palavra não nos vem do passado, mas Deus a dirige a nós hoje e nos interpela diretamente. A Palavra eterna de Deus vai se encarnando na história, porque não é só letra, mas Palavra de um Deus vivo.

Não se trata de que Deus nos falou há tempo, mas de que continua nos falando hoje, através da Escritura, da celebração e de nossa história de agora. Não é palavra "acerca de Deus". É uma ação de Deus hoje e aqui, que brota do livro e de nossa história. Por isso, nós a "celebramos". "A própria celebração litúrgica, que se sustenta e apoia principalmente na Palavra de Deus, torna-se um acontecimento novo e enriquece essa Palavra com uma nova interpretação e uma nova eficácia" (OLM 3). "A Palavra de Deus, exposta continuamente na liturgia, é sempre viva e eficaz pelo poder do Espírito Santo e manifesta o amor atuante do Pai, amor sem deficiências em sua eficácia para com os seres humanos" (OLM 4).

Paulo tinha um conceito muito denso dessa Palavra: "Eu não me envergonho do Evangelho; ele é força de Deus para a salvação de todo aquele que crê" (Rm 1,16); e afirma a respeito dos fiéis de Tessalônica: "Por esta razão é que sem cessar agradecemos a Deus por terdes acolhido sua Palavra, que vos pregamos não como palavra humana, mas como na verdade é, a Palavra de Deus que produz efeito em vós, os fiéis" (1Ts 2,13).

A eficácia da Palavra

A palavra é sempre eficaz. Ela era qualificada já desde o Antigo Testamento como *dabar*, palavra eficaz e poderosa. Disse e se fez: "Porque ele diz e a coisa acontece" (Sl 33,9). Este sentido é muito diferente que o do *lógos* grego.

Já a palavra humana, se for séria, é eficaz e duradoura: uma promessa ("eu te prometo"), uma afirmação, uma permissão ("sim, podes fazê-lo"), uma proibição, continuam tendo força enquanto não forem retiradas.

A Palavra bíblica de Deus não é só um veículo para transmitir ideias ou conhecimentos, mas também uma Palavra criadora, que provoca, interpela e convida. É Palavra que penetra, fecunda, anima, discerne, julga, estimula. Quando Deus "bendiz", ou seja, "diz bem", sua Palavra é efetiva, é salvadora. A palavra de Cristo era sempre eficaz: dizia e fazia, curava, ressuscitava, acalmava tempestades, multiplicava pães.

Às vezes, a Palavra de Deus veio a nós na história como no Sinai, com trovões, raios, vento, escuridão e névoa. Outras vezes, fê-lo como a brisa suave de Elias, depois de tê-la esperado em vão no terremoto, na tormenta ou no fogo.

E ela sempre é eficaz: "A Palavra de Deus [...] é virtude de Deus para a salvação de todos os crentes" (DV 17); "[...] é tão grande a força e virtude da Palavra de Deus que se torna o apoio vigoroso da Igreja, solidez da fé para os filhos da Igreja, alimento da alma, fonte pura e perene da vida espiritual" (DV 21).

São expressivas as comparações que os livros sagrados aplicam à Palavra de Deus:

- é luz: "tua Palavra é lâmpada para os meus passos, e luz para o meu caminho" (Sl 118,105; cf. 2Pd 1,19);
- é alimento: "não só de pão vive o homem, mas de toda Palavra que sai da boca de Deus" (Mt 4,4, citando Dt 8);
- é como uma espada: "a Palavra de Deus é viva, eficaz e mais penetrante do que qualquer espada de dois gumes; penetra até dividir alma e espírito" (Hb 4,12);

- é uma semente: semeada no campo, produz fruto, como na parábola do semeador (Mt 13);
- é chuva e neve que dão vida à terra: "como a chuva e a neve descem do céu e para lá não voltam, sem terem regado a terra, tornando-a fecunda e fazendo-a germinar, tal ocorre com a palavra que sai da minha boca: ela não volta a mim sem efeito" (Is 55,10-11).

Cristo É a Palavra e se faz presente para sua comunidade como Palavra

Dando um passo mais, temos uma das convicções que se reafirmaram mais nestes últimos anos: a presença real de Cristo, não só nas espécies do pão e do vinho, mas também na Palavra.[2]

As diversas presenças reais de Cristo na Eucaristia, das que falam SC 7 e IGMR 27 – na comunidade, no presidente, na Palavra e depois no próprio sacramento –, explicam-se sempre porque agora Cristo Jesus está glorificado e, a partir de sua existência de Ressuscitado, se comunica a nós primeiro como Palavra salvadora e depois como sacramento, em uma intensificação gradual de sua presença, que já desde o princípio da celebração é real na própria comunidade reunida em seu nome.

Aqui nos interessa de forma especial sua presença na Palavra e como Palavra. Isso é relativamente novo, porque nos últimos séculos se havia colocado a ênfase sobretudo em sua presença eucarística, que continua sendo em verdade a mais densa e "real". Quando Pio XII falou destas

---

[2] Durrwell, F. X. La presencia de Jesucristo en la predicación. In: *Palabra en el mundo*. Salamanca: Sígueme, 1972, p. 31-46; Roguet, A. M. La présence active du Christ dans la Parole de Dieu. LMD, n. 82, p. 8-28, 1965; Marsili, S. Cristo si fa presente nella sua parola. *Riv Lit*, p. 671-690, 1983; Martimort, A. G. Está presente en su Palabra. In: *Actas del Congreso Internacional de Teología del Vaticano II:* Roma 1966. Barcelona, 1972, p. 311-326.

presenças, na *Mediator Dei* (1947), não citou a presença de Cristo na Palavra. Ao se discutir o documento conciliar sobre a Revelação no Vaticano, houve dificuldade em que os Padres conciliares aceitassem a formulação – que foi aprovada finalmente – que compara a Palavra da primeira parte da missa com o sacramento: "A Igreja sempre venerou as divinas Escrituras, como também o próprio Corpo do Senhor; sobretudo na sagrada liturgia, nunca deixou de tomar e distribuir aos fiéis, da mesa tanto da Palavra de Deus como do corpo de Cristo, o pão da vida" (DV 21).

Essa convicção da presença de Cristo, não só na oração pessoal, ou na meditação, ou na *lectio divina*, mas de maneira especial na celebração comunitária da Palavra, foi expressa depois nos diversos documentos e livros litúrgicos:

[...] Cristo está sempre presente em sua Igreja, e especialmente nas ações litúrgicas. Está presente [...] na sua palavra, pois é ele quem fala quando na Igreja se leem as Sagradas Escrituras (SC 7);

[...] na liturgia Deus fala ao seu povo, e Cristo continua a anunciar o Evangelho (SC 33);

Cristo está realmente presente [...] em sua Palavra (IGMR 27);

Quando se leem as Sagradas Escrituras na Igreja, Deus mesmo fala a seu povo e Cristo, presente em sua Palavra, anuncia o Evangelho (IGMR 29);

Nas leituras Deus fala a seu povo e lhe oferece alimento espiritual, e o próprio Cristo, por sua Palavra, se faz presente em meio aos fiéis (IGMR 55);

Os fiéis, com suas aclamações (ao Evangelho), reconhecem e professam a presença de Cristo que lhes fala (IGMR 60);

Os fiéis devem ter a convicção de que há uma só presença de Cristo, presença na Palavra de Deus, pois quando se lê a Sagrada Escritura na Igreja é ele que fala, e presença, sobretudo, sob as espécies eucarísticas (OLM 46).

Se a Palavra revelada é sempre "viva e eficaz", se "não cessa de recordar e prolongar" a salvação e se adquire sua máxima expressividade e força salvadora dentro da celebração litúrgica, o motivo fundamental é sempre o mesmo: que Cristo, o Senhor Ressuscitado, está presente e atuante quando se proclama essa Palavra na comunidade: "Cristo está sempre presente em sua Palavra, realizando o mistério da salvação" (OLM 4).

O Concílio de Éfeso falava da entronização do Evangelho no Concílio como "sacramento de Cristo":

> *Cum sequenti die in sancta ac magna ecclesia, quae appellatur Maria, convenissemus, sanctumque evangelium quod ipsum Christum paesentem nobis monstrabat, in throno, qui medium locum obtinebat, propositum esset, canonum forma servata* [...] (Quando nos reunimos no dia seguinte e se colocou no meio da sala o santo Evangelho, que nos mostrava o próprio Cristo presente...) (Conc. de Éfeso, Mansi IV, 1238).

O Pontifical Romano Germânico, no século X, motiva assim o valor do Evangelho:

> Lê-se o Evangelho, no qual Cristo fala ao povo com a sua própria boca para atualizar o Evangelho na Igreja, como se o próprio Cristo em pessoa falasse ao povo [...]. Quando o próprio Cristo em pessoa se faz presente, isto é, no Evangelho, deixamos o báculo, porque já não necessitamos de suporte humano.

Cristo não é um profeta que disse palavras ou que incumbiu que as escrevessem. Cristo É a Palavra viva que Deus nos dirige. O Evangelho de João começa afirmando que "no princípio era a Palavra e a Palavra se fez homem" (Jo 1,1.14). Agora, Cristo, o Filho de Deus encarnado, que é para sempre o caminho, a verdade, a vida, a porta, o pão, a luz, o pastor... é também para sempre a Palavra... O Apocalipse lhe dá este nome: "e seu nome é Palavra de Deus" (Ap 19,13).

Presente também na pregação

No Evangelho aparece repetidamente a perspectiva de um Cristo Jesus que se identifica com os que pregam a Palavra: "Quem vos ouve, a mim ouve" (Lc 10,16).

Assim, pode-se dizer que Cristo é, ao mesmo tempo, "objeto" e "sujeito" da pregação. Ele não é só o conteúdo do que prega a Igreja, mas também aquele que continua pregando através da voz do pregador eclesial (como do sacramento de sua voz). Ele continua cooperando com a Igreja que prega a Palavra salvadora: "E eles saíram a pregar por toda parte, agindo com eles o Senhor" (Mc 16,20).

Uma firme convicção de Paulo era que o Senhor Ressurreto era quem em realidade pregava a Palavra salvadora ao mundo, através dos apóstolos e dos crentes: "Por esta razão é que sem cessar agradecemos a Deus por terdes acolhido sua Palavra, que vos pregamos não como palavra humana, mas como na verdade é, a Palavra de Deus que produz efeito em vós, os fiéis" (1Ts 2,13); "pois procurais uma prova de que é Cristo que fala em mim; ele que não é fraco em relação a vós mostra, porém, o seu poder em vós. Por certo, foi crucificado em fraqueza, mas está vivo pelo poder de Deus" (2Cor 13,3-4). No concílio de Jerusalém, dizia Paulo: "Aprouve a Deus, entre vós, que por minha boca ouvissem os gentios a palavra da Boa-Nova e abraçassem a fé" (At 15,7). Paulo e os demais apóstolos e pregadores sentem-se colaboradores de Deus, não protagonistas: "Nós somos cooperadores (*synergoi*) de Deus" (1Cor 3,9).

Também para Santo Agostinho, o próprio Cristo prega aqui e agora. Dele é a famosa expressão *"Christus Christum praedicat"*, "Cristo prega Cristo":

> "O Evangelho é a boca de Cristo: ele está sentado no céu, mas não deixa de falar na terra" (*Sermo* 85,1). E tira as consequências: *"Christus Christum praedicat"*

(*Tract. in Ioann.* 47,3), *"praedicat ergo Christus Christum, praedicat corpus caput suum"* (*Sermo* 354,1): Cristo prega Cristo; a Igreja, que é o corpo de Cristo, prega sua Cabeça.

Santo Agostinho está convencido de que é Deus que age no interior: "somos nós que falamos, mas é Deus que instrui. Somos nós que falamos, mas é Deus que ensina" (*Sermo* 153,1). Cf. também (*Doctr. Christ.* 4,15,32; 4,35); "eu falei aos vossos ouvidos para que pudésseis ouvir: porém, quem falou ao vosso coração para que entendais?" (*Tract. in Ioann.* 40,5).

"Ille qui nos audit, per nos audit Deum" (PL 40, 318) (Quem nos ouve, por meio de nós está ouvindo Deus). *"Christus est qui docet [...] audiamus, timeamus, faciamus"* (PL 40, 678) (Cristo é quem nos ensina: escutemo-lo, temamo-lo, façamos).

"Loquatur ergo Christus, quia in Christo loquitur Ecclesia, et in Ecclesia loquitur Christus; et corpus in capite, et caput in corpore" (PL 36, 231) (Fale, pois, Cristo, porque em Cristo fala a Igreja e na Igreja fala Cristo, e o corpo na cabeça e a cabeça no corpo).

Cristo, que é o acontecimento único e irrepetível, a Palavra viva de Deus personificada (cf. DV 4), continua dizendo aos homens de hoje, pelo ministério da pregação eclesial, o que disse na Palestina faz dois mil anos: "digo-te, levanta", "sai", "fica limpo", "remai mar adentro", "não tenhais medo"...

Cumprem-se as palavras de sua despedida visível: "Eu estou convosco todos os dias até o fim do mundo". A pregação e, dentro dela, a homilia são um canal privilegiado desta presença atuante do Senhor em nosso mundo (cf. CCE 1548-1551).

A presença real de Cristo na pregação é ressaltada ultimamente por diversos documentos magisteriais.

Paulo VI, em sua encíclica *Mysterium Fidei* (1965), ao enumerar as várias formas de presença (sempre real) de Cristo para sua Igreja, destaca a que se refere à Palavra: "Cristo está presente à sua Igreja enquanto ela prega, sendo o Evangelho, assim anunciado, Palavra de Deus, que é anunciada em nome de Cristo, Verbo de Deus Encarnado, e com a sua autoridade e assistência".

Na instrução *Eucharisticum Mysterium*, de 1967, dizia-se explicitamente que Cristo está também realmente presente na pregação: Cristo está presente "em sua Palavra, quando se leem e se comentam as Escrituras" (n. 55).

João Paulo II, na carta *Vicesimus Quintus annus* (por ocasião do 25º aniversário da SC conciliar, 1988), também recordava que "Cristo está presente em sua palavra proclamada na assembleia, que, comentada na homilia, deve ser escutada com fé e assimilada na oração" (VQA 7).

O Catecismo explica esta presença de Cristo na pregação:

> No serviço eclesial do ministro ordenado é o próprio Cristo que está presente em sua Igreja como Cabeça de seu corpo, Pastor de seu rebanho, sumo sacerdote do sacrifício redentor, Mestre da verdade. É isso que a Igreja expressa ao dizer que o sacerdote, em virtude do sacramento da Ordem, atua *in persona Christi Capitis* (CCE 1548).

Por isso, a introdução ao Lecionário pode dizer claramente: "Cristo está sempre presente e atuante na pregação de sua Igreja" (OLM 24, citando AG 9).

A pregação é uma realidade sacramental. Exteriormente é uma voz humana que se ouve, mas no mais profundo é Cristo que está presente na Palavra que se prega. A palavra proclamada na assembleia é sacramento (sinal eficaz) da presença e da Palavra de Cristo, que atualiza sua mensagem. Cristo, que é o sacramento vivo de Deus, é, ao mesmo tempo, o conteúdo da pregação e o sujeito ativo da mesma.

O Missal quer que manifestemos esta convicção de que é o próprio Cristo que escutamos, quando nos convida a mostrar a reverência devida ao Evangeliário, e realizemos bem as cerimônias que acompanham a leitura da Palavra de Deus, as aclamações com que a Igreja responde antes e depois da leitura, referidas diretamente a Cristo: "*Laus tibi, Christe*", "Glória a ti, Senhor", "Louvamos-te, Senhor".

É o Espírito que torna viva a Palavra hoje e aqui

Além da presença ativa de Cristo na pregação da Palavra, há outro protagonista importante em todo o processo: o Espírito Santo. A Palavra, que soa e é eficaz há milhares de anos, torna-se viva e atual, para nós hoje e aqui, pelo Espírito Santo.[3]

Estamos acostumados a reconhecer o protagonismo do Espírito na parte "sacramental" da Eucaristia, com a primeira invocação ou epiclese sobre o pão e o vinho, para que os torne Corpo e Sangue de Cristo, e com a segunda invocação ou epiclese sobre a comunidade, para que a torne também o Corpo de Cristo no qual não haja nenhuma divisão.

Também costumamos atribuir ao Espírito uma ajuda muito eficaz em nossa oração, porque é ele que, segundo já nos dizia São Paulo, nos ajuda a rezar ou, inclusive, ora dentro de nós com gemidos inenarráveis e nos faz dizer "Abbá, Pai".

Não estamos tão acostumados a relacionar o Espírito com a primeira parte da celebração, a proclamação da Palavra. Contudo, foi ele que inspirou os autores sagrados. Ele inspira os cristãos de hoje que celebram a Palavra. Ele faz com que a palavra escrita se torne Palavra viva hoje e aqui.

---

[3] Cf., por exemplo, Triacca, A. M. Spirito Santo. In: *DizOm*, p. 1.503-1.509.

Essa é uma convicção que provém da própria revelação. Jesus prometeu que o Espírito conduziria os crentes à verdade plena: "Essas coisas vos disse [...] mas o Espírito Santo que o Pai enviará em meu nome vos ensinará tudo e vos recordará tudo o que vos disse" (Jo 14,25-26); "o Espírito vos guiará na verdade plena" (Jo 16,13). O efeito primeiro da vinda do Espírito sobre os discípulos de Éfeso foi o impulso para a missão profética da Palavra: "quando Paulo lhes impôs as mãos, o Espírito Santo veio sobre eles: puseram-se então a falar em línguas e a profetizar" (At 19,6).

No Vaticano II, no documento sobre a Revelação, afirma-se que

> [...] o Espírito Santo, pelo qual ressoa a voz viva do Evangelho na Igreja e, por ela, no mundo, introduz os crentes na verdade plena e faz que a palavra de Cristo neles habite em toda a sua riqueza [...] (DV 8).
>
> [...] a Sagrada Escritura é Palavra de Deus enquanto foi escrita por inspiração do Espírito Santo; a Sagrada Tradição, por sua vez, transmite integralmente aos sucessores dos apóstolos a Palavra de Deus, confiada por Cristo Senhor e pelo Espírito Santo aos apóstolos, para que os sucessores destes, com a luz do Espírito de verdade, a conservem, a exponham e a difundam fielmente na sua pregação [...] (DV 9).

Na introdução ao Lecionário, a eficácia salvadora da Palavra de Deus, tanto na celebração como na vida, é atribuída insistentemente à atividade do Espírito (cf. sobretudo OLM 9). Por ele se faz realidade hoje e aqui a História da Salvação proclamada pela Palavra. É ele que nos abre o coração para entendê-la e sintonizar com sua força salvadora. Ele inspirou os livros sagrados (OLM 2), ele age internamente em cada fiel (OLM 3), por seu poder se faz viva e eficaz a Palavra na liturgia (OLM 4), é ele que dá eficácia à resposta dos fiéis à Palavra (OLM 6), que congrega a Igreja na celebração litúrgica para escutar e proclamar a Palavra (OLM 7) e faz de todos, pelo dom do Batismo e da

Confirmação, pregoeiros da Palavra (OLM 7), se são dóceis a ele (OLM 12). O diálogo entre os fiéis e Deus se faz com sua ajuda (OLM 28). A Palavra, na celebração, torna-se por ele sacramento (OLM 41) e ilumina os fiéis (OLM 47).

O *Catecismo*, que é o documento eclesial que mais ênfase pôs na teologia do Espírito, expressa muito bem sua intervenção ativa na celebração da Palavra:

> [...] o Espírito Santo lembra à assembleia litúrgica o sentido do acontecimento da salvação dando vida à Palavra de Deus que é anunciada para ser recebida e vivida (CCE 1.100).
>
> [...] é o Espírito Santo que dá aos leitores e ouvintes, segundo as disposições de seus corações, a inteligência espiritual da Palavra de Deus. Através das palavras, das ações e dos símbolos que constituem a trama de uma celebração, o Espírito Santo põe os fiéis e os ministros em relação viva com Cristo, Palavra e Imagem do Pai, a fim de que possam fazer passar para sua vida o sentido do que ouvem, contemplam e realizam na celebração (CCE 1.101).
>
> [...] o anúncio da Palavra de Deus não se reduz a um ensinamento: exige a resposta de fé, como consentimento e compromisso, com vista à Aliança entre Deus e seu povo. É também o Espírito Santo que dá a graça da fé, a fortalece e a faz crescer na comunidade (CCE 1.102; cf. também CCE 1.103).

Santo Agostinho expressa esta mesma convicção:

Sonat psalmus: vox est Spiritus;
sonat evangelium: vox est Spiritus;
sonat sermo divinus: vox est Spiritus.
Soa o salmo: é voz do Espírito;
soa o Evangelho: é voz do Espírito;
soa o sermão: é voz do Espírito (In Ioann. Ev. 12, 5).

A Palavra escutada na Igreja

O lugar privilegiado da escuta da Palavra é a comunidade eclesial.

Por um lado, a Igreja é congregada pela Palavra. E, ao mesmo tempo, é a Igreja que, submetendo-se à Palavra, é sua intérprete autorizada e que a prega por todo o mundo. Ela é discípula e, ao mesmo tempo, mestra. É a Igreja que estabeleceu o "cânone" dos livros inspirados.

A Igreja se deixa evangelizar pela Palavra e depois se torna evangelizadora.

A explicação de que ela possa ser convocada pela Palavra e, ao mesmo tempo, ser intérprete dela é porque antes está Cristo: é Cristo, a Palavra viva, que confiou à sua comunidade a Palavra da revelação.

Dizer que a Igreja cresce é como dizer que a Palavra cresce. É a Palavra de Deus que vai edificando e fazendo amadurecer a comunidade. No livro dos Atos, para expressar como crescia a comunidade dos primeiros crentes, emprega-se outra expressão: "Entretanto, a Palavra de Deus crescia e se multiplicava" (At 12,24).

Nós aceitamos a Palavra no seio da Igreja, na fé da Igreja. E o lugar privilegiado é a celebração litúrgica.

A homilia serve a esta dinâmica: o pregador, fiel à Palavra e fiel a interpretação que a Igreja faz da Palavra, transmite sua exortação à comunidade reunida.

Diálogo vivo, "dramático", que pede nossa acolhida

A liturgia da Palavra, na celebração cristã, adquire um tom de diálogo muito vivo.

Sobretudo porque contém leituras, salmos, silêncios e aclamações: "[...] na liturgia Deus fala ao seu povo, e Cristo continua a anunciar o Evangelho. Por seu lado, o povo responde a Deus com o canto e a oração" (SC 33). À proclamação descendente da Palavra (*eu-aggelion*, boa-nova), segue a Oração Eucarística ascendente (*eu-charistia*, ação de graças, boa graça): as duas concentram e vão realizando a História da Salvação.

Mas é toda a estrutura da celebração que está em forma de diálogo:

- Deus nos dirige sua Palavra, nos fala no mais íntimo,

- nós o escutamos, acolhemos sua Palavra no silêncio, no salmo de meditação, na homilia,

- e então lhe respondemos com o louvor, as aclamações, o Credo, a oração universal, a Oração Eucarística e a obediência da vida.

A iniciativa sempre vem de Deus. Sua "Palavra descendente" nos alcança, nos convida para um aprofundamento e pede nossa acolhida e resposta. Essa nossa resposta é a palavra ascendente, que se realiza na própria celebração e, depois, na vida, vivendo essa Palavra e anunciando-a aos demais.

A Palavra é diálogo de salvação. Não é estática: é encontro pessoal de Deus com os crentes. Não é mera informação, nem sequer formação.

Escutamos a Palavra

Nesse diálogo salvífico entre Deus e a comunidade, a primeira coisa que fazemos é escutar o que ele nos diz: ouvir, escutar, *audire, ob--audire*, obedecer. Esta é a primeira resposta dos crentes à Palavra que Deus lhes dirige. Escutar é acolher, aceitar, abrir-nos à Palavra.

A introdução ao Lecionário dedica vários números a essa "audição" ou "escuta" por parte dos fiéis. Escutar equivale ao "sim" que Cristo

Jesus deu à vontade de seu Pai e significa "aderir intimamente à Palavra de Deus em pessoa, Cristo encarnado" (OLM 6.44). "[...] os fiéis devem escutar a Palavra de Deus com uma veneração interior e exterior que os faça crescer continuamente na vida espiritual [...]" (OLM 45).

A Igreja, nascida da Palavra, primeiro é "ouvinte" (*Ecclesia audiens*) e depois proclamará e viverá essa Palavra (cf. OLM 7).

Maria foi uma boa figura da "Igreja ouvinte". Maria, a de Betânia, sentada aos pés de Jesus, escutando suas palavras. E, sobretudo, Maria, a de Nazaré, a Mãe de Jesus, que acolheu o plano de Deus: "faça-se em mim segundo tua Palavra". E, junto com elas, todas as pessoas que Jesus louva como seus autênticos familiares, porque escutam a Palavra de Deus e a põem em prática (cf. Lc 8,21).

A *lectio divina* é uma das maneiras de escutar a Palavra que mais está sendo revalorizada agora e que está ajudando muitos a encontrar o Deus da Palavra. É um processo complexo: ler, meditar, entrar, deixar o texto falar, deixar-se interpelar, contemplar a partir dos olhos de Deus, falar a Deus (a palavra nos leva à oração).

Mas onde o povo de Deus exerce mais esta atitude de escuta ativa é na celebração litúrgica, sobretudo na Eucarística. E o faz favorecido por uma série de ministérios que o ajudam a compreender o que Deus quer dizer e o levam a acolhê-lo em sua vida.

A Palavra proclamada e acolhida na Igreja é um lugar privilegiado do encontro do Deus que fala e da humanidade que escuta e se dá por interpelada.

Celebramos a Palavra

Ao escutar e acolher com fé a Palavra de Deus, o que fazemos é celebrá-la.

Celebramos comunitariamente não tanto a mensagem contida em alguns livros, mas um acontecimento salvador que ocorre hoje. O acontecimento, inclusive antes de saber de que tratam as leituras, é que Deus nos fala, que nos comunica sua salvação, com a Palavra e com o sacramento. Quase se pode dizer que "o que Ele nos diz" não tem tanta importância como o fato "de que nos está falando", nos dirige sua Palavra.

Celebrar é algo mais que escutar ou aprender ou estudar. É atender, acolher de forma cultual a Palavra de Deus, deixá-la entrar em nossas vidas e transformar a escuta em louvor e súplica.

A celebração não é uma reunião de catequese. Provavelmente as leituras não nos dirão nada novo. Já conhecemos a parábola do filho pródigo e sabemos como termina. No entanto, sua leitura tem força de atualidade para os crentes. As bem-aventuranças não são, a esta altura, precisamente uma notícia jornalística. Já faz vinte séculos que são lidas e acolhidas pelos crentes. Porém, para nós, são algo carregado de sentido: são o critério da vida cristã, a mensagem sempre nova de Cristo, a chave de tantos milhões de irmãos nossos que fizeram dessa palavra a razão de ser em suas vidas: bem-aventurados os pobres...

Precisamente porque já conhecemos a Palavra de Deus e porque a aceitamos de antemão, reunimo-nos para celebrá-la. Não vamos a uma festa se não sabemos o que é comemorado. Não é uma surpresa o que esperamos, mas a alegria compartilhada de um acontecimento que já é sintonizado por todos.

Se viéssemos para aprender, para nos inteirar de algo novo, então, sim, teria sentido que pastoralmente buscássemos sempre algo novo, algo com garra, atraente, ou, inclusive, preferiríamos páginas modernas, quanto mais novas e corajosas melhor, antes que as do Evangelho, que já conhecemos. Mas isso seria transformar a liturgia da Palavra em um espetáculo, ou em uma aula, ou, no máximo, em uma catequese. Ela não seria "celebração".

Tentamos cumpri-la na vida

Depois que escutamos e celebramos esta Palavra de Deus, nós a levamos para nossa vida.

O apóstolo Tiago avisa aos seus leitores que não devem se contentar com olhar-se no espelho, mas devem tirar as consequências do que veem:

> Recebei com docilidade a Palavra que foi plantada em vossos corações e é capaz de salvar as vossas vidas. Tornai-vos praticantes da Palavra e não simples ouvintes, enganando-vos a vós mesmos! Com efeito, aquele que ouve a Palavra e não a pratica, assemelha-se ao homem que, observando seu rosto no espelho, se limita a observar-se e vai-se embora, esquecendo-se logo de sua aparência (Tg 1,21-25).

Também João convida para traduzir na vida a Palavra que escutamos:

> E sabemos que o conhecemos por isto: se guardamos os seus mandamentos. Aquele que diz: Eu o conheço, mas não guarda os seus mandamentos, é mentiroso, e a verdade não está nele. Mas o que guarda a sua palavra, nesse, verdadeiramente, o amor de Deus está realizado (1Jo 2,3-6).

Na parábola do semeador, Jesus nos deu a melhor descrição do que pode acontecer com a Palavra em nosso campo: pode chegar a produzir cem por um ou ficar em trinta ou em nada.

A Palavra não é uma mera comunicação de verdades para que as creiamos. É comunicação de vida, convite para mudar de mentalidade, para nos deixarmos transformar por ela.

Podemos considerar a Virgem Maria como o modelo ideal de quem "escuta a Palavra e a põe em prática": "faça-se em mim segundo tua palavra...", "bendita és tu porque creste...", "e guardava todas estas coisas meditando-as em seu coração". E é ela própria quem recomenda a nós cristãos, como aos servos em Caná, que pratiquemos a Palavra: "fazei o que ele vos disser...".

Aí intervém a homilia

É neste mistério de salvação, neste diálogo entre o Deus que fala e a comunidade que escuta e acolhe a Palavra, que a homilia entra em ação.

É um "terreno sagrado" aquele em que pisa a homilia. Ela não é basicamente um ato sociológico ou psicológico, ou de dinâmica de grupos, ou um exercício mais ou menos pedagógico de oratória. É, sobretudo, um ato salvífico, a mediação entre Deus e sua comunidade por parte de um ministro.

A Palavra edifica a Igreja. E a Igreja, por sua vez, permanece atenta à escuta da Palavra e depois se torna sua pregoeira e anunciadora. É isso que diz a famosa expressão *"Ecclesia sub Verbo Dei"*,[4] a Igreja sob a Palavra de Deus, ou o que afirma já desde seu início a Constituição conciliar sobre a Revelação, quando diz que a atitude fundamental da Igreja é: *"Dei Verbum religiose audiens et fidenter proclamans"* ("ouvindo religiosamente e proclamando com desassombro a Palavra de Deus": DV 1).

Aquele que prega se acha envolvido nesse acontecimento salvador que ocorre na profundidade e que o transcende completamente. Sua homilia não é uma mera atividade humana, mais ou menos pedagógica. É um sinal sacramental da salvação que Deus quer comunicar a esta assembleia concreta através da mediação de alguns leitores e depois do homileta. Os atores principais são o Deus Trino e a comunidade crente. O pregador é um colaborador, uma ponte entre eles.

---

[4] Cf. Tena, P. Ecclesia sub Verbo Dei. *Phase*, n. 151, p. 5-8, 1986.

Capítulo 4
A homilia na história

A história é sempre mestra. Também quanto à homilia como ministério dentro da comunidade cristã. Vale a pena, embora brevemente, seguir alguns dos passos deste ministério na história.[1]

Na Igreja apostólica

A "proto-história" da pregação homilética está no próprio Novo Testamento: na pessoa de Jesus e em seus discípulos, aos quais deu a incumbência fundamental de pregar, de difundir pelo mundo inteiro a Boa-Nova do Reino e da salvação.

O primeiro e melhor pregador cristão foi Jesus, que ao longo de toda a sua vida pública se dedicou a pregar a Palavra da salvação: "Eu

---

[1] O autor que oferece o melhor ponto de referência para este aspecto nos primeiros séculos em seu conjunto é A. Olivar, monge beneditino de Montserrat, em sua obra *La predicación cristiana antigua*. Barcelona: Herder, 1991, 998 p. Este é o primeiro estudo global da pregação nos primeiros séculos. O próprio autor resumiu seu estudo no verbete Predicazione nella Chiesa Antica, in: *DizOm*, p. 1.216-1.222. Outros autores que estudaram alguns aspectos da homilética nos primeiros séculos: Plana, L. La. L'omelia in S. Gregorio Magno. *Ephem Lit*, 1, p. 51-64, 1990; Peinado, M. *La predicación del Evangelio en los Padres de la Iglesia*: antología de textos patrísticos. Madrid, 1992, xiv-544 p. (BAC, 519); Pinell, J. Dalla Parola al mistero della celebrazione: teologia del ministero della predicazione in San Leone Magno. *EcclOrans*, 2, p. 125-162, 1993; Grelot, P. *Homilías sobre la Escritura en la Época Apostólica*. Barcelona: Herder, 1991; VV.AA. Mystagogies. *LMD*, 177, p. 1-181, 1989.

sentava no Templo ensinando todos os dias" (Mt 26,55). Ele foi o autêntico mestre, e não só pelas palavras, mas pelos milagres e obras e pela vida. É ele quem nos ensina quais são os conteúdos principais da pregação e também a pedagogia de sua transmissão, por exemplo, com as parábolas. É ele o melhor modelo de pregação: simples, próximo ao povo, dialogante, concreto, firme.[2]

É interessante recordar a primeira "homilia" de Jesus em sua aldeia, Nazaré (Lc 4), que começou despertando o entusiasmo de seus conterrâneos, e acabou com Jesus sendo perseguido por eles para lançá-lo barranco abaixo: em vários aspectos, pode-se considerar esta como protótipo da homilia cristã. E também a "homilia-catequese" de Jesus com os discípulos de Emaús, abrindo-lhes o sentido das Escrituras.

Essa mesma incumbência de pregar Jesus deu a seus discípulos.[3] Marcos termina seu Evangelho com esta instrução: "Jesus lhes disse: 'Ide por todo o mundo, proclamai o Evangelho a toda criatura'. [...] E eles saíram a pregar por toda parte, agindo com eles o Senhor, e confirmando a Palavra por meio dos sinais que a acompanhavam" (Mc 16,15.20).

Herdeiras da sinagoga, onde a celebração da Palavra, além das leituras e dos salmos, incluía a pregação por parte da pessoa a quem se confiava este serviço, não é de estranhar que já desde o princípio as comunidades cristãs tenham seguido essa dinâmica entre a leitura das Escrituras e a pregação. As primeiras comunidades nasceram por esta pregação dos apóstolos, e de Estêvão, Filipe e Paulo.

---

[2] Cf. as belas páginas que João Paulo II dedicou a Jesus como pregador e catequista: CT 5-9.
[3] Cf., de novo, o que João Paulo II disse em CT 10-11.

No livro de Atos, encontramos os melhores resumos da pregação de Pedro (sobretudo, no dia de Pentecostes: cf. At 2), de Estêvão e de Paulo e seus acompanhantes em suas viagens apostólicas. Esta pregação aparece em suas várias formas: a querigmática inicial, com a evangelização global a respeito do mistério de Cristo; a catequese ou a didascália, mais sistemática e aprofundadora; e a *parenesis* ou *paraclesis* moral ou exortação, às vezes dentro da celebração litúrgica.

Paulo se nos mostra, tanto no livro dos Atos quanto em suas cartas, como um autêntico mestre da Palavra. E também ele teve, nesse ministério, êxitos consoladores e muitos fracassos: basta recordar o de Atenas, onde não aceitaram seu anúncio da ressurreição, ou em Corinto, quando chegou a desanimar diante da aparente resistência daqueles habitantes ante o Evangelho cristão.

Os primeiros séculos

Em torno de 150, temos um belo testemunho do lugar que a homilia do presidente ocupa na celebração comunitária da Palavra de Deus, como primeira parte da Eucaristia.

Justino, professor de filosofia, descreve em sua obra *Apologia* (I, 67) a reunião eucarística do domingo tal como era celebrada em Roma: "No dia chamado do sol se realiza uma reunião [...] e se leem os comentários dos apóstolos ou as escrituras dos profetas, enquanto o tempo o permite. Depois, quando o leitor termina, o presidente exorta e incita oralmente à imitação destas coisas excelsas". Boa definição da homilia: descreve-a como uma exortação, por parte do que preside a Eucaristia, a imitar aquilo que foi lido.

Pouco mais tarde, Tertuliano explica o que consistia a celebração da Palavra por volta do ano 197:

Reunimo-nos para recordar os ensinamentos das Sagradas Escrituras. Sempre há circunstâncias dos tempos presentes que obrigam a fazer determinadas advertências ou a refletir sobre certas verdades. Em todo caso, por meio das sagradas palavras, alimentamos nossa fé, elevamos nossa esperança, confirmamos a confiança, ao mesmo tempo em que, com insistência, intensificamos a observância dos mandamentos. É nessa ocasião que acontecem as exortações, as correções e a monição divina.

O próprio Tertuliano explica a estrutura da celebração: "*scripturae leguntur, psalmi cantantur, allocutiones proferuntur, petitiones delegantur*": depois das leituras e dos salmos, vem a exortação (*allocutiones*), e tudo desemboca na oração universal.

Depois de ter estudado os autores orientais e latinos dos primeiros séculos, A. Olivar concluiu que "a pregação nasceu, como a própria Igreja, da natureza da revelação, ou seja, da Palavra de Deus manifestada ao mundo na história, Palavra que tinha de ser difundida, transmitida (proclamada e explicada), convertida em espírito e vida para os homens e mantida neles pela exortação".

Essa implicava, portanto, anúncio e, ao mesmo tempo, adaptação às culturas geográficas, às circunstâncias históricas e à nova língua, o latim. Às vezes, a pregação teve que se voltar claramente para a luta contra as heresias.

Uma das figuras mais relevantes deste ministério, aquele que mais foi estudado, é Santo Agostinho, antigo professor de retórica que depois, como presbítero e como bispo, foi um grande pregador cristão, seguindo as leis da retórica, mas sobretudo guiado por sua fé, seu amor a Cristo e à Igreja e sua proximidade do povo.

Pode-se dizer que Agostinho foi ordenado presbítero e depois bispo para pregar. Um dia em que seu bispo Valério, em Hipona, estava se queixando de sua idade e da dificuldade que tinha em se expressar (era de fala grega e ali se pregava em latim), o povo pegou Agostinho, que se achava presente e era conhecido por sua qualidade humana e por sua arte oratória, e o pôs diante do bispo para que o ordenasse presbítero. Desde então, e sobretudo em seus muitos anos de bispo, ele pregou continuamente. Seus contemporâneos se deram conta do valor de seus sermões e nos conservaram centenas deles estenografados.

Além de muitas homilias (conservam-se mais de 300) e tratados de interpretação bíblica, Santo Agostinho nos deixou um autêntico "tratado de homilética" em sua obra *De Doctrina Christiana*.[4]

Alguns aspectos da pregação patrística

Seguindo o completíssimo estudo de A. Olivar, podem-nos interessar algumas das lições que nos são dadas pela história da homilia, muitas vezes aplicáveis também à nossa pastoral atual.

A terminologia

Em grego, os termos que aparecem em torno da pregação e da homilia são *keryssein, kerigma*, "pregoar, pregão"; *evaggelizo*, "evangelizar"; *didasko*, "didascália" ou "ensino"; *catexo*, "catequese" ou "ressonância"; e *omileo*, a conversa fraterna, mais exortativa, diferente do *lógos*, que é mais discursivo e temático.

Em latim, os termos são *praedicare*, "falar em público", diante dos demais, que equivale muitas vezes à "evangelização"; *tractare* ou

---

[4] San Agustín. De doctrina christiana. In: *Obras de San Agustín*. Madrid: BAC, 1957. v. 15, principalmente o Livro IV, p. 262-349; os Livros I-III falam do conteúdo e dos modos de ler e entender a Escritura; o Livro IV, do modo de expô-la aos fiéis: um ótimo tratado de homilética cristã. Sobre a pregação de Agostinho, cf. Meersch, F. van der. *San Agustín, pastor de almas*. Barcelona: Herder, 1965; sobre sua pregação, p. 517-596; Avilés, M. Predicación de San Agustín. *Augustinus*, 112, p. 392-417, 1983; Camelot, P. T. Saint Augustin, prédicateur. *La Vie Spirituelle*, 668, p. 68-87, 1986; Pasquato, O. Agostino d'Ippona. In: *DizOm*, p. 7-15; id. Agostino d'Ippona: attualità di un grande omileta. *Riv Lit*, 2, p. 279-292, 2005.

tractatus, "tratar um tema", equivalente muitas vezes a "pregar"; o termo *sermo* aparece como o mais próximo da "homilia", em seu caráter de conversa fraterna do bispo à sua comunidade.

Os vários gêneros de pregação que encontramos nos Santos Padres não são exatamente equivalentes: a homilia ou o sermão (exortação a partir das leituras que se acaba de escutar), a catequese ou tratado (mais temáticos, como os Tratados de Santo Agostinho sobre os Salmos ou sobre São João), os panegíricos (de defuntos, de mártires ou de santos), ou os escritos polêmicos (contra as heresias).

Quem pregava

Propriamente, o ministério da homilia, dentro da celebração, pertencia ao bispo. Era ele quem presidia a celebração, que costumava ser única em cada localidade. Portanto, quem presidia pregava.

No Oriente, veem-se casos de "delegação" ou incumbência pontual a um presbítero por parte do bispo, por diversos motivos. Inclusive Orígenes chegou a pregar, por encargo do bispo, quando ainda era leigo e, depois, muitas vezes como presbítero. Também João Crisóstomo pregou algumas vezes antes de ser bispo.

No Ocidente, aconteceu algo parecido, em casos excepcionais, por exemplo quando Agostinho, sendo ainda presbítero, foi convidado a pregar por seu bispo Valério. Na Gália, somente no século VI, com Cesário, que presidiu um sínodo no ano 529, chegou-se à decisão, pelo bem das comunidades, de que os presbíteros pregassem, se presidissem a Eucaristia, na falta de bispo. Também acontecem casos de o bispo incumbir a homilia a um diácono, como ao diácono Vicente em Zaragoza.

Às vezes, há casos de "pregação conjunta", ou seja, que vários preguem sucessivamente, como na comunidade de Jerusalém, como nos conta a peregrina Etéria, seguramente para atender a grupos de línguas diferentes (grego, siríaco, latim), por um pregador mais próximo.

Há Padres que, nesses séculos, escrevem obras sobre o ministério da pregação e da homilia, como a de Santo Ambrósio, *De officiis ministrorum*; de Santo Agostinho, *De doctrina christiana*; ou de Santo Isidoro, *De ecclesiasticis officiis*.

Preparação e improvisação

Encontramos testemunhos tanto de improvisação dos sermões como de uma longa preparação.

Vê-se que alguns tinham grande facilidade oratória, como Orígenes, Crisóstomo, Basílio e Gregório de Nazianzo no Oriente, e Agostinho no Ocidente. Nem sempre tinham escrito ou aprendido o sermão: deixavam ao menos algo para a improvisação. Agostinho, que tinha uma particular capacidade de improvisação, adaptava-se facilmente às circunstâncias. Um jovem que trocou um salmo por outro deu ocasião a que Agostinho comentasse o salmo que fora lido (sermão 352).

Mas não é possível falar de improvisação absoluta, e sim apenas relativa. Sempre se nota que os pregadores têm ao menos um esquema estruturado, com as citações preparadas, e sempre com uma qualidade literária muito digna.

Às vezes, dizem explicitamente que têm na mão o códice com as leituras bíblicas que se proclamaram. Agostinho disse uma vez: *"Johannes apostolus, cuius evangelium in manibus habemus"* (o Evangelho de João, que temos nas mãos), e em outra ocasião *"et hoc quod gestamus in manibus, Scripturae scilicet quam videtis"* (o que temos nas mãos, ou seja, a Escritura que vedes...).

Quando pregavam

Pregavam, sobretudo, no domingo, o dia próprio da reunião eucarística, como já dizia Justino. Mas também durante a semana, embora houvesse menos gente. Por exemplo, nos dias estacionais, ou no sábado, ou em tempos como a Quaresma ou a semana da Páscoa, ou nas festas dos santos.

É difícil saber se chegavam à pregação diária. Quando falam de que "ontem" tinham dito algo que continuavam hoje, isto pode significar "no outro dia", e "amanhã" pode significar "na próxima vez". Às vezes, sim, dizem claramente que pregaram em vários dias seguidos.

Duração da homilia

Os próprios pregadores referem, às vezes, que ou seu sermão vai ser curto ou longo, e pedem perdão ou incentivam os ouvintes para que não percam o ânimo.

A longa duração se deve ao fato de o texto bíblico ser longo e complicado e necessitar de explicação. Ou, simplesmente, às vezes o pregador se entusiasmou e continuou falando, e depois teve que pedir perdão. Também podia ser que se estendessem porque viam que as pessoas estavam à vontade.

As causas de o sermão ser breve são que ou não querem cansar as pessoas (elas estão de pé; não há bancos ou cadeiras), ou que o próprio pregador se cansa, ou lhe falta a voz, ou os fiéis têm que ir trabalhar. Ou simplesmente por pedagogia: um sermão longo está condenado ao esquecimento, e o breve é mais lembrado.

É difícil saber a duração real dos sermões escritos que guardamos destes Padres, transcritos pelos taquígrafos. Talvez não se lesse todo o escrito. Ou se pregava mais do que estava escrito, com improvisações.

Talvez se possa dizer que duravam uns 15 minutos. Mas há casos em que o sermão não podia ser proferido em menos de meia hora ou, inclusive, mais. Alguns dos sermões de Santo Agostinho, se foram proferidos da forma como estão escritos, devem ter durado mais de uma hora.

De onde pregavam

O lugar normal do sermão era, naturalmente, onde se celebrava a Eucaristia, seja nos domicílios particulares, seja nas igrejas, quando foram construídas; raramente acontecia fora da igreja e, às vezes, em torno das tumbas dos mártires.

Pregava-se do presbitério, da abside da igreja ou da "cátedra"; tinha que ser um lugar elevado e bem visível para todos.

Normalmente o pregador pregava sentado em sua cadeira.

Os assistentes

Às vezes, os Padres se queixam da pouca assistência de fiéis. Já o autor da Carta aos Hebreus reclama de que alguns se haviam acostumado a não acudir à reunião: "Velemos uns pelos outros para nos estimularmos à caridade e às boas obras. Não deixemos nossas assembleias, como alguns costumam fazer" (Hb 10,24-25).

Crisóstomo no Oriente e Agostinho no Ocidente se queixam também algumas vezes de que há poucos fiéis, ou de que eles tinham ido embora depois da homilia, inclusive alguns durante a homilia, ou de que antes, sim, as igrejas se enchiam e agora não, ou de que se viam muitas pessoas mais velhas e poucos jovens, que prefeririam os jogos, ou o circo, ou o teatro. Em algumas ocasiões, denunciam que apresentam o trabalho, ou o calor, ou a chuva como desculpa para não irem à celebração. Porém, no fundo, dizem eles, é preguiça e negligência, e louvam os presentes.

Santo Agostinho, precisamente em um sermão do dia dos santos Pedro e Paulo, lamenta amargamente que haja poucos fiéis. E se dá conta em seguida de que está "repreendendo" os que estão pelos que não estão (vê-se que isso é antigo).

Muitas vezes se fala de uma assistência numerosa, sobretudo na Quaresma e nas festas importantes, não raro atraída pela oratória dos grandes bispos.

Os assistentes eram muito heterogêneos em seu conjunto: crianças e pessoas mais velhas, nobres e camponeses. Só havia uma missa nas cidades dos primeiros quatro séculos. Diz-se que havia mais mulheres que homens, tanto no Oriente como no Ocidente. Em muitos lugares, as mulheres já eram separadas dos homens, como faziam os judeus e depois farão os muçulmanos.

Por vezes, nota-se que há ordem e silêncio na multidão. Outras, os diáconos têm que dar repetidos avisos para consegui-lo.

Nessas comunidades, temos notícias de que, às vezes, há certas reações de alguns, ou porque algo lhes pareceu estranho, ou porque notam algum equívoco, ou porque não gostam do que ouvem. Outras vezes, sabemos de aplausos e aclamações ou murmúrios, soluços e risos (que são assinalados nos escritos). São ouvintes vivazes, muito atentos, que respondem dessas maneiras à interpelação da homilia.

Avaliação global

A pregação daqueles primeiros séculos constituiu um grande fenômeno social, enchendo o mundo conhecido da boa-nova de Cristo, apesar do ambiente muitas vezes hostil e da violência das perseguições.

Essa pregação cristã tinha um conteúdo cristão específico, Cristo, mas seguia, com as acomodações oportunas, o método e o estilo da oratória da época.

Esses séculos conheceram grandes pregadores, como João Crisóstomo, Basílio, Gregório de Nissa, Orígenes no Oriente, e Agostinho, junto com Hipólito, Jerônimo, Ambrósio ou Leão Magno, no Ocidente.

A pregação dentro da liturgia era considerada própria dos que presidem a Eucaristia, ou de outros ministros ordenados aos quais se a confiava expressamente, e não dos leigos ou monges, a não ser em raras ocasiões e por encargo explícito do bispo. Os leigos participam, e admiravelmente, na evangelização e na catequese, mas não na homilia litúrgica.

Diz Olivar que, a partir do século V, com a queda do império romano, as invasões e a conversão multitudinária ao cristianismo, o clima da pregação passou a ser muito diferente, e sua qualidade diminuiu, embora restassem autores exímios como Proclo, Germano, João Damasceno, Cesário de Arles e o papa Gregório Magno.

O resto da história

É pena que, a partir do século VII, não tenhamos uma obra global equivalente a esta de Olivar sobre a pregação homilética. Certamente existiu também na Idade Média e nos séculos seguintes grande preocupação com os conteúdos da homilia e a formação correta dos sacerdotes na *ars praedicandi*, seguindo as linhas dos Santos Padres, sobretudo de Santo Agostinho. Publicaram-se também diversos "homiliários".[5]

---

[5] No *Dizionario di Omiletica* (1988), há diversos estudos sobre a pregação homilética em sucessivas etapas da história (p. 1.216-1.249). Além disso, numerosas monografias (cerca de 50) dedicam-se a "pregadores" famosos (o que teria de ser completado no tocante ao âmbito espanhol). Cf., além disso, Verd, G. M. La predicación latina en la transición medieval (451-751). *Misc Comill*, 30, p. 157-204, 1972; La predicación

Em séculos bastante posteriores, embora fosse costume em alguns ambientes não pregar, mas ler homilias de autores de prestígio (sobretudo em ambientes monacais), encontramos pregadores insignes, como Antônio de Pádua, Francisco de Sales, Bossuet, Bourdaloue, Lacordaire... Na Espanha, tivemos pregadores eminentes, como Vicente Ferrer, Juan de Ávila, Luís de Granada, Diego de Estella, Tomás de Villanueva; sobre alguns deles estão sendo publicados estudos monográficos interessantes.[6]

Em relação ao Vaticano II, revalorizou-se efetivamente o ministério da homilia, como se fez com a Palavra e sua proclamação.[7]

Nos documentos do Concílio, fala-se insistentemente da pregação, da Palavra e, concretamente, da homilia; SC 35, 52; LG 25 (o ofício de ensinar dos bispos), LG 29 (ministério dos diáconos), DV 1-10 (a Revelação e sua transmissão), DV 21 (veneração pela Escritura), SC 35 (a Escritura, a homilia, as celebrações da Palavra), SC 52 (a homilia como parte da liturgia), PO 4 (o presbítero, ministro da Palavra)...

Os documentos posteriores também sublinharam a importância da homilia, como iremos vendo ao longo destas páginas. Assim, por exemplo, o Catecismo (1992), que define da seguinte maneira a

---

carolingia (751-910). *Misc Comill*, 35, p. 297-433, 1977; Longere, J. *La prédication medievale*. Paris, 1983, 300 p. (Etudes Augustiniennes); VV.AA. De sacra praedicatione in universitatibus studiorum Medii Aevi. *Ephem Lit*, 4-5, p. 281-385, 1991; Herrero, F. *La oratoria sagrada en los siglos XVI-XVII*. Madrid, 1996-1998, 2 v.; id. El orador sagrado: concepto y oficios: cuatro calas en el tiempo. *Ciencia Tomista*, 2, p. 297-330, 1999 (as "calas" são o Novo Testamento, a pregação no tempo de Santo Agostinho, na Idade Média e nos séculos XVI-XVII).

[6] Cf., por exemplo, Cañizares, A. Teología de la predicación en el siglo XVI español. *Rev Esp Teol*, 1, p. 15-52, 1988 (sobre Diego Pérez de Valdivia e sua obra "De sacra ratione concionandi"); Lahidalga, J. M. de. Fray Luis de Granada: la predicación como arte y carisma. *Lumen*, 2, p. 147-168, 1990.

[7] Cf. Fournier, E. *La homilía según la constitución sobre la sagrada liturgia*. Barcelona: Estela, 1965, 238 p.; Barile, R. L'omelia prima e dopo il Vaticano II. *Riv Past Lit*, 1, p. 11-25, 1995; Lara, A. Servir la mesa de la Palabra: la homilía en los principales documentos del Magisterio (1963-1994). *Past Lit*, 227, p. 5-25, 1995.

homilia: "[...] a homilia, que exorta a acolher esta Palavra como o que é verdadeiramente, Palavra de Deus, e a pô-la em prática" (CCE 1349).[8]

Naturalmente, o Missal Romano (IGMR) e o Lecionário (OLM), em suas introduções, são os que mais acentuam a valorização da homilia e a normativa de seu desenvolvimento. Por certo, na primeira edição da OLM (1969), não se falava da homilia, enquanto na segunda (1981) sim, e expressivamente.

Os episcopados de vários países publicaram ultimamente documentos mais ou menos amplos sobre este ministério.

Recordaremos somente o da Comissão Episcopal de Liturgia da Espanha, que contém algumas Orientações que iremos citando repetidamente em nosso estudo.[9]

> A finalidade do documento é incentivar os sacerdotes "a se entregar com esperança e esmero a uma tarefa concomitantemente tão bela e tão exigente" (PPP 4) e "convidá-los a desempenhar seu ministério com generosidade e alegria" (PPP 33).
>
> Na Introdução, inicia-se a reflexão a partir do exemplo de Cristo Jesus, sobretudo no episódio de Emaús, no qual ele conduz os dois discípulos a descobri-lo na Palavra e no Partir do Pão.
>
> Na 1ª parte, descrevem-se os *princípios doutrinários*: a) a homilia a serviço da Palavra de Deus e o valor do Lecionário: b) a homilia a serviço do mistério celebrado; c) a homilia a serviço do Povo de Deus.
>
> Na 2ª parte, oferecem-se algumas *aplicações práticas*: a) a preparação da homilia a partir dos textos bíblicos; b) a realização da homilia (obrigatoriedade, linguagem...). O documento insiste na "fidelidade" que o homileta deve ter à Palavra e à Igreja.

---

[8] Sobre o que o Catecismo diz a respeito da homilia, cf. Martinelli, R. Catechismo della Chiesa Cattolica. In: *DizOm*, p. 245-252.

[9] Comisión Episcopal de Liturgia. *Partir el pan de la Palabra:* orientaciones sobre el ministerio de la homilía (= PPP). Madrid, 1985 (documento original, de 1983), 48 p.; também em *Notitiae*, 209, p. 814-834, 1983, e *Pastoral Litúrgica*, 131-132, p. 11-32, 1983.

Capítulo 5
A homilia, obediente à Palavra

A Igreja sempre venerou as divinas Escrituras, como também o próprio corpo do Senhor; sobretudo na sagrada liturgia, nunca deixou de tomar e distribuir aos fiéis, da mesa tanto da Palavra de Deus como do corpo de Cristo, o pão da vida. [...] É preciso, pois, que [...] a pregação eclesiástica seja alimentada e dirigida pela Sagrada Escritura (*Dei Verbum*, 21).

Tripla direção da homilia

Dentro do marco global da Palavra de Deus proclamada e celebrada na liturgia, a homilia tem uma tripla direção em seu serviço:

a) é um ato de obediência à *Palavra* de Deus que se acaba de proclamar, ajudando os fiéis a entender sua mensagem; esta é a dimensão *bíblica* da homilia;

b) é um serviço à *comunidade* celebrante, para que se decida a aplicar essa Palavra à sua história e à sua vida; esta é a dimensão *vital e histórica* da homilia;

c) e um laço de conexão da Palavra escutada com *o rito sacramental* que segue; esta é a dimensão *mistagógica* da homilia.

Trata-se, portanto, de uma função exegética quanto à Palavra, de uma função profética para com a vida da comunidade e de uma função mistagógica, que conduz ao sacramento que se celebra em seguida. A homilia se torna, assim, na forma mais integradora e completa de pregação cristã.

Em OLM 24, descreve-se esta tríplice direção, certamente em uma ordem diversa da assinalada aqui, afirmando que, na

> homilia, tanto se explica as palavras da Sagrada Escrituras que acabam de ser lidas quanto se explica outro texto litúrgico (a), deve levar a comunidade dos fiéis a uma participação ativa na eucaristia (c), a fim de que vivam sempre de acordo com a fé que professaram (b).

Os bispos de Cuba também descrevem acertadamente esta tripla dimensão da homilia nas normas que emitiram em 1978 para a Eucaristia:

> A homilia (que, às vezes, constitui o único meio de evangelização) é parte da liturgia do dia e deve referir-se aos textos proclamados, tratando de vinculá-los e aplicando a verdade perene do Evangelho a circunstâncias concretas da vida. Outra de suas finalidades é fazer com que os fiéis tomem consciência de que a mensagem anunciada e proclamada pela Palavra de Deus é realizada e atualizada no rito. Daí se deduz a necessidade de fazer a conexão eucarística (n. 11).[1]

No Ritual do Matrimônio, os bispos espanhóis advertem que também neste sacramento "a homilia, que é peça-chave e nunca deverá ser omitida, requer seu tom apropriado. Ela deve ser sóbria. Valem as

---

[1] Pode-se ler o texto completo dessas Normas em Ench 1.431-1.476; a passagem em questão é Ench 1.442.

regras de toda homilia, que parte dos textos bíblicos, centra-se na celebração e se projeta na vida" (n. 46).

A Comissão Episcopal de Liturgia da Espanha publicou em 1986 um documento sobre *Criatividade na fidelidade*. Nele se diz a respeito da homilia:

> A homilia está em íntima e direta dependência do Lecionário. Inspirada e sustentada nas leituras bíblicas e fazendo parte da celebração, esta forma específica de pregação reservada ao ministro ordenado tem a função de introduzir no acontecimento sacramental, ou seja, no aqui e agora para nós, o mistério de Cristo.
>
> A homilia, embora possua leis próprias que a distinguem de qualquer outra forma de ministério da palavra, é o elemento da celebração que melhor facilita a síntese entre a fidelidade e a criatividade. De fato, por um lado ela está ligada à liturgia da Palavra e serve de ponte com a liturgia do sacramento, mas, por outro, permite ao celebrante partir o pão da palavra de uma maneira totalmente personalizada e adaptada às condições reais de uma assembleia concreta. A pregação sacerdotal deve expor a Palavra de Deus não só de uma forma geral e abstrata, mas aplicando a verdade perene do Evangelho a circunstâncias concretas da vida (n. 7 B).

A homilia, obediente à Palavra

A primeira dimensão da homilia é, pois, sua fidelidade à Palavra de Deus.[2] A homilia não é uma pregação livre ou independente, mas atenta às leituras proclamadas na celebração. Deve ser, antes de mais nada, "fiel à Palavra", como depois se pedirá que seja "fiel à comunidade".

---

[2] Além da bibliografia já indicada no capítulo 3 sobre "A Palavra de Deus, acontecimento salvador", cf. AGULLES, J. Servidores de la Palabra. *Escritos del Vedat*, 11, p. 55-76, 1981; LLOPIS, J. *La escucha de la Palabra*. Barcelona: CPL, 1994, 64 p. (Emaús, 12); PUIG, A. La Iglesia, oyente de la Palabra. *Phase*, 207, p. 219-230, 1995 (in: *Cuadernos Phase*, 105, p. 3-14); VV.AA. *Oyentes de la Palabra*. Barcelona: CPL, 2000, 78 p. (= *Cuadernos Phase*, 105); RAMOS, F. F. La Biblia en la liturgia. *Studium Legionense*, 44, p. 11-53, 2003; FOSSAS, I. Biblia y liturgia. *Phase*, 261, p. 237-250, 2004.

Isso é o que poderíamos interpretar como a *diakonía tou logou*, o "serviço da Palavra" de que falavam os Apóstolos em Atos 6,4, quando decidiram estabelecer diáconos para outros ministérios dentro da comunidade.

A homilia não é tão importante quanto as leituras, é como sua continuação, como um quase sacramento da palavra viva que Deus pronunciou à sua comunidade. O homileta escutou como os demais a Palavra, mas com maior atenção, e depois tenta explicá-la e aplicá-la à vida da comunidade. Ele não se prega a si mesmo, nem suas ideias, mas sim o que Deus quer transmitir hoje e aqui a esta comunidade. Como disse Paulo, "não proclamamos a nós mesmos, mas a Cristo Jesus, Senhor" (2Cor 4,5).

A atitude do pregador, ao preparar seu ministério, não é pensar "o que lhes digo hoje", mas "o que Ele nos diz hoje", porque é Deus quem tem a Palavra.

Quando F. Van der Meersch, em sua obra sobre "Santo Agostinho, pastor de almas", fala da pregação, ele se pergunta: como pregava Santo Agostinho? E sua resposta é bem breve: "pregava biblicamente" (p. 517). O próprio Santo Agostinho disse: "O que sirvo a vós não é meu. Do que comeis, disso como eu; do que viveis, disso vivo eu. No céu temos nossa despensa comum: dali procede a Palavra de Deus" (*Sermão* 95, 1).

Também a evangelização e a catequese, os outros gêneros de pregação, baseiam-se na Bíblia, ao menos em princípio. Mas a homilia o faz mais proximamente, a partir das passagens escutadas.

Essa "fonte" bíblica da homilia é afirmada com clareza cada vez maior. Se, no princípio, às vezes se afirmava que podia versar sobre outros elementos da celebração, foi se esclarecendo progressivamente que o conteúdo da homilia vem das leituras bíblicas.

A homilia se nutre das leituras bíblicas que foram proclamadas, e, de certo modo, quem prega continua proclamando as maravilhas operadas por Deus na história da salvação. [...] Por isso, a reforma litúrgica dotou a celebração de cada um dos sacramentos de um abundante Lecionário bíblico. Atendo-se a ele, a homilia cumprirá melhor sua função de conduzir a assembleia da Palavra proclamada para o sacramento que é cumprimento dessa Palavra de salvação eterna e eficaz (PPP 12).

A homilia, fiel ao Lecionário, expõe e esclarece os conteúdos evangélicos e bíblicos das leituras para celebrar o mistério de Cristo e a obra da salvação (PPP 14).

As fontes da homilia são todos os textos da sagrada liturgia. Entretanto, a vinculação especial que a homilia tem com a Palavra de Deus, de cuja liturgia participa, faz com que as leituras que foram proclamadas tenham a primazia do que é necessário comentar (PPP 20).

A fidelidade à Palavra não é fácil

O serviço à Palavra que a homilia tem que realizar comporta dificuldades evidentes.

a) Antes de mais nada, a *linguagem bíblica* é de séculos atrás, sobretudo no caso do Antigo Testamento, e contém simbolismos e categorias não facilmente compreensíveis hoje, porque pertence a outra civilização. Basta ver os simbolismos que tanto no Novo Testamento como nas catequeses dos Santos Padres se tomavam do Antigo Testamento para expressar a identidade e os efeitos do Batismo cristão.

Deve-se reconhecer que a cultura e a situação social da família, com as relações entre pais e filhos e entre cônjuges, eram muito diferentes. Os livros sapienciais e os proféticos necessitam ser situados em seu contexto social, cultural e religioso para podermos captar o que nos dizem atualmente. O homem de hoje pode entender talvez com certa facilidade a metáfora do pastor e do rebanho, aplicada a Cristo e a seus seguidores, ou a das chaves que se confiam a Pedro. Mas há outras mais distantes.

Alguns fiéis podem ter a impressão de que as leituras bíblicas querem dar respostas a perguntas que não temos hoje, enquanto não respondem àquelas que temos. O Antigo Testamento, às vezes, pode nos dar a sensação de que é, ao menos, pré-cristão, quando não anticristão, sobretudo em questões de moral.

> Para a História da Salvação, empregam-se as linguagens próprias daqueles povos. Devem-se levar em conta os gêneros literários, as comparações que são apreciadas no Oriente, que às vezes são exageradas (camelo e buraco da agulha, monte que se lança ao mar, argueiro e trave no olho...).
>
> No Cântico dos Cânticos, compara-se a beleza da mulher amada à égua dos carros do faraó (comparação que se acha também em alguns escritores árabes antigos).
>
> Em Ex 15,1, para louvar o poder de Deus, expressa-se sua intervenção para que os cavalos e os cavaleiros egípcios, perseguidores de seu povo, se afoguem no Mar Vermelho... No livro de Josué, acentua-se que, para assegurar a pureza moral do povo eleito, devem-se exterminar todos os povos... E, para sublinhar a grandeza do rei Salomão, exagera-se certamente o número de suas mulheres: quanto mais mulheres, mais importante quem as tem...

b) Os *estudos exegéticos* em torno das passagens bíblicas, tanto do Antigo como do Novo Testamento, progrediram muito nestas últimas décadas, e agora nos falam de gêneros literários que, às vezes, podem transtornar certezas que antes tínhamos e que pareciam intocáveis.

Por exemplo, temos que nos colocar, com a ajuda da exegese moderna mais séria, a questão da historicidade ou não de diversos livros bíblicos, como do Gênesis ou do livro de Jó ou de Jonas, ou dos relatos a respeito da infância de Jesus. Se, às vezes, não se pode afirmar esta historicidade, não é porque eles sejam mitos ou invenções, mas porque não são históricos no sentido que atualmente se dá à palavra.

Além disso, os autores mais sensatos nos propõem diversas etapas ou camadas de redação de determinadas passagens, que não foram concebidas unitariamente desde o princípio e que condicionam nossa interpretação.

Os livros bíblicos não aparecem necessariamente como testemunho da história, mas se afirma que são escritos a partir da fé e para a fé, que são *kérigma*, pregação com intuito religioso e teológico, que os vários autores redigiram conforme as circunstâncias concretas da comunidade para a qual se dirigem. Os próprios evangelhos, na seleção de seus conteúdos, escolheram os ensinamentos de Jesus que mais diretamente afetam a situação concreta da comunidade cristã a que dirigem seu escrito, levando em consideração, por exemplo, se eram procedentes do judaísmo ou do paganismo.

Para enfocar bem a homilia, devem-se ler antes as "notas exegéticas" de algumas publicações, que nos ajudam justamente a situar a passagem dentro do contexto bíblico que lhe corresponde.

c) Outra dificuldade para a homilia vem do fato de que agora temos *Lecionários* novos e muito mais ricos que são proclamados nas celebrações da comunidade cristã e incluem em maior medida o Antigo Testamento. Isso torna mais complexa do que antes a tarefa de preparar a homilia.

As três leituras do domingo, e principalmente as duas das férias, compreendem livros bíblicos que antes não estávamos acostumados a escutar e explicar.

Isto faz com que o pregador, se não se decide a dar importância ao seu ministério, não encontre tempo para sua preparação e ele próprio se sinta incapaz ou insatisfeito com sua aproximação ao texto bíblico.

Atitudes e critérios do pregador para com a Palavra

Tudo isso afeta a homilia em sua relação com a Palavra que acaba de ser proclamada. Um pregador que leva a sério seu ministério, com o desejo de não "trair" a mensagem bíblica e transmiti-la vivamente aos fiéis, deve adotar alguns critérios espirituais e pastorais diante da Palavra.

Estudar mais a Escritura

Antes de mais nada, ele deve conhecer melhor a Bíblia. Não a conhecemos bastante. Os estudos bíblicos que fizemos em nossos tempos de formação não costumam ser suficientes. Temos que lançar mão de comentários sérios que nos apresentem os livros bíblicos que percorremos ao longo do ano: os sapienciais, os históricos, os proféticos, as cartas e os evangelhos.

Deveríamos nos sentir discípulos e estudiosos permanentes da Bíblia.

> É necessário, por isso, que todos os clérigos, sobretudo os sacerdotes de Cristo, mas também os restantes que, como os diáconos e os catequistas, são encarregados do ministério da palavra, mantenham contato íntimo com as Escrituras, mediante leitura assídua e estudo acurado, a fim de que nenhum deles se torne [...] pregador vão da Palavra de Deus [...] uma vez que, sobretudo nas cerimônias litúrgicas, têm obrigação de comunicar aos fiéis que lhes estão confiados as grandíssimas riquezas da palavra divina (DV 25).

O pregador, ao começar um livro bíblico novo – um evangelista sinótico, no começo de seu ano, ou a leitura continuada de Jeremias ou da Carta aos Romanos –, tem a obrigação de estudar, ao menos brevemente, o novo livro, se quiser ser fiel em seu ministério ao que Deus quis transmitir nessa leitura concreta.

Não basta que ele pense no "como" pregar; antes tem que assegurar-se do "que" tem que pregar, porque isto não depende dele, mas da Palavra de Deus, e ele corre o risco, se for superficial em sua exposição, de trair ou empobrecer de alguma maneira a mensagem de Deus.

O pregador tem que ter a "antena" de sua atenção e de seu conhecimento bem estendida para a Palavra que explica e estar em dia com os estudos exegéticos sérios que esclarecem a mensagem de cada livro revelado. Dificilmente poderá oferecer à comunidade um serviço profundo sem antes ter ele mesmo sintonizado com a própria Palavra que deve transmitir.

> A preparação da homilia pede uma fidelidade especial a quem deve distribuir o Pão da Palavra como bom administrador dos mistérios de Deus. Essa fidelidade consiste em aproximar-se da Sagrada Escritura para compreendê-la e explicá-la de acordo com o modo próprio de ler a Palavra de Deus que tem a liturgia. [...] Será necessário um conhecimento mais profundo dos livros sagrados e da história da salvação, não só como ciência exegética, mas como saber vivo e sintético apoiado na tradição litúrgica (PPP 21).

A homilia não é exegese

O pregador deverá distinguir a pregação da exegese. A homilia não tem como meta uma explicação de tipo exegético nem uma lição magisterial sobre a história redacional da passagem, comparando seus originais gregos ou hebraicos com seus lugares paralelos.[3]

---

[3] Wiener, C. L'exégèse et l'annonce de la parole de Dieu. *Par Lit*, p. 29-36, 1970; Llopis, J. Exegesis bíblica y homilía litúrgica. *Phase*, 66, p. 527-541, 1971; Pou, A. Dificultad y necesidad de integrar la

A homilia tem sua finalidade própria, distinta dos cursos bíblicos ou dos círculos de estudo. Em seus breves minutos, a homilia não pode se deter demais nas diferenças redacionais que há na lista de bem-aventuranças entre Mateus e Lucas, mas tentará apresentar diretamente a projeção que essa passagem de Jesus tem sobre nossa vida. A homilia não se preocupa muito, embora o pregador esteja muito inteirado delas, com as diferenças de ordem que os evangelhos apresentam em seu relato das aparições de Jesus Ressurreto, mas convida a comunidade a mergulhar no alegre anúncio da nova vida do Ressurreto.

As controvérsias e dúvidas dos biblistas não têm por que passar para a homilia. Não porque o ouvinte não esteja preparado, ou somente para não escandalizá-lo, ou porque seja necessário mantê-lo ignorante da evolução exegética mais séria; mas porque a homilia tem sua finalidade e sua razão de ser. O outro aspecto fica para os cursos bíblicos ou para as conferências. Os exegetas se preocupam com a maneira como os evangelhos foram se formando, quantas etapas ou estratos há no Evangelho de João, como foi composto o relato da infância de Jesus. O que a homilia quer é exortar para que a Palavra de Deus ilumine e estimule eficazmente nossa vida de fé. Sobretudo, não deve se dedicar a "destruir" certezas e convicções sem edificar uma visão positiva e séria da mensagem de Deus.

O pregador tem que conhecer a exegese das diversas passagens para saber em que não deve insistir ou o que não é seguro. Para isso, deve ir lendo algo sobre a interpretação que os exegetas sérios fazem de tal passagem, sobretudo se estão de acordo. Levar isso em conta deve ajudá-lo a ser honesto, a não confundir as últimas teorias com a

---

exégesis contemporánea a la homilética: ejemplo de un dilema: el discípulo a quien Jesús amaba. *Lit y Espirit*, 10, p. 519-527, 2003; Buzzetti, C. Ermeneutica biblico-liturgica. In: *DizOm*, p. 443-449.

doutrina segura da Igreja e a não apresentar como definitivo o que não é, porque confundiria os fiéis.

Isso se assemelha à situação dos médicos, que devem estar em dia com os diferentes aspectos da ciência médica, mas depois, no trato com o doente concreto, não o aturdem com conhecimentos científicos, mas se servem deles para curá-lo hoje e aqui e explicar-lhe de modo que entenda sua situação e a maneira de tratar seus males.

A prudência pastoral deve sugerir ao pregador o modo de "desmitificar" e traduzir a mensagem bíblica. Não se trata de derrubar a fé e as certezas dos fiéis, ridicularizando as interpretações antigas (que nós próprios ensinamos), por um prurido de parecer moderno. Se na própria exegese se requer prudência, porque nem tudo está claro e muitas explicações não são definitivas, muito mais na homilia. Aqui já não se trata somente de prudência, mas de honradez.

Centrar-se na mensagem das leituras

O pregador tenta se centrar na mensagem da passagem em questão. Não tanto em seus detalhes, mas em sua intenção central e nos valores que está propondo.

Ele não tem tempo para se demorar nos aspectos mais científicos da origem do cosmos ou da criação do homem e da mulher, ou no número e origem exata dos magos que vieram adorar o Messias em Belém, ou na comparação detalhada do fato de Pentecostes com os fenômenos do Sinai na saída do Egito.

O que ele deve fazer é apresentar o aspecto principal da passagem, qual é o plano salvador de Deus tal como nela se revela, como Deus agiu e como o homem respondeu, qual é a mensagem concreta que o profeta, ou Paulo, ou o próprio Jesus queriam destacar com suas palavras. Embora o livro do Antigo Testamento ou alguma carta de Paulo fale das relações entre os esposos ou entre filhos e pais, refletindo uma visão muito antiga da família, que não corresponde à atual, certamente a intenção profunda de seus conselhos vale para aquela época e também para hoje.

Para isso, o pregador não deveria se fiar demais em sua intuição ou nos dados mais anedóticos, porém ler alguma apresentação exegética séria, em que se nos diz qual é a intenção mais profunda, por exemplo, da parábola do filho pródigo ou do relato das bodas de Caná, ou em que consistia o problema da comunidade da Galácia para que Paulo lhes falasse em termos tão fortes.

O principal é sempre o que Deus está querendo nos dizer, as linhas da História da Salvação, a Boa-Nova que se cumpre em Cristo Jesus. Isto é o que os fiéis devem ir assimilando pouco a pouco ao longo do ano: o que Deus fez na história, o que continua fazendo agora e como quer que lhe respondamos.

O pregador, a partir das leituras, deve apresentar, como fizeram Pedro e Paulo em sua pregação, o Cristo entregue, crucificado, morto, mas depois ressurreto e glorificado, exaltado sobre todo o cosmos por Deus Pai. E, em seu nome, anunciar a salvação a todos.

Desmitificar e retraduzir a mensagem bíblica

Às vezes, o pregador terá que realizar certo processo de desmitologização de algumas passagens para poder retraduzi-las de modo que os cristãos de hoje entendam sua mensagem.[4]

Ao falar de "desmitologizar", não se quer dizer que os relatos sejam míticos e não históricos, mas que muitas vezes estão revestidos de

---

[4] Cf. Rahner, K. El problema de la "desmitologización" y el ejercicio de la predicación. *Conc*, 33, p. 374-394, 1968.

uma linguagem cultural e histórica que pode torná-los obscuros para o homem de hoje. Se dizemos que "Jesus subiu aos céus" na Ascensão, talvez tenhamos que reinterpretar essa expressão, porque ela corresponde a uma cosmovisão diferente, com o céu em cima e a terra embaixo, para ficarmos com o principal: o triunfo de Jesus, sua glorificação definitiva através da Páscoa.

Quando falamos da "justificação pela fé", ou que "Jesus nos salvou pelo seu sangue", ou que os eleitos do Apocalipse eram "lavados no sangue do Cordeiro", trata-se de frases feitas, que seguramente têm muito sentido em seu contexto bíblico, mas que, para aplicar sua mensagem ao homem de hoje, necessitam de certa "retradução" não em termos mais pobres, e, sim, mais próximos e compreensíveis. Tirar o revestimento que têm algumas categorias bíblicas não significa negá-las, mas torná-las mais inteligíveis, justamente por fidelidade à sua mensagem central. Porque pode acontecer de, ao pronunciar frases como estas, o pregador não se dar conta de que seus ouvintes não captam seu sentido ou o entendem em um sentido diferente ou até contrário ao que elas querem transmitir.

Conhecer os vários sentidos do texto bíblico

Será bom que o pregador recorde os vários sentidos que já os Padres descobriam nas passagens bíblicas:

- seu sentido literal ou literário: o que diz a passagem, com suas formulações e imagens e símbolos, em seu original e em uma boa tradução;

- qual é seu sentido objetivo ou histórico: ou seja, o que essa palavra queria dizer dentro do contexto em que foi dita ou qual era a situação de Israel na época deste profeta, ou a que acontecimentos se refere o Apocalipse;

- qual é o seu sentido "espiritual", ou seja, guiado pelo Espírito, de modo que todos os livros bíblicos, tanto os do Antigo como os do Novo Testamento, se centrem em Cristo Jesus e em sua Páscoa (cf. DV 12);

- qual é seu sentido objetivo-litúrgico, porque, dependendo da celebração em que se proclame uma leitura, ela pode ter um sentido diferente do que tinha em seu contexto original bíblico, dependendo da festa ou do sacramento que segue (cf. PPP 23); por exemplo, a cena das bodas de Caná tem sentido diferente lida em torno da Epifania ou em uma festa mariana ou na celebração de um matrimônio;

- e, finalmente, qual é seu sentido subjetivo e existencial para nós: o que Deus está querendo nos dizer com esta passagem de Jeremias ou de Paulo.

Levar o ministério a sério

Esta reinterpretação da passagem bíblica é uma tarefa séria, porque não se pode "traduzir" a Palavra de Deus a nosso gosto, mas apoiados nos estudos de autores sérios e, decididamente, no sentido da Igreja. A homilia não é o momento para ensaiar interpretações ou apresentar aos fiéis, como se fosse definitiva, a última teoria sobre determinados livros bíblicos. Sem entrar nas últimas e controvertidas opiniões sobre a ressurreição de Jesus, o pregador deve transmitir aos fiéis toda a alegria e a energia interpelativa da mensagem da Páscoa.

Às vezes, suas leituras e estudos mais técnicos servem ao pregador não para mostrar sua erudição em sua breve homilia, mas para decidir o que é que "não deve dizer" e em que não deve insistir. Se sabemos, por exemplo, que o livro de Jonas não é considerado histórico, não nos demoraremos em explicar onde está Nínive e por que se diz que era tão grande e que tipo de animal era a baleia que engoliu Jonas, mas tentaremos captar e transmitir a intenção profunda do livro, que é a afirmação de que muitos pagãos estão respondendo a Deus de uma maneira mais radical e generosa do que os judeus, o povo eleito. Jonas é o único judeu do relato e se mostra, na verdade, um antiprofeta, enquanto os habitantes de Nínive, desde o rei até o gado, convertem-se a Deus.

O processo de leitura da Bíblia com uma retradução de sua linguagem é longo. Agora ninguém entende mais os "sete dias da criação", tal como nos narra o Gênesis, como cronologicamente correspondentes a sete dias de 24 horas. A comunidade cristã normalmente tampouco tem dificuldade para entender que o relato da criação das espécies animais ou do primeiro homem e da primeira mulher não devem ser entendidos ao pé da letra em seu relato bíblico, mas que estão escritos em uma linguagem popular e poética e podem ser muito bem compatibilizados com qualquer das teorias sérias sobre a evolução do cosmos e da vida no cosmos. Mas há outras passagens mais difíceis de interpretar.

Um pregador honrado não considera definitivas as últimas teorias que leu de exegeses, porque, às vezes, elas são rapidamente superadas por outros estudos. Além disso, tornar mais inteligível uma passagem de Paulo ou de João não significa apresentá-la "infantilmente". Pode ser uma linguagem simples, mas igualmente teológica. Embora os fiéis não saibam muitas vezes expressar-se teologicamente, sabem, sim, "ouvir teologicamente" e se dão conta de que aquilo que o profeta dizia com aquela roupagem cultural agora continua tendo atualidade, embora empreguemos outra linguagem.

O pregador, obediente à Palavra

Quem realiza a homilia deve ter, portanto, uma clara consciência de que está antes de mais nada "a serviço da Palavra". Ele tem que deixar que "a Palavra fale", pois ela tem força em si mesma. Tem que sentir e mostrar que sua homilia e suas explicações não são tão importantes quanto a própria Palavra. Não somos donos da Palavra, mas seus servidores. Não a podemos ocultar, nem calar, nem empobrecer, mas transmiti-la aos fiéis com toda a pedagogia possível, porém, sobretudo, com fidelidade à própria Palavra.

A atitude de obediência à Palavra se expressa muito simplesmente tendo na mão o Lecionário que se acaba de proclamar, como recordávamos que fazia Santo Agostinho. Ter na mão o livro sagrado, ler dele as frases centrais, apelar a ele para insistir nas enumerações ou nos argumentos que já foram escutados dos lábios do profeta, ou de Paulo ou do próprio Jesus serve sobretudo ao próprio pregador para reconhecer que não é ele o protagonista, mas que a Palavra o é. E também aos fiéis, porque veem que o pregador está se baseando, tanto para as suas palavras otimistas como para as exigentes, não em seu próprio gosto ou humor, mas naquilo que disse a Palavra.

O delicado trabalho de interpretar a Bíblia

Não é fácil interpretar as Escrituras. Podemos recordar o caso do etíope que lia Isaías e não o entendia: necessitou que o diácono Filipe o interpretasse para ele (At 8,30ss). Os textos bíblicos necessitam ser estudados em seu contexto histórico e também levando em conta o processo de sua redação, os gêneros literários, históricos, apocalípticos.

A Pontifícia Comissão Bíblica publicou no ano de 1993 um documento sobre *A interpretação da Bíblia na Igreja*. Ele dá orientações concretas sobre a relação que a Bíblia tem com a liturgia, e concretamente com a homilia.

O pregador deve levar em consideração os vários sentidos que tem a Escritura: o literal (não literalista nem fundamentalista), o espiritual referido a Cristo e à sua Páscoa (o "trono de Davi", em seu sentido espiritual e não no político), o sentido pleno (uma passagem é interpretada à luz de outras passagens). Às vezes, a própria Bíblia, em outras passagens, aprofunda as anteriores: um anúncio profético pode ser aprofundado ou universalizado. Sobretudo quando o NT interpreta o Antigo: como no caso das duas mulheres de Abraão.

Os Santos Padres, muitas vezes, interpretam a Bíblia espiritualmente: a Igreja como o novo Israel, a Jerusalém celestial, o maná e a Eucaristia...

No *Diretório para o ministério e a vida dos Presbíteros*, da Congregação para o Clero (1994), diz-se:

> Para que a Palavra seja autêntica, ela deve ser transmitida sem dissimulação nem falsificação, mas manifestando com franqueza a verdade diante de Deus (2Cor 4,2). Com maturidade responsável, o sacerdote evitará reduzir, distorcer ou diluir o conteúdo da mensagem divina. Sua tarefa consiste não em ensinar sua própria sabedoria, mas a Palavra de Deus e convidar com insistência todos para a conversão e a santidade (cf. PDV 26). Portanto, a pregação não pode ser reduzida à comunicação de pensamentos próprios, experiências pessoais, simples explicações de caráter psicológico, sociológico ou filantrópico e tampouco pode usar excessivamente o encanto da retórica tão empregada nos meios de comunicação social. Trata-se de anunciar uma Palavra de que não se pode dispor porque ela foi dada à Igreja a fim de que esta a custodie, examine e transmita fielmente (n. 45).

Seria conveniente que o pregador repassasse, em um momento de sossego, o que o *Catecismo da Igreja Católica* (1992) diz sobre o sentido que tem a Escritura: CCE 101-104 ("Cristo, Palavra única da Sagrada Escritura"), 109-111 ("o Espírito Santo, intérprete da Escritura"), 112-114 ("critérios para interpretar a Escritura conforme o Espírito"), 115-119 ("diversos sentidos da Escritura")...

Não se trata tanto de buscar na Bíblia a resposta às perguntas ou aos problemas que nos inquietam agora mesmo, como faziam os que iam consultar os oráculos da Pitonisa de Delfos ou dos Áugures. Jesus não gostava que lhe perguntassem estas coisas. Quando alguém lhe perguntou que tinha que fazer para herdar a vida eterna, Jesus não lhe respondeu diretamente, mas lhe fez outra pergunta: Que está escrito na lei? Como interpretas? (Lc 10,26).

Antes, deveria ser o contrário: Deus tem algumas perguntas para mim, e eu devo respondê-las. Por isso, Jesus formula ele próprio perguntas a seus interlocutores e, quando conta a parábola do bom samaritano, conclui: "faze tu o mesmo". O mesmo acontece no episódio da mulher adúltera: não responde a interpelação dos acusadores, mas ele próprio formula outra pergunta e os expõe ao ridículo, começando pelos mais velhos.

Decálogo sobre a leitura Bíblica para a homilia

Resumindo dois estudos do professor S. Pié,[5] podemos dar ao pregador alguns conselhos que nos parecem sábios sobre seu "serviço à Palavra" na hora de preparar sua homilia.

1. A Bíblia, como já expressa seu próprio nome (grego: *biblos, biblia*), é o plural de "livros". Isto nos indica uma primeira característica: a Bíblia é uma coleção de livros, e, mais ainda, uma coleção não homogênea de livros, embora todos tenham o caráter de Palavra inspirada de Deus. Eles são diferentes tanto no gênero literário como em seu sentido religioso. A própria ordem deles não reflete a ordem cronológica de

---

[5] Pié, S. Decálogo para una lectura actualizada de la Biblia. *Phase*, 66, p. 521-525, 1971; id. Palabra de Dios y hermenéutica bíblica. *Phase*, 56, p. 134-140, 1970.

composição: os escritos de Paulo são anteriores aos evangelhos, embora estes estejam colocados antes na Bíblia.

Esta consideração tem importância nas celebrações em que se leem vários livros: por exemplo, Antigo Testamento, Paulo, Evangelho. Não se deve pensar em um "concordismo" fácil. Mesmo admitindo a unidade do desígnio de Deus, convém respeitar as características de cada livro.

2. Cada livro da Bíblia, ao menos em sua grande maioria, é fruto da recopilação de diversas tradições tanto orais como escritas, que nem sempre mostram um acoplamento perfeito, sendo, além disso, produto de gêneros literários distintos. Por exemplo, os relatos da criação do mundo em Gênesis 1 e 2, ou os da ressurreição de Cristo.

3. A Bíblia não tem, em geral, um interesse diretamente biográfico no sentido moderno da expressão. Os diversos personagens e seus feitos são apresentados por causa de um interesse catequético-atual, que ajude a extrair mais facilmente ensinamentos da narração germinalmente histórica: por exemplo, David e Salomão no livro das Crônicas, os relatos a respeito da infância de Jesus etc.

4. A função da comunidade tanto israelita como cristã primitiva foi altamente importante na formação da Bíblia atual. Os responsáveis por essas comunidades adaptavam e matizavam as narrações transmitidas de modo esquemático. Assim se explicam o antifarisaísmo de Mateus, o romanismo de Lucas, o relato da Ascensão em Lucas mediante referência ao número 40 etc.

5. A técnica de transmissão do mundo oriental se realizava, sobretudo, em forma oral e com base em certos esquemas memorísticos que ajudavam sua fixação. Geralmente, os judeus piedosos aprendiam de cor as passagens. Assim se entende a abundância de citações do Antigo

Testamento no Novo. E se entendem as bem-aventuranças, a pregação de Pedro, o sermão da montanha, os "logia" de Jesus...

6. O povo judeu era um povo de notável cultura literária. Os próprios apóstolos gozavam de uma posição que nada tem a ver com a crença comum de que eram "uns pobres pescadores". O pescador era um personagem na Palestina rural e pastoril. Isto nos faz entender a facilidade do provérbio, da frase sapiencial, da parábola, da alegoria, das ações simbólicas...

7. A expressão da fé no mundo oriental se diferencia consideravelmente da do mundo ocidental. Trata-se de uma expressão concreta que se afasta das abstrações de raiz mais grega. Por exemplo, amar é fazer como o samaritano e não teorizar sobre quem é o próximo. O mesmo se aplica ao valor do número: 40 como preparação, 50 como plenitude. Não é cronologia, mas sentido do valor do tempo.

8. A simbologia é a linguagem habitual da Bíblia, pois, sendo concreta, expressa plasticamente o pensamento. A presença do Deus inacessível se expressa por meio do fogo, ou do vento, ou da nuvem, fenômenos difíceis de dominar e sujeitar. Assim se entende o relato da cena de Pentecostes.

9. Em geral, tanto o Antigo como o Novo Testamento estão escritos com perspectiva pascal. Assim, no Antigo, o fato da Páscoa marcou de tal forma o povo que, inclusive, os escritos que descrevem fatos anteriores ao Êxodo estão iluminados por este. Isso aparece com mais clareza ainda no Novo, em que o testemunho apostólico da ressurreição é a base e o fundamento da pregação e da explicação da "vida" de Jesus. Disto se deduz que muitas narrações pré-pascais são apresentadas com "olhos pascais", isto é, com uma visão mais plena do que aquela que na realidade podia existir em seu tempo; assim, o Batismo de Jesus, a Transfiguração, a multiplicação dos pães. O relato de Emaús é um

exemplo magnífico: Cristo ressurreto age como intérprete, como hermeneuta das Escrituras.

10. Convém levar em conta, para terminar, a formulação positiva do Concílio Vaticano II com referência à verdade da Escritura (o tratado clássico falava antes da "inerrância"). "[...] os Livros da Escritura ensinam com certeza, fielmente e sem erro, a verdade relativa à nossa salvação [...]" (DV 11). Trata-se, pois, da verdade salvífica, e ficam, assim, mais à margem os dados científicos ou biográficos que não afetem essa verdade.

Capítulo 6
A homilia a serviço do "hoje" da comunidade

O segundo "olhar" da homilia dirige-se para a vida concreta da comunidade. Não se trata de repetir, mais ou menos pedagogicamente, o que disse a leitura, mas ajudar para que os presentes a apliquem à sua história existencial, ou seja, para que a Palavra "ressoe" com toda a sua força iluminadora em suas opções e eles se convençam de que a Palavra continua sendo atual e ilumina sua vida.

Encontramos uma resposta à Palavra já na própria Eucaristia. Porém, ela tem que transcender também na vida. O pregador não se contenta em explicar a Palavra, mas a aplica à nossa história concreta, exortando todos a responder a ela na prática.

Este é o aspecto *profético* da homilia: descobrir para o bem de todos o que a Palavra nos diz *hoje*, como ela se cumpre hoje, como sua mensagem se aplica à nossa vida.

A homilia está condicionada por uma comunidade concreta. Ela é seu ambiente, seu contexto e sua destinatária, com as consequências que isto acarreta.

A comunidade celebra a Palavra

O sujeito integral da celebração é a comunidade cristã, povo sacerdotal pelo batismo, sinal sacramental da Igreja, lugar privilegiado da presença do Senhor Ressurreto.

E isto se cumpre também na celebração da Palavra.

> O Espírito Santo recorda [...] à assembleia litúrgica o sentido do evento da salvação, dando vida à Palavra de Deus, que é enunciada para ser recebida e vivida. [...] É ainda o Espírito Santo que dá a graça da fé, que a fortifica e a faz crescer na comunidade. [...] Na liturgia da Palavra o Espírito Santo 'recorda' à assembleia tudo o que Cristo fez por nós (CCE 1.100-1.103).

O leitor, o instrutor, o salmista e o pregador da homilia são ministros que ajudam para que a assembleia acolha em verdade esta Palavra viva de Deus. Nem todos leem, nem pregam, mas todos participam e celebram. O povo de Deus tem o direito de receber a Palavra nas melhores condições possíveis.

Por sua parte, cabe a toda a comunidade escutar ativamente e deixar-se interpelar pela Palavra, para depois, impulsionada pelo Espírito, assimilá-la e colocá-la em prática. A "audição", acompanhada da veneração e da fé, não é algo passivo, mas muito ativo. A escuta da Palavra, e também da homilia, é verdadeira "participação" e "celebração", sem necessidade que inclua também a "intervenção" de todos nos vários ministérios.

Difícil aproximação à comunidade

Como dizíamos no capítulo 1, parte das dificuldades da homilia provém de sua destinatária, a comunidade.

Além de ser um ato de obediência à Palavra – o que Deus nos diz hoje –, a homilia é também um ato de serviço à comunidade. O pregador se preocupa não somente com *o que* tem que dizer, mas também a *quem*.

Não é fácil situar-se na perspectiva justa diante de certas assembleias, para poder ser bons mediadores entre elas e Deus.[1]

Às vezes, a comunidade é heterogênea em termos de idade e situação social. Pode haver, em uma assembleia paroquial, crianças, jovens e pessoas mais velhas, religiosos e casados, professores e camponeses. Uma comunidade urbana é muito diferente – na cidade, há muitos lugares de culto para escolher – de uma rural, que costuma ter somente uma paróquia. Nos fins de semana, com a crescente mobilidade das pessoas, às vezes forasteiros ou inclusive estrangeiros se fazem presentes. Agora essa heterogeneidade se complica mais pela crescente afluência de imigrantes, muitos deles crentes, que participam em nossas celebrações.

Mas a homilia sempre tem que transmitir uma mensagem viva, embora seja mais genérica. Deve ter presente a composição da comunidade, para que as aplicações sejam, no fim das contas, atuais para todos. Todos são destinatários da Palavra, e é necessário ajudar a todos a se sentir interpelados por ela.

---

[1] Além das obras gerais sobre a homilia que, naturalmente, tratam do tema dos destinatários deste ministério, ou seja, da comunidade cristã, cf. Scirghi, Th. J. Preaching in a postmodern context. *Quest Lit*, 3-4, p. 236-249, 2000; Aldazábal, J. La homilía es para la comunidad. *Phase*, 207, p. 231-240, 1995; Krusche, W. La predicación en la celebración litúrgica de la comunidad en la actualidad. *Sel Teol*, 63, p. 214-226, 1977; VV.AA. Liturgia e acontecimientos. *Phase*, 58, p. 325-302; Tena, P. La celebración litúrgica entre el acontecimiento y los acontecimientos. *Phase*, 58, p. 371-383, 1970; Ramos, F. F. Interpretación existencial de la Escritura. *Burgense*, 11, p. 9-61, 1970; Ellacuría, I. La predicación ha de poner en contacto vivificante la Palabra y la Comunidad. *Sal Terrae*, 3, p. 167-176, 1978; Ruiz, G. La molesta predicación de los profetas. *Sal Terrae*, 3, p. 177-187, 1978; Vilanova, E. Palabra de Dios y reforma litúrgica. *Phase*, 165-166, p. 203-210, 1988. Indicamos, na nota 2 do capítulo 1, algumas obras que oferecem um estudo sociológico da homilia, em relação com a comunidade. No *Dizionario di Omiletica* se podem encontrar reflexões muito interessantes sobre as diversas idades e tipos de "ouvintes" da homilia dentro da comunidade cristã: adultos, idosos, crianças, jovens, emigrantes, doentes, peregrinos, religiosos, estudantes, turistas, casados, militares, ciganos...

A atitude religiosa dos presentes também pode ser muito díspar. Alguns parecem contentes em ver reforçado o que já pensam. Outros podem se sentir incomodados com o que ouvem. Alguns vêm só ocasionalmente, outros são constantes em sua participação dominical, e outros ainda participam de missa diária e são até militantes convictos e comprometidos no apostolado.

Também é difícil estar em dia com o olhar lúcido sobre as tendências da história, da comunidade, da juventude, da Igreja.

Por isso, alguns pregadores são tentados a dedicar sua homilia a explicar a Bíblia, descuidando da dimensão histórica e vital. Entretanto, também há os que fazem o inverso: dedicam toda a sua atenção aos acontecimentos atuais e não fazem sua reflexão brotar do que Deus disse nas leituras.

Às vezes, é difícil, diante de uma comunidade concreta, tratar dos temas mais candentes, sociais, políticos, familiares, morais e também alguns teológicos.

Entre o "naquele tempo" e o "hoje"

A homilia serve de ponte entre a Palavra e a comunidade.

Se o homileta precisa ter uma antena bem estendida para aquilo que Deus diz, também deve ter outra antena voltada para a comunidade que preside, a que pertence e a que dirige sua palavra. Ele busca o sentido que estas leituras têm para nós aqui e agora. K. Barth disse que preparava suas homilias com a Bíblia em uma mão e o jornal na outra.

A homilia deve ajudar para que as leituras cheguem à vida, à história, às circunstâncias desta comunidade concreta. A Palavra não é mera notícia de um fato passado: foi proclamada para nós hoje e aqui e quer iluminar nossa história. A comunidade se olha em seu espelho, já durante as leituras e o salmo de meditação, e agora, ajudada pelas palavras daquele que lhe dirige a homilia, deixa-se animar, estimular, corrigir, julgar, denunciar.

Nesse sentido, a homilia tem uma incumbência "profética": ajudar a descobrir o que a Palavra de Deus nos diz hoje, como se aplica à nossa vida a mensagem que acabamos de escutar nas leituras.

Na cena pascal dos judeus, há um momento em que o pai de família, que é quem dirige a celebração, faz uma interessante monição: "Em toda geração, cada um está obrigado a considerar-se como se ele próprio tivesse saído do Egito... Tudo isto Deus fez *para mim* em *minha* saída do Egito. O Deus santo não redimiu somente a nossos pais, bendito seja, mas também *redimiu a nós* com eles".

O profeta Natã foi enviado por Deus para acusar o rei Davi de uma grande injustiça e um grande crime. Depois de lhe narrar a "parábola" do rico que se aproveitou do pobre roubando-lhe sua ovelha, chegou à palavra decisiva: "Esse és tu".

A homilia quer que a Palavra ressoe na comunidade concreta que a celebra. A Palavra está escrita em um livro. Mas se transforma em interpelação viva quando é proclamada, sobretudo na comunidade, e depois no sacramento e na vida. Isto é o que a homilia procura fazer. Por isso, o pregador deve conhecer a Bíblia, deve conhecer a vida da comunidade.

As *Orientações do Episcopado Espanhol* expressam bem este aspecto da homilia:

> A tarefa do ministro da Palavra não termina ao desentranhar o significado desta. A mensagem que ele proclama tem que ser crida e aplicada à vida [...] não deve expor a Palavra de Deus só de modo geral e abstrato, mas aplicar a verdade

perene do Evangelho às circunstâncias concretas da vida. Aplicar a Palavra à vida será iluminar sóbria e inteligentemente as situações e as necessidades da comunidade dos fiéis para que eles próprios se olhem no espelho da Palavra divina e aceitem o compromisso de acolhê-la e colocá-la em prática de forma que o anúncio da mensagem não tenha sido em vão (PPP 16).

Aplicar a Palavra ao "hoje" dessa comunidade

A Palavra é um texto antigo, mas não é atemporal e contém um projeto de vida para nós hoje e para o futuro. É a celebração da Palavra, e concretamente da homilia, que ajuda para que esta comunidade se conecte com a Palavra, para que a Palavra continue sendo atual, cumpra-se hoje e aqui, ilumine tudo o que acontece, bom e ruim, pessoal e comunitário.

A homilia, se quiser cumprir sua própria identidade, deve ajudar a comunidade para que esta se sinta interpelada pela Palavra de Deus em sua própria existência e em suas circunstâncias históricas presentes. Coisa que os livros ou subsídios que o pregador utiliza para preparar sua homilia nunca lhe podem proporcionar suficientemente.

Quando Jesus, encarregado pelo chefe da sinagoga de Nazaré, leu a passagem de Isaías, iniciou seu comentário com o que se pode considerar a melhor definição do que é uma homilia: "Esta Escritura que acabais de ouvir se cumpriu hoje".

A Palavra escrita da Bíblia se transforma em palavra viva que "se encarna" em cada assembleia reunida para a celebração. Ela não nos vem dita a partir do passado, mas do presente. A História da Salvação continua: a Palavra salvadora de Deus, que sempre é e será Cristo Jesus, continua interpelando com força cada comunidade, nas circunstâncias concretas de sua história (cf. PO 4). A Palavra vai se fazendo história e acontecimento sempre novo.

Com força "profética", a Palavra ilumina, julga e discerne os fatos de vida eclesiais e sociais, pessoais e comunitários, a história palpitante da comunidade. Se lemos como Isaías animava o povo em seus momentos de desespero, quais são as situações de desesperança desta comunidade hoje? Se Deus urge a evitar a idolatria, ou Cristo clama contra as atitudes dos fariseus, quais são os sintomas atuais de idolatria ou de farisaísmo? Se Paulo ajudava a discernir as situações de suas comunidades, como suas instruções interpelam as comunidades de hoje?

Jesus fazia isso magistralmente: na parábola do semeador (Mc 4), aplica às situações de seus ouvintes os vários tipos de semente que cai no caminho ou na terra boa. O pregador ajuda para que a Palavra, que já soou, também ressoe no coração dos fiéis, com toda a carga de estímulo, ânimo, juízo, condenação, consolo, esperança e alegria que comporta.

As coisas do Israel do AT se aplicam agora a esta Igreja, ou seja, a nós. Dificilmente um "sermão pronto" tomado de um livro ou de algumas folhas se ajustará às necessidades desta comunidade concreta com a qual estou celebrando a Eucaristia...

Atitudes do homileta ante a comunidade

Sentir-se parte dessa assembleia

Quem realiza o ministério da homilia deve respeitar a comunidade que tem diante de si, que é a convidada a celebrar a Palavra de Deus, e sentir-se parte dela.

Quem prega não é um extraterrestre que aterrissa neste momento – como os pregadores de antigamente nas celebrações mais solenes – e fala a partir de uma atitude de distância. Ele faz parte dessa assembleia. Como todos, escuta, ora, canta, acolhe em si mesmo a Palavra de Deus, assim como comungará depois na Eucaristia. Ainda que tenha recebido o encargo de presidir a celebração e de realizar um ministério tão importante nela, ele continua sendo membro dessa assembleia e irmão entre irmãos.

Na hora de escutar a Palavra, ele é como os demais, como na hora do ato penitencial ou da comunhão com o Corpo e Sangue de Cristo. Ele tem que se sentir em sintonia espiritual com os demais. Não é dono nem da Palavra nem da comunidade. Como disse Santo Agostinho, "*in schola Christi, omnes condiscipuli sumus*": na escola de Cristo, todos somos condiscípulos. O pregador, antes de mestre e doutor, é ele mesmo discípulo.

Ele não fala a partir de fora nem a partir de cima da comunidade, com ironia ou autossuficiência. Mas a partir de dentro, com humildade. Não como um doutor ou vidente que sabe tudo, mas como um irmão que caminha com os demais, a quem se incumbiu o ministério pastoral, que também está à escuta dessa mesma Palavra e que quer ajudar para que a comunidade, começando por ele mesmo, a acolha em sua vida.

Será bom também que pense que a Palavra não só disse algo a ele, mas a todos. O Espírito move a comunidade, assim como move o presidente da mesa. Para muitos dos presentes as leituras talvez tenham suscitado pensamentos profundos e atitudes muito concretas. Aquilo que ele expõe em seguida deve estar impregnado de um tom de humildade fraterna, de exortação de algum modo "provisória", porque o absoluto é a Palavra proclamada, que suscita ecos no coração dos presentes.

Conhecer a comunidade e sua situação

Antes de mais nada, quem prega deve conhecer a comunidade e sua situação atual. Ele deve estar não só em dia com o conhecimento da Sagrada Escritura, mas também em sintonia com a comunidade concreta e com o que ela está vivendo no momento atual de sua história. Somente assim poderá fazer o serviço que a homilia está destinada a oferecer: a aplicação encarnada da Palavra à vida desta comunidade. A Palavra de Deus, viva e atual, quer interpelar estas pessoas concretas que vivem sua história hoje e aqui.

Os pregadores costumam saber mais da Bíblia do que da história contemporânea. Deveriam saber das duas. Deveriam conhecer sua comunidade, seus ouvintes, qual é sua mentalidade, que os preocupa, de que falam, que programas veem, que livros leem, que medos e que esperanças têm, que preconceitos sentem, que valores cristãos, teológicos ou morais lhes custa manter no mundo atual. Devem conhecer, pelo menos em linhas gerais, sua situação social e religiosa, a escala de valores da qual falam e que perseguem em suas vidas, com que mentalidade vêm à missa.

Se, por exemplo, se trata de religiosas, o pregador deve saber se acabam de ter um Capítulo Geral ou o estão preparando e se têm muitas ou poucas vocações. Tudo isso ele não conhece pelas estatísticas ou livros, mas também e sobretudo pela sua vivência pessoal, atenta, solidária, confrontada com a de outros.

Não são as mesmas as coordenadas históricas de um grupo que as de outro, as deste ano que as de dois anos atrás. Não é o mesmo uma comunidade de monjas de clausura que um centro juvenil ou uma paróquia na missa do meio-dia. Não é que a homilia deva ecoar todos os acontecimentos do mundo ou do lugar. Mas, sim, deve levá-los em conta, porque às vezes é evidente que a Palavra os afeta. Jesus censurava os fariseus que não sabiam "discernir os sinais dos tempos" (cf. Mt 16,3).

> A consciência da missão própria como arauto do Evangelho deve se concretizar sempre mais na pastoral, de maneira que, à luz da Palavra de Deus, possa dar vida às muitas situações e ambientes em que o sacerdote desempenha seu ministério. Para ser eficaz e digno de crédito, é importante, por isso, que o presbítero conheça, com construtivo senso crítico, as ideologias, a linguagem, as redes culturais, as tipologias difundidas pelos meios de comunicação e que, em grande parte, condicionam as mentalidades (*Diretório para presbíteros*, 1994, n. 46).

O pregador agirá bem, sobretudo, se levar em consideração a situação de fé em que se encontra a maioria de seus ouvintes.

Eles são cristãos, mas vivem em um mundo pós-moderno, indiferente à religião, que não sente nenhuma necessidade de Deus para ser feliz, que não apresenta como valores a graça ou a salvação. Estão mergulhados em uma mudança cultural enorme, com uma visão muito diferente da que tínhamos antes em relação ao cosmos, aos demais, à Igreja. São cristãos que querem ser fiéis à sua fé, que estão se fazendo perguntas e se acham à procura de certezas que não encontram neste mundo.

As pessoas estão cada vez mais envolvidas no turbilhão deste mundo. Elas vêm para a igreja com seus problemas, desejos, medos, preocupações e perguntas: não os deixaram em casa, ou à porta da igreja, para recolhê-los depois, como fazem com o guarda-chuva.

Há os que são frios ou céticos, e inclusive pode haver pessoas claramente contrárias, que vieram para a celebração por motivos sociais. Alguns, até mesmo crentes, têm uma atitude bastante crítica ou indiferente. Não são mais tão "dóceis" como antes, influenciados que estão às vezes por campanhas da mídia contra os valores morais que a Igreja defende ou contra a própria Igreja. As pessoas presentes podem ter reações imprevisíveis à Palavra proclamada ou à homilia, que podem ir desde uma atenção muito interessada até o aborrecimento, ou, inclusive, a uma oposição radical.

Para alguns, Deus não entra na programação de sua vida. Não "necessitam" de Deus, nem de sua graça, nem de sua salvação.

Muitos não têm quase nenhuma formação bíblica, enquanto o pregador fará bem em pensar que alguns, sim, receberam uma formação profunda e esperam algo sólido de sua homilia.

Outros foram formados em uma fé tradicional, mais baseada na religiosidade popular do que na liturgia. O pregador terá que se dar conta de que muitos não têm nem ideia da parte do Ano Litúrgico em que estamos, ou o que é a Carta aos Coríntios, ou por que lemos o Antigo Testamento.

São cristãos, porém fracos, pecadores e necessitados de ajuda para crescer. Em muitas bodas, exéquias, primeiras comunhões, batismos, ou em festas de santos padroeiros ou festas populares, a situação de fé dos presentes pode ser ainda mais díspar.

Se ele preside a Eucaristia de algumas crianças, terá que saber de que escola vêm, como são em geral suas famílias, em que ambiente estão vivendo. Em toda celebração, e também na homilia, terá que seguir as orientações concretas dadas pelo *Diretório para missas com crianças*, de 1973.[2]

---

[2] Diretório para missas com crianças: texto e comentários. In: *Celebrar a Eucaristia com crianças*. São Paulo, Paulinas, 2009.

Quando os que participam são jovens, o pregador levará em conta sua sensibilidade, suas preocupações, sabendo o que estudam ou em que trabalham, que ideais perseguem em sua vida, que atitudes mostram com a família, com a política, com a Igreja, que valores de generosidade e compromisso demonstram. Ele terá que lhes apresentar Jesus como o homem ideal, como a resposta de Deus à humanidade, embora eles tenham outros ídolos.

Se as pessoas que formam a comunidade forem na maioria mais velhas ou tiverem pouca saúde, o pregador as respeitará de modo particular, porque também elas, embora sejam antes marginalizadas pela sociedade de hoje, têm todo o direito de ser atendidas e levadas a sério. A homilia deve convidá-las a não perder a esperança, a não desanimar diante da situação pessoal ou do mundo de hoje, a vencer o pessimismo e a ver também as coisas boas que há em nossa história, e a sentir que ainda têm uma missão a cumprir em suas famílias ou na sociedade. Ele as louvará pelo que fizeram e as animará a continuar dando testemunho de boas pessoas e bons cristãos.

Em geral, o pregador deve conhecer em que bairro vivem essas pessoas, qual é seu grau médio de cultura ou de situação de fé. Ele teria que se colocar espiritualmente "nos bancos" para escutar a si mesmo e a Palavra, a partir da mentalidade dessas pessoas, que provavelmente são crentes envolvidos em um mundo que não as ajuda em nada e que lutam contra uma ventania ideológica bastante grande para permanecer fiéis à sua fé.

O Concílio já convidava o sacerdote para essa concretização da Palavra para a vida:

> A pregação sacerdotal [...] não deve expor apenas de modo geral e abstrato a Palavra de Deus, mas sim aplicando às circunstâncias concretas da vida a verdade perene do Evangelho (PO 4).

Para levar a cabo esta missão, é dever da Igreja investigar a todo momento os sinais dos tempos e interpretá-los à luz do Evangelho; para que assim possa responder, de modo adaptado a cada geração, às eternas perguntas dos seres humanos acerca do sentido da vida presente e da futura, e da relação entre ambas. É, por isso, necessário conhecer e compreender o mundo em que vivemos, suas esperanças e aspirações, e seu caráter tantas vezes dramático (GS 4; cf. GS 44).

Amar essa comunidade concreta

O pregador deve, além de conhecê-la, amar sua comunidade e ter para com ela sentimentos de acolhida e boa vontade. Deve aceitá-la tal como é, não como gostaria que fosse, e não somente os que de alguma maneira respondem bem e lhe são próximos, mas também os mais afastados; os que vêm à Eucaristia diária, os que comparecem aos domingos e os que somente aparecem na igreja para matrimônios e funerais. Deve amar sua comunidade como Cristo ama sua Igreja.

Para conhecer e amar a comunidade, para lhe aplicar bem a mensagem de Deus, o pregador deveria, em termos ideais, viver com ela, dialogar com frequência, observar. Não é estranho que o Código de Direito Canônico lembre aos párocos a obrigação de viver normalmente em sua paróquia (cf. CDC 533).

Se o pregador é como uma ponte entre Deus e a comunidade, deve estar muito unido às duas partes, a Deus e à comunidade. Amar as coisas de Deus e amar cordialmente as coisas de sua comunidade. Não só quando se trata de pessoas muito próximas e daquelas em relação às quais se sente bem disposto, mas também quando se aproximam da celebração pessoas que normalmente estão afastadas.

Jesus falou com a mulher samaritana partindo de sua situação: tivera cinco maridos, mas vinha em busca de água e, ao mesmo tempo, parecia interessada em temas espirituais. Paulo pregou aos habitantes de Atenas partindo dos altares que tinha visto e de um em particular, dedicado "ao deus desconhecido", e a partir daí lhes anunciou Cristo Jesus.

Todos são irmãos de quem prega, são comunidade que celebra, não são "o público". Não são pagãos nem catecúmenos, tampouco grandes pecadores. Sim, são fracos (ele também) e necessitados de ânimo. Ele, com sua homilia e seu modo de presidir a celebração, tenta ajudá-los na difícil vida de fé dos cristãos de hoje, que estão em um mundo secularizado, pluralista, utilitarista, conflituoso.

O pregador não deve, em princípio, "desconfiar" dos presentes. Deve supor neles boa vontade e realizar seu ministério a partir da sensibilidade do Bom Pastor. Não fala, em princípio, a não crentes, mas a cristãos. Talvez só ocasionalmente praticantes, mas cristãos. Nesses casos é que talvez a homilia deva assumir mais concretamente um tom evangelizador, apresentando um Deus que ama e quer o amor (na celebração de um matrimônio) ou um Deus que nos destinou para a vida e não para a morte (em exéquias).

Amar a comunidade concreta que se tem diante de si implica falar-lhe sem agressividade, sem ironia, sem tom de rixa. Implica respeitar sua situação, com a intenção de ajudá-los a crescer em sua fé e a ser melhores cristãos. O pregador também levará em conta se a comunidade é de religiosas ou religiosos, para animá-los no testemunho que dão em meio à sociedade e assegurar-lhes que vão por bom caminho na opção que fizeram de seguir a Cristo.

O pastor de uma comunidade, sem pressa e sem interrupção, com infinita paciência, com delicadeza, "como uma mãe que acaricia os filhinhos" (1Ts 2,7), cumpre com seu ministério, procurando ser fiel, não só ao Deus que o envia e à sua Palavra, mas também a essa comunidade concreta à qual foi enviado.

Saber ver em que a Palavra afeta a situação dessa comunidade

A homilia deve buscar os paralelos entre a Palavra e a vida; entre o "naquele tempo" e o "hoje". Tem que esforçar-se por descobrir não os detalhes ou as anedotas próprias do episódio bíblico, mas a intenção fundamental da passagem, para transpô-la à nossa história.

As passagens bíblicas, à parte de suas circunstâncias históricas e sociais, que podem ter passado de moda, têm uma mensagem, uma intenção salvífica, que é a que deve ser projetada sobre a vida de hoje, às vezes como estímulo, e outras como denúncia.

Se, ao falar da Palavra, dizíamos que o pregador deve saber se centrar no tema principal de cada livro ou passagem, agora é necessário completar isso dizendo que ele deve saber a que situação central de hoje se pode aplicar essa mensagem, não tanto quanto aos detalhes, mas quanto às linhas de força da História da Salvação e às atitudes humanas que são louvadas ou denunciadas pela passagem bíblica.

A parábola do bom samaritano tem fácil aplicação a situações de nosso tempo – desde os acidentes na rodovia até as desigualdades na própria família –, em que podemos atender ou passar ao largo ao ver alguém que está vivendo a dor da violência ou do abandono.

De certa forma se pode dizer que o pregador "des-historiza" a passagem bíblica de suas roupagens sociais da época e "re-historiza" sua mensagem para o nosso tempo.

Às vezes, as situações paralelas são diretas, e outras são contraditórias, mas sempre são interpeladas pela Palavra:

- o povo que sofria o desterro na história de Israel e escutava por meio dos profetas mensagens de esperança da parte de Deus tem hoje seu paralelo candente em tantos e tantos que sofrem circunstâncias parecidas, pessoal ou comunitariamente;

- se os profetas denunciavam a atitude materialista dos ricos ou poderosos e os convidavam a dar importância às coisas do espírito, hoje a Palavra se dirige a todos nós, tentados também pela mesma perspectiva materialista e secularizante;

- se os fariseus eram atacados por Jesus por causa de seu afã de honras ou pela importância que davam aos detalhes menos importantes ou porque cuidavam do exterior e não do interior, certamente todos nós temos bastante de fariseus e, por isso, as palavras críticas de Jesus nos afetam;

- ao ler as passagens de Jonas, não nos demoramos em aspectos históricos e geográficos mais ou menos pitorescos, mas tentamos descobrir e transmitir a mensagem central do livro: que Deus tem um plano de salvação universal e que perdoa, e que os pagãos, às vezes, lhe respondem melhor do que os membros do povo eleito;

- se o povo de Israel teve sempre a tentação da idolatria, diretamente contra o primeiro mandamento – "não terás outro deus além de mim" –, a repreenda não deixou de ser atual, porque também corremos facilmente atrás dos ídolos que nós mesmos fabricamos: o prazer, o poder, o dinheiro, o prestígio;

- se o irmão mais velho foi descrito por Jesus como o contrário do pai que acolheu e perdoou ao irmão pródigo, a parábola nos faz pensar onde é retratado cada um de nós: se na atitude tolerante e magnânima do pai ou na intransigente do irmão mais velho;

- as circunstâncias de uma comunidade eclesial terão mudado, mas seguramente a denúncia de Paulo aos Coríntios por sua falta de fraternidade se aplica também às atuais;

- o elogio da Bíblia à mulher forte pode ser aplicado claramente, mesmo contando com a mudança de circunstâncias sociais e familiares, a tantas mulheres de hoje que merecem o aplauso de Deus;
- se a Palavra fala que se deve proteger o órfão ou respeitar as cãs do ancião, isso continua vigente igualmente hoje;
- no Evangelho a respeito do cego de nascimento, o tema central não é a inveja dos fariseus, mas Cristo como Luz; e o continua sendo para nós;
- o próprio Cristo interpreta o que foi o maná no deserto e nos faz ver o que ele significa para nós, como figura profética do Pão eucarístico.

No primeiro domingo de Quaresma (ciclo A), ouvimos falar das tentações de Jesus, preparadas pela tentação e queda de Adão e pelas reflexões de São Paulo. Na homilia, é fácil fazer o "trasvasamento" para nossa existência atual:

- 1ª leitura: naquele tempo / Adão / conduzido ao jardim / foi tentado pela serpente / não escutou a Palavra / comeu do fruto proibido / deu-se conta de que estava nu / e foi expulso do paraíso;
- 3ª leitura: naquele tempo / Cristo / conduzido ao deserto / foi tentado pelo demônio / escutou a Deus / não comeu, jejuou / venceu / e os anjos lhe serviam;
- 2ª leitura: a morte reinou desde Adão / mas onde abundou o pecado, superabundou a graça / e se por causa da culpa de um, todos foram pecadores / pela obediência de um, todos são justos;
- homilia: hoje / nós / conduzidos ao deserto da Quaresma / somos tentados / escutaremos a Palavra? / Jejuaremos, nos

converteremos? / Se é assim, venceremos / e onde abundou o pecado / superabundará a graça da Páscoa.

Toda a vida é interpelada pela Palavra

A Palavra ilumina todos os âmbitos da vida, tanto a pessoal como a comunitária. Não só o que se refere à oração ou à espiritualidade, mas também à vida moral, familiar, social, sexual, profissional, política, de justiça social, de defesa dos direitos humanos.

Às vezes, as leituras se referem à nossa conduta ética e moral. Outras, antes aos planos salvadores de Deus e nos transmitem "teologia". O que nos dizem as leituras da noite de Natal ou da Sexta-Feira Santa é distinto daquilo que nos quer transmitir o Evangelho a respeito do bom samaritano.

Jesus, às vezes, pregava sobre as características do Reino de Deus e, outras vezes, descia à vida concreta e ao estilo de atuação que ele exigia de seus seguidores, falando-lhes da oração, da caridade, da humildade, do perdão mútuo, do respeito às crianças, da esperança.

A homilia não tem que ser "monotemática". Não é bom pregador aquele que sempre aterrissa na moral e nos costumes, porque às vezes a Palavra é teológica e apresenta a História da Salvação em seus aspectos mais ideológicos e nos convida a compreender e admirar o plano salvador de Deus. Tampouco é bom pregador aquele que sempre incide nos problemas sociopolíticos de nossa época, porque a Palavra às vezes os ilumina, mas outras vezes aponta para setores diferentes de nossa vida pessoal ou comunitária.

As leituras nos interpelam, às vezes, em nossa conduta diante de Deus e, outras vezes, em nossa atitude de justiça social no ambiente em que vivemos. Muitas vezes são anúncio alegre da Boa-Nova, embora esta seja sempre exigente e implique um compromisso vital dos ouvintes.

A homilia deve dar, no fim das contas, uma chave unitária para a vida cristã: a espiritual e a profissional e a profana, sem a clássica cisão entre o culto (a missa do domingo) e a vida de cada dia (fora da igreja).

Ela deve ensinar a descobrir a presença de Deus em tudo: nos acontecimentos, nas pessoas, na comunidade eclesial, nos sacramentos... Alguns dos "sinais dos tempos" vão na mesma direção que nos mostra a Palavra: desejo de justiça, de igualdade, de respeito aos direitos humanos, de solidariedade, de respeito à natureza. Mas há outros que certamente não estão de acordo com o Evangelho de Jesus.

A história, presente na homilia

Na mente do pregador devem estar presentes os fatos de vida que vão acontecendo em nosso mundo:

- os que afetam a vida social e política, porque são temas candentes e preocupações que estão na rua e nas conversas de todos: o terrorismo, a greve, os problemas da educação, o preço das moradias, os prós e contras da imigração, a proximidade de eleições locais ou nacionais, os genocídios mais ou menos ocultos que estão ocorrendo em alguns países, as inaceitáveis injustiças sociais;

- os que têm a ver com a vida sexual e familiar: os problemas da convivência, a violência de gênero, o papel dos jovens, a legislação sobre o aborto ou o divórcio ou os matrimônios diferentes, comparados com o ensinamento de Jesus no Evangelho, e a avaliação que merece o progresso científico no campo da fecundação artificial;

- os que se referem à Igreja universal ou local: suas alegrias e suas preocupações, seus acontecimentos principais (concílios, sínodos, reuniões episcopais, jubileus), os documentos magisteriais que vão sendo publicados, os temas mais debatidos dentro da comunidade, as campanhas e instruções mais importantes que são dadas para a comunidade paroquial, a escassez de vocações tanto para o ministério ordenado quanto para a vida consagrada...

Um pregador tem presentes estes fatos atuais, que são como a palpitação da história. Não porque tenha que nomeá-los cada vez, mas sim quando se vê que são diretamente afetados pela Palavra, e para não dar aos ouvintes a impressão de que fala de outro mundo distinto daquele em que eles vivem. Também nisto ele tem que mostrar equilíbrio em sua seleção de aplicações concretas da Palavra. Não deve transformar a homilia em um noticiário de TV, mas tampouco deve torná-la atemporal e asséptica. Terá que nomear alguns desses fatos em outros momentos, como na Oração Universal.

A chave é que a homilia seja fiel à Palavra. Se ela o for, terá ocasião, no fim das contas, de poder aplicar sua mensagem a todos os aspectos da vida humana. Sem fugir dos "temas difíceis" ou impopulares (o problema da dor, do mal, o pecado, a morte e o além), nem insistir sempre nos mesmos.

Se alguém se baseia somente nos livros de homilias (homiliários), publicados provavelmente há anos, corre o risco de não entrar em sintonia com a história cálida e viva de hoje. Também corre o mesmo risco, embora menor, caso se baseie apenas nos vários subsídios ou materiais mais ágeis que são colocados à sua disposição; seguramente foram redigidos meses antes e não podem levar em conta os acontecimentos mais recentes, as viagens do Papa, ou as reuniões episcopais, ou as leis que estão tramitando no Parlamento, ou as próximas eleições.

O pregador tem que estar com a antena sempre estendida e ser criativo na aplicação da Palavra à vida e à história, de modo que os fiéis vão adquirindo a consciência de que a Palavra de Deus continua sendo atual e interpeladora também em nossos dias.

Também a política

A política é uma das realidades humanas mais importantes. A comunidade cristã, em meio à sociedade, deve vivê-la à luz da Palavra.

A homilia deve ajudar todos a entender como Deus quer que vivamos nossa realidade histórica total, também a construção da *polis* no sentido mais estrito da política. A homilia deve convidar a todos, quando a Palavra o pede, a ser responsáveis na sociedade, a ter uma personalidade cristã e a trabalhar seriamente por uma sociedade melhor. Não podemos nos refugiar em uma escatologia distante, tampouco em uma utopia irreal. Neste mundo em que vivemos, um cristão deve aprender a construir um mundo melhor, estruturas mais justas, uma ética profissional mais conforme ao Evangelho de Jesus, por exemplo, no respeito à vida, em todas as suas facetas.

Alguns fiéis ouvintes não gostam que se seja demasiadamente concreto no tocante à vida social e política. Tampouco os contemporâneos de Jesus queriam que ele falasse de certos temas. Uma frase escutada, às vezes, é "fala-nos de Deus": sim, mas Deus fala do homem e sua história lhe interessa. Não é bom que a homilia "permaneça nas nuvens", sem concretizar a mensagem bíblica, porque Deus quer iluminar nossa vida hoje e aqui. É verdade que, ao lado da queixa de que o pregador "se intromete na política", há outra: que ele não se intromete em nada, que nada sabe da vida, que fica na teoria.

O centro sempre é Cristo e seu Evangelho, mas temos que aceitar que a Palavra exerça sua função profética, às vezes, denunciando as injustiças sociais ou os desvios morais: assim o fazem os profetas no Antigo Testamento e, no Novo, sobretudo o próprio Jesus e depois Paulo.

A Palavra tem uma grande força contestatária, não aprova tudo o que acontece na sociedade: quantas vezes são desautorizadas pelos profetas ou por Jesus os assassinatos, a prepotência dos governantes ou dos ricos, a tirania, o desrespeito dos direitos humanos, a exploração do fraco, o terrorismo, a manipulação da verdade, o luxo excessivo...!

A Igreja, em geral, em sua pregação tem o direito e o dever de anunciar com fidelidade e liberdade o Evangelho, propondo-o aos homens e emitindo juízos morais sobre situações concretas, "também acerca das realidades políticas, sempre que os direitos fundamentais da pessoa ou a salvação das almas o exigirem e utilizando todos e só aqueles meios que são conformes com o Evangelho" (*Gaudium et Spes*, 76). Todos recordamos os vários documentos que o Episcopado da Espanha publicou nas últimas décadas sobre a atuação dos cristãos na vida sociopolítica, por exemplo "A Igreja e a comunidade política" (1973).

É claro que o tema é delicado. O pregador, às vezes, deve iluminar sem medo, a partir da vontade de Deus, situações sociais que afetam a dignidade da pessoa humana, sem que, por isso, possa ser tachado de ter-se "intrometido na política". Porém, embora não possamos renunciar ao caráter profético e, às vezes, denunciante da Palavra, por outra parte, temos que fazê-lo sem partidarismos, com equilíbrio, sem pretender dar soluções políticas, respeitando o pluralismo de opções, com humildade, deixando que seja, sobretudo, a Palavra que ilumine e discirna.

Exortar para uma resposta de acolhida

O pregador deve provocar uma atitude de resposta à Palavra por parte da comunidade que o escuta.

Com suas palavras ele não pretende somente informar ou formar, mas convida a uma resposta de aceitação e cumprimento do que Deus disse, começando por ele mesmo. Com uma atitude humilde, dá o posto de honra a Deus que fala e se situa ele mesmo dentro da comunidade, como quem está disposto a acolher em sua vida esta mensagem, com tudo que tenha de consolo ou de compromisso, com uma atitude de amor e tolerância, sem ironia nem pessimismo.

Toda a dinâmica da celebração da Palavra – na qual a homilia está decididamente imersa – é de natureza dialética: a Palavra interpela nossa vida, não nos deixa em paz, nos incentiva e dá esperança, ou nos acusa e denuncia. A homilia é como uma ponte entre esses dois polos: a Palavra e a história viva de uma comunidade. Ela pretende edificar, ajudar a crescer na vida de fé, transformar nosso mundo e exortar a que todos respondam positivamente à Palavra.

Influência mútua entre o pregador e a comunidade

Embora a homilia pareça um monólogo, e seja escutada com um silêncio civilizado, há uma dupla direção em sua dinâmica interior: o pregador transmite seu pensamento à comunidade, e a comunidade, por sua vez, está influindo no pregador.

A comunidade prega ao pregador

Acontece sempre um *feedback* interessante, ou seja, uma "alimentação de retorno", uma interação comunicativa, uma "retroação" que pode ser favorável ou, às vezes, hostil, uma certa "circularidade" em ambas as direções. Essa ação mútua, às vezes, é de empatia ou simpatia. Outras vezes, é de tensão e até de antagonismo.

Nem todos intervêm com palavras explícitas, mas a homilia sempre é bipolar. É bom que quem realiza este ministério leve isso em conta.

Em todo gênero de comunicação humana, há um *feedback* do receptor – neste caso, a assembleia – para o emissor da mensagem, neste caso o homileta. Durante a homilia, nota-se, às vezes, com clareza essa relação de atenção e aprovação, ou de indiferença, distração ou clara desaprovação. Depende muito não só do conteúdo do tema ou da pedagogia da linguagem, mas também da aceitação mútua ou da possível relação de frieza ou rejeição entre o pregador e a comunidade. Quando a comunidade aprecia seu pastor, porque o vê interessado, acolhedor e disponível, perdoa-lhe, se for o caso, sua falta de pedagogia na exposição e lhe presta atenção com fácil sintonia. Se lhe é menos simpático, porque o vê desinteressado, acomodado e orgulhoso, a sintonia não é boa, por mais pedagogia que mostre em suas pregações.

Na homilia, assim como a comunidade escuta o pregador, também o pregador deve "escutar a comunidade": deixar-se ensinar por ela, saber "dialogar" com ela, não precisamente porque os convide a vir ao microfone para expressar em voz alta seus comentários, mas porque sabe adivinhar suas perguntas, suas reações diante da Palavra e suas dificuldades para traduzi-la para a vida. Existe uma "empatia" entre o pregador e a comunidade, quando ele sabe situar-se na mentalidade dos que o escutam e capta como estão vivendo a interpelação de Deus a partir de suas circunstâncias concretas. E é a partir dessa compreensão que anima todos a acolher a Palavra.

Por isso, podemos dizer que os ouvintes de alguma maneira pregam ao pregador.

Ajudar o pregador

O ministério da homilia é difícil. A comunidade cristã, além de escutar a Palavra e deixar-se interpelar por ela, e também de escutar a homilia para integrá-la com suas próprias reflexões, tem ocasiões para ajudar o pregador a realizar melhor seu serviço eclesial.

Quando uma comunidade cristã é consultada – não seria supérfluo que, com certa periodicidade (por exemplo, uma vez por ano), se revisasse em conjunto a qualidade da celebração –, deveria expressar com clareza o que espera do homileta, para que a celebração da Palavra seja mais proveitosa para todos. Caso se façam as observações críticas com caridade e discrição, elas servirão para que a homilia possa realizar-se melhor.

O Missal convida o presidente para que, no exercício de seu ministério, consulte a comunidade e leve em conta o parecer dos fiéis:

> A eficácia pastoral da celebração aumentará, sem dúvida, se se souberem escolher, dentro do que cabe, os textos apropriados das leituras, orações e cantos que melhor correspondam às necessidades e à preparação espiritual e ao modo de ser dos participantes do culto. [...] O sacerdote, ao preparar a missa, atentará mais para o bem espiritual comum do povo de Deus do que para sua inclinação pessoal. Além disso, ele deve ter presente que uma escolha desse tipo tem de ser feita de comum acordo com os que intervêm de alguma maneira na celebração junto com ele, sem excluir os fiéis nas partes que mais diretamente dizem respeito a eles (IGMR 352).

Quem dera houvesse canais para realizar consultas oportunas, e a comunidade pudesse dizer ao pregador o que pensa e deseja de suas homilias!

Há outras iniciativas que se levam a cabo não somente em grupos pequenos, mas também em paróquias. Às vezes, prepara-se em conjunto a homilia, com a participação de alguns dos membros da comunidade, na presença daquele que tem que dizê-la depois. Em outras comunidades, prefere-se prolongá-la depois da celebração, permanecendo quem quiser compartilhar seus comentários sobre a palavra escutada.

Admirável comunidade cristã!

A comunidade cristã é admirável. Milhares e milhares de assembleias se congregam, sobretudo cada domingo, e escutam a Palavra de Deus e a homilia do presidente, com uma atitude de fé para com a Palavra e, ao mesmo tempo, de grande tolerância em relação às homilias. Deixam-se interpelar por uma e outra e certamente vão crescendo em sua vida de fé, vencendo a tentação de desconectar-se, sem mostras de desaprovação (embora talvez lhes viessem espontâneas) diante de homilias que, às vezes, são medíocres, mal preparadas, repetitivas.

Em geral, os fiéis nos agradecem por este ministério, quando é benfeito e o entendem e se sentem animados em sua fé.

Mons. Dupanloup, no ano de 1830, disse com ironia: "Trinta mil sermões cada domingo nas igrejas da França e, no entanto, a França ainda não perdeu a fé...".

É admirável a força de evangelização e incentivo da fé que tem a Eucaristia dominical: os políticos certamente gostariam de ter ouvintes tão dispostos a escutá-los cada domingo...

Nossos fiéis têm mais méritos levando-se também em conta que vivemos no século do diálogo, que na vida normal não aceitam sem mais um monólogo, porque estão acostumados a discutir ou dialogar tudo. Além disso, estamos em uma cultura de imagem, de Internet, de gramática midiática. Os fiéis estão saturados de palavras e estímulos e propagandas. No entanto, aceitam uma celebração que consta sobretudo de palavras, embora também tivesse que dar maior expressividade aos gestos e ações simbólicas. Estamos no século da imagem, mas também se deve reconhecer que a palavra não perdeu força.

Pregar às crianças

Estas dez "regras" para a pregação às crianças são um resumo do que publicou o saudoso liturgista alemão Balthasar Fischer, em 1977, na revista *Gottesdienst*, de Trier.

1. Se, em uma comunidade cristã, o presidente pregador nunca dirige a palavra às crianças que participam na missa dominical, não se pode dizer que nela se leva a sério a missão pastoral. Missão que, agora mais do que nunca, é incumbida à comunidade, dadas as mudanças que houve no clima familiar e escolar.

2. A pregação às crianças está, com maior razão que a de adultos, sob a lei do diálogo. Sua grande vantagem é que ela pode sempre, sobretudo na introdução, tornar-se diálogo real.

3. À homilia dirigida às crianças cabe um pouco de jovialidade, muito otimismo e um toque de humor: uma atmosfera tranquila, comunicativa. Ela deve animar e alertar, sim, porém evitando uma moralização constante.

4. Quem prega a crianças deve saber narrar com uma linguagem adaptada a elas, sobretudo quando resume o relato que já foi lido na Bíblia. Mas também quando narra algo da história dos santos ou da vida diária. Entretanto, em cada homilia não se deveria desenvolver mais do que uma narração.

5. O que se narra como acontecido deve aparecer como tal, não como inventado, mas como um relato histórico digno de crédito. É

claro que são legítimas também as criações pessoais, as comparações ou apólogos livres, mas que possam ser reconhecidas como tais.

6. Quem prega a crianças não precisa se limitar ao vocabulário ativo delas. O que não deve ultrapassar é seu vocabulário passivo. Não pode lhes falar como se fossem universitários e tampouco como se fossem tolas.

7. Ao falar a crianças é necessário preferir sempre o concreto ao abstrato, a voz ativa à passiva, o verbo ao substantivo, o tempo perfeito ao imperfeito, a linguagem direta à indireta.

8. Não deveria haver nenhuma homilia para crianças na missa que não estabeleça o laço de união com a Eucaristia que se segue.

9. O objetivo da pregação às crianças é lhes comunicar toda a alegria que há na fé e no amor a Cristo Jesus.

10. Para o êxito desta pregação, um protagonista é decisivo: o Espírito. O Espírito que fala pelas palavras do pregador e habita no coração das crianças. E entre os fatores humanos, o principal, o imprescindível, é que o pregador ame as crianças: estas crianças concretas, até a última e a mais insignificante delas.

Capítulo 7
A homilia e a passagem ao rito sacramental

O "hoje" da Palavra não só aponta para a vida. Já antes, tem sua atualização na celebração sacramental que segue a liturgia da Palavra.

Normalmente, convém que a homilia aluda também ao sacramento que se celebra. É a chamada "passagem para o rito".

Trata-se da "função mistagógica" da homilia. Da mesma maneira como os Santos Padres nos deixaram muitos exemplos de "catequeses mistagógicas", nas quais, com uma pedagogia exemplar, "conduzem ao mistério" e ajudam a entender o sacramento partindo da Bíblia e da própria celebração, assim a homilia tende, a partir da Palavra proclamada nas leituras do dia, a introduzir os fiéis na celebração sacramental, em que se atualiza hoje e aqui a Palavra eterna de Deus. A homilia se torna assim "dobradiça" e ponto de entroncamento que ajuda todos a compreender a íntima unidade das duas partes da celebração.

A Palavra de Deus conduz ao sacramento

Cristo está realmente presente já na Palavra, e depois o está de outra maneira, também realmente, no sacramento: perdoando, infundindo o dom do Espírito na Confirmação, ordenando ministros da comunidade ou transformando o pão e o vinho em alimento de vida eterna.

Tanto a Palavra proclamada como o rito sacramental fazem parte de uma única História da Salvação: os grandes feitos salvíficos, sobretudo o Mistério Pascal de Cristo, são atualizados na celebração por obra do Espírito, para o bem da comunidade.

Esse é um encontro progressivo com o próprio Cristo, uma dupla comunhão com ele: "Há uma só presença de Cristo, presença na Palavra de Deus e presença, sobretudo, sob as espécies eucarísticas" (OLM 46). O fruto da comunhão eucarística depende em grande parte de como tenha sido a comunhão com Cristo/Palavra.

Na celebração, passamos da Palavra proclamada à Palavra sacramental, ao "isto é meu Corpo". Da primeira comunhão com Cristo-Palavra passamos à segunda, com Cristo-Pão-e-Vinho.

Entre as duas partes da missa, a liturgia da Palavra e a liturgia eucarística, que constituem um único ato de culto (cf. SC 56; EM 10), está a homilia, como laço de conexão que facilita a "passagem para o rito sacramental".

O sacramento cumpre de modo denso, e com linguagem própria, a Palavra. A Palavra ressoa de modo distinto dependendo da celebração litúrgica na qual é proclamada: uma celebração penitencial, ou as ordenações, ou a Eucaristia, ou um sepultamento.

É necessário levar em conta que já na própria Bíblia muitas passagens são litúrgicas, ou seja, não têm só uma finalidade histórica ou didática, mas também cultual. São passagens pensadas em termos litúrgicos: ou porque são hinos (salmos litúrgicos), ou profissões de fé (muitos dos "hinos" descobertos no NT), ou porque seus relatos estão concebidos para um ambiente de culto ou foram finalmente redigidos com um claro tom celebrativo, como os relatos da instituição da Eucaristia.

A dupla mesa

A escuta e a celebração da Palavra têm seu melhor contexto quando se relacionam com o sacramento. Na Eucaristia, nós cristãos somos convidados a uma dupla mesa: "Na missa se prepara a mesa, tanto da Palavra de Deus quanto do Corpo de Cristo, na qual os fiéis encontram instrução e alimento" (IGMR 28). "Nas leituras se prepara a mesa da Palavra de Deus para os fiéis e se lhes abrem os tesouros bíblicos" (IGMR 57).

Esta terminologia da "dupla mesa" é muito usada desde o Concílio:

> Para que a mesa da Palavra de Deus seja preparada com a maior abundância para os fiéis, abram-se largamente os tesouros da Bíblia, de modo que, dentro de certo número de anos, sejam lidas ao povo as partes mais importantes da Sagrada Escritura (SC 51).
>
> Entre todos os auxílios espirituais, sobressaem os atos pelos quais os fiéis se alimentam da Palavra de Deus, na dupla mesa da Sagrada Escritura e da Eucaristia (PO 18).
>
> [...] a Igreja [...] nutre-se e vive da Palavra de Deus e do Pão eucarístico (AG 6).
>
> [Os religiosos] cultivem com esforço contínuo o espírito de oração e a mesma oração, recorrendo às fontes genuínas da espiritualidade cristã. Sobretudo, tenham todos os dias entre as mãos a Sagrada Escritura, para que aprendam, pela

leitura e meditação, "a eminente ciência de Jesus Cristo" (Fl 3,8). [...] Assim, alimentados à mesa da divina Lei e do sagrado altar, amem fraternalmente os membros de Cristo [...] (PC 6).

Também o Lecionário insiste: "Na missa se preparam para os fiéis a dupla mesa da Palavra de Deus e do Corpo de Cristo" (OLM 32).

Esta expressão compara a escuta da Palavra ao "comer": primeiro nos deixamos alimentar por Cristo e comungamos com ele como Palavra, para depois, preparados deste modo por ele próprio, comungar eucaristicamente com seu Corpo e Sangue. O Lecionário também compara a Palavra ao alimento: fala do "alimento interior que essa Palavra contém" (OLM 38), diz que na homilia o sacerdote "alimenta a fé dos presentes na Palavra" (OLM 41) e que "o povo de Deus [...] se alimenta [...] pela Palavra de Cristo" (OLM 44).

> [...] a íntima conexão entre a liturgia da Palavra e a celebração da Ceia do Senhor [...] a finalidade da liturgia da Palavra é fortalecer de modo especial o nexo íntimo entre o anúncio e a audição da Palavra de Deus e o mistério eucarístico. Portanto, os fiéis, ao escutarem a Palavra de Deus, reconheçam que as maravilhas anunciadas atingem o ponto alto no mistério pascal, cujo memorial é sacramentalmente celebrado na missa. Assim, recebendo a Palavra de Deus e por ela alimentados, os fiéis na ação de graças são levados a uma frutuosa participação nos mistérios da salvação. Desse modo a Igreja se alimenta com o pão da vida na mesa da Palavra de Deus e do Corpo de Cristo (EM 10).
>
> A relação entre a liturgia da Palavra e a liturgia do sacrifício, a dupla mesa do Senhor onde nos é dado o Pão da vida, tem na homilia um elemento de conexão e de entroncamento para mostrar a íntima unidade da celebração [cita SC 56 e PO 4]. [...] De maneira análoga a pregação litúrgica também está ligada à unidade entre a Palavra e os elementos rituais dos sacramentos. Pois os fiéis, recebendo a Palavra de Deus e nutridos por ela, são conduzidos a uma participação mais frutífera nos mistérios da salvação (PPP 12).

Nossa formação nos levou a uma valorização quase exclusiva da segunda parte, a Eucarística. Sem diminuir em nada este apreço, agora recuperamos a valorização da Palavra. A *manducatio spiritualis* nos prepara para que a *manducatio sacramentalis* seja mais proveitosa. Já o "discurso do Pão da vida" de Jesus, em João 6, passava dinamicamente do "crer" ao "comer e beber" e, em ambos, prometia o fruto da "vida".

Relação dinâmica entre Palavra e sacramento

A natureza dialogal da salvação se manifesta, na celebração litúrgica, na dinâmica entre Palavra e sacramento: a comunidade crente escuta primeiramente a mensagem salvadora de Deus e depois, em um clima de fé e oração, passa à celebração do sinal sacramental.

A Palavra já tem muito de sacramento, e o sacramento continua sendo de algum modo palavra e proclamação. Paulo, falando da Eucaristia, usa o verbo *kataggello*, que significa "proclamar cultualmente": "todas as vezes que comeis desse pão e bebeis desse cálice, anunciais (*kataggellete*, 'proclamais') a morte do Senhor até que ele venha" (1Cor 11,26).

A Palavra e o sacramento estão intimamente relacionados. Mas se pode interpretar essa sucessão de modo fraco e pobre. Dizer, por exemplo, que a Palavra anuncia a salvação e que o sacramento a realiza não é exato.

A isso pode conduzir, talvez, a formulação que encontramos às vezes no Lecionário: que na Palavra "se lê o que se refere a Cristo na Escritura", enquanto na Eucaristia se "exerce a obra da salvação"; que na Palavra "se progride no conhecimento" e, na Eucaristia, "na santificação"; que na Palavra "se proclama a aliança divina" e que no sacramento "se renova a mesma aliança" (OLM 10).

A primeira parte da missa não é só preparação, pedagogia, catequese ou formação permanente, deixando ao sacramento a eficácia salvadora. Nos dois, Palavra e sacramento, Cristo está se comunicando, o Espírito animando e a Igreja celebrando. Os dois são um só ato de culto (SC 56; OLM 10). Na celebração litúrgica eclesial, a Palavra já é eficaz, a salvação de Deus já atua. A Palavra é de alguma maneira sacramento, e o sacramento continua sendo Palavra.

É possível, isso sim, falar de uma progressão e de um encontro crescente. O sacramento efetua com sua própria linguagem e eficácia o que já foi efetuado pela Palavra. O sacramento é a palavra mais eficaz ("eu te absolvo", "isto é meu Corpo"...). É um modo distinto de realizar o que celebramos. Como diz o próprio OLM 10, na Palavra "se evoca a História da Salvação" e na Eucaristia "a mesma História é apresentada através dos sinais sacramentais".

A Palavra tende ao sacramento, onde encontra sua plena realização. Mas o sacramento tem seu sentido total se é celebrado a partir da Palavra. Sempre é o mesmo Cristo que se nos dá, porém em dois modos distintos de presença e encontro: a Palavra e o sacramento.

Em Emaús, o encontro dos discípulos com o Ressurreto teve dois momentos muito expressivos: no caminho, explicou-lhes as Escrituras e, depois, na casa, partiu o pão e o compartilhou com eles. Eles o reconheceram no partir do pão, mas comentaram que seu coração já ardia na explicação das Escrituras. Palavra e sacramento. Santo Agostinho chamava a Palavra de *signum audibile* e o sacramento de *verbum visibile*: sinal audível e palavra visível.

O sacramento atualiza de modo diferente e pleno o mistério pascal de Cristo. O sacramento é o auge da pregação, é a "palavra" sacramental.

E, em ambos, na Palavra e no sacramento, é o mesmo Cristo Jesus, agora Senhor Ressurreto, que se nos dá e nos comunica sua vida.

Podia se descrever a diferença entre católicos e protestantes, nos últimos séculos, dizendo que os católicos puseram mais ênfase no sacramento, enquanto os protestantes o fizeram com a Palavra. E ambos tiveram que percorrer um caminho de "conversão" ao binômio fundamental da Palavra e do sacramento. Os católicos, sem perder nada do apreço pelo sacramento, redescobriram a importância da Palavra. Os protestantes, sem perder nada de seu apreço pela Palavra, redescobriram a importância do sacramento.

> A reforma protestante demonstrou ter descoberto o valor cultual fundamental da Palavra de Deus. Mas a própria reforma, ao passar a ver na Palavra um posto não só privilegiado, mas único e absoluto, demonstra que entre os protestantes havia uma incompreensão da liturgia não menor do que aquela de que padeciam os católicos naquela época. Deveriam ter descoberto o que é intrínseco e essencial à liturgia: a unidade entre Palavra e sacramento. Pelo contrário, continuou-se entre os protestantes com o mesmo erro que se queria corrigir: eles privilegiaram a Palavra, em detrimento do sacramento, como antes os católicos haviam privilegiado o sacramento sobre a Palavra. Porém, sobretudo, não se compreendeu que, atentando à Palavra sem o sacramento, situava-se a História da Salvação no nível do Antigo Testamento, ou seja, somente de anúncio da Palavra, como se esta não houvesse encontrado seu cumprimento no sacramento que é Cristo, cuja realidade salvífica é transmitida hoje pelos sacramentos à Igreja.

Facilitar a "passagem para o rito sacramental" na homilia

A "passagem para o sacramento" realizada pela homilia pode ser mais fácil quando se celebram outros sacramentos: bodas, exéquias, batismos. Nestas celebrações, as leituras bíblicas já costumam ser escolhidas de acordo com o sacramento concreto. Proclamam-nos, por exemplo, o chamado à conversão e à segurança do perdão de Deus, e assim a homilia pode conduzir à celebração mais consciente do sacramento da Penitência. Ou nos falam das intervenções salvíficas de Deus através da água, no Antigo ou no Novo Testamento, o que nos prepara para celebrar melhor o sacramento batismal do banho na água. Ou nos descrevem qual é o plano de Deus para o amor humano, calcado no amor do próprio Deus, e assim iluminam a celebração do Matrimônio cristão.

Portanto, dessas leituras a homilia pode passar facilmente não só para a vida, mas também para o rito sacramental que segue.

Na Eucaristia, ao contrário, são raras as ocasiões em que as leituras se referem ao próprio mistério deste sacramento, porque é ele o sacramento que celebramos com mais frequência e que tem como conteúdo, ao longo do ano, toda a seleção do Lecionário.

Mas também no caso da celebração eucarística, essa "passagem para o sacramento" na homilia é factível. Não é difícil encontrar pontos de contato entre a Palavra e o sacramento.

A Eucaristia é uma realidade muito complexa: é memorial do sacrifício pascal de Cristo e participação na Nova Aliança, baseia-se na atuação do Espírito, celebra-se no âmbito da comunidade eclesial, está dinamicamente inserida na caminhada escatológica da mesma, é sinal e alimento da caridade fraterna, invoca a Virgem Maria e os Santos, implica atitudes eucarísticas de gratuidade, louvor e oferenda, intercede pelas necessidades de todo o mundo...

Diante deste leque de realidades incluídas na celebração eucarística, é raro que as leituras não ofereçam motivo não só para sua aplicação à vida, mas também para convidar a uma celebração mais consciente da Eucaristia, o sacramento em que se cumprem e atualizam, de modo privilegiado, todas as dimensões da História da Salvação.

Além disso, na missa há outros momentos nos quais pode "ressoar" a mensagem das leituras: o ato penitencial, a oração universal, a introdução à Oração Eucarística ou ao Pai-Nosso, a motivação do gesto da paz, o convite à comunhão, ou a despedida e envio missionário para a vida.

A Palavra ilumina as celebrações de todo o Ano Litúrgico

Outro aspecto dessa inter-relação entre a Palavra e o sacramento reside nos distintos modos com que a Palavra ressoa segundo as celebrações litúrgicas, ou festas, ou tempos do Ano Litúrgico.

Precisamente porque a Palavra não é só um texto ou uma página de um livro sagrado, mas Palavra viva, acontecimento sempre novo, de um Deus que se dirige aqui e agora à sua comunidade, ela adquire um sentido litúrgico especial em cada festa.

A leitura do livro da Sabedoria tem sentido a partir de uma exegese rigorosa; porém, se é proclamado em uma festa de Cristo, aponta para ele como a verdadeira Sabedoria; em uma festa mariana ou na comemoração de um santo doutor, acomoda-se a uma interpretação diferente e, na simples leitura continuada, sugerirá outras aplicações. O mesmo ocorre com o relato de Caná, caso seja proclamado em uma festa cristológica ou mariana, ou em torno da Epifania, ou na celebração de um matrimônio.

A homilia se torna também aqui "mistagógica", porque pode conduzir os fiéis, a partir da Palavra, à celebração desse mistério de salvação que é o Natal ou a Páscoa ou, em geral, o Ano Cristão, manifestando a unidade dinâmica da História da Salvação.

O *documento dos Bispos Espanhóis sobre a homilia* expressa-o bem:

> A homilia deve expor, a partir dos textos sagrados, os mistérios da fé durante o ciclo do ano litúrgico, isto é, deve guardar uma íntima e harmônica relação com o mistério da redenção, justamente porque a homilia faz parte da liturgia do dia e, em consequência, depende das leituras proclamadas (PPP 13).

Daí o documento deduz a "fidelidade da homilia ao Lecionário domingo a domingo, ciclo após ciclo" (PPP 14).

> Em cada um dos tempos litúrgicos, a homilia ajuda a celebrar Jesus Cristo sob aspectos diversos, mas sempre confluentes e como que concatenados no acontecimento central da Páscoa. O ano litúrgico, portanto, aparece como o principal itinerário da atividade homilética, para que a Igreja o percorra avançando progressivamente na História da Salvação.
>
> A homilia, fiel a esta rota animada e por uma força especial do Espírito, deve situar-se sempre sob a luz potente da Páscoa, que, em todos os tempos litúrgicos, revela o sentido pleno dos textos proclamados. Longe de ser como uma ilha no conjunto da liturgia do dia, a homilia contribuirá decisivamente para que os fiéis vivam o ano litúrgico como um acontecimento de graça e de salvação, um tempo salutar que brota do Cristo glorioso e eterno e se desdobra em seu Corpo santificado que é a Igreja, chamada a reproduzir em si mesma o mistério de seu Senhor à medida que o vai celebrando domingo após domingo, dia após dia (PPP 14).

Capítulo 8
Quem prega. A pessoa do homileta

O sujeito normal da homilia é o ministro ordenado que preside a celebração litúrgica, o qual, na primeira parte, visibiliza o Cristo Mestre, na segunda, o Cristo Orante e Sacerdote e, na vida, o Cristo Médico, Guia e Pastor.[1]

A homilia é um ato litúrgico reservado ao sacerdote ou ao diácono (CDC 767), isto é, ao ministro ordenado, ao qual corresponde, de fato, reunir o Povo

---

[1] A respeito da pessoa do pregador, cf. Noè, V. Spiritualità del ministro. In: *L'omelia*: il ministero della Parola nella celebrazione liturgica. Milano, 1967, p. 153-184; Gantoy, R. La démarche homiletique. *Par Lit*, p. 121-141, 1969; Klostermann, F. El predicador del mensaje cristiano. In: *Palabra en el mundo*. Salamanca: Sígueme, 1972, p. 209-256; Santos, J. Cualidades del predicador y modo de predicar la palabra. *Rev Esp Teol*, p. 215-249, 1974 (segundo Fr. Luis de Granada); Gerard, G. P. Mais, enfin, père, d'ou nous parlez-vous? Ou: qui vout encore prêcher doit refaire sés comptes. *Par Lit*, p. 456-465, 1974; Ramos, M. El ministerio de la predicación. *Phase*, 91, p. 41-53, 1976; Goenaga, J. A. La homilía: acto sacramental y de magisterio. *Phase*, 95, p. 339-358, 1976; Henderson, J. F. The Minister of Liturgical Preaching. *Worship*, 3, p. 214-230, 1982; Bravo, A. La Palabra de Dios en la vida del sacerdote. In: COMIS. EPISC. CLERO, *Espiritualidad sacerdotal*. Madrid: Edice, 1989, p. 301-320; Martini, C. M. *El presbítero como comunicador*. Madrid: PPC, 1996, 200 p.; Chéno, R. L'homélie, action liturgique de la communauté eucharistique. *LMD*, 227, p. 9-34, 2000; Congregación para los Obispos. *Directorio para el ministerio pastoral de los Obispos*. Vaticano: LEV, 2004, 310 p.: cap. V: El munus docendi del Obispo diocesano (n. 118-141); Mateos, J. C. El sacerdote y los consagrados, diáconos de la Palabra de Dios. *Liturgia y Espiritualidad*, 7-8, p. 334-352, 2004; Vallejo, L. A. La Palabra, elemento esencial del ser y quehacer del presbítero. *Medellín*, 119-120, p. 475-522, 2004.

de Deus, presidi-lo em nome de Cristo e alimentá-lo com a Palavra divina e o Corpo do Senhor (LG 20.28.29; PO 4.5) (PPP 17).

Ainda lembramos o costume, que durou até nossos tempos, de que nos dias mais solenes era convidado a "ocupar a sagrada cátedra" outro "orador sagrado", que aparecia na hora do Evangelho, subia solenemente ao púlpito para o "sermão" e desaparecia depois na sacristia. Também lembramos que, sobretudo nas catedrais, era comum que um sacerdote, o cônego magistral, preparasse a homilia e a dissesse em todas as missas; portanto, não o fazia necessariamente o que presidia a missa. Agora se vê como o mais lógico que seja o mesmo que preside a Eucaristia quem prega nela.

Explicaremos primeiro por que a homilia se reserva normalmente ao presidente da celebração, ao mesmo tempo em que indicaremos quais devem ser suas atitudes espirituais. E também tentaremos responder a pergunta que se pode fazer quando se quer promover que a homilia seja compartida pelos fiéis presentes, sobretudo quando se trata de um grupo homogêneo e pequeno.

Toda a Igreja, depositária e celebrante da Palavra

A depositária da Palavra, e a encarregada de seu anúncio, é a Igreja, a comunidade de Cristo, à qual ele prometeu sua presença e seu Espírito para conduzi-la à plenitude da verdade e à qual confiou a missão de pregá-la a todo o mundo.

Todos, também os simples fiéis, participam por seu sacerdócio batismal do triplo "múnus" ou missão de Cristo, profeta, sacerdote e rei (cf. LG 10.11.17).

No caso da Eucaristia, convém recordar que o sujeito integral da celebração é a comunidade cristã, povo sacerdotal, signo sacramental da presença do Senhor Ressurreto ("onde dois ou três estiverem reunidos em meu nome, ali estou eu no meio deles": Mt 18,20), sob a presidência do que faz às vezes de Cristo. Assim o descreve a introdução ao Missal (cf. IGMR 27).

Isto também se aplica à celebração da Palavra. A comunidade dos fiéis se reúne para acolher a Palavra que Deus lhe dirige. Toda a comunidade é convidada a celebrar esta Palavra, com a ajuda interior, sobretudo, do Espírito, como lembra muito bem o Catecismo:

> O Espírito Santo recorda primeiro à assembleia litúrgica o sentido do evento da salvação, dando vida à Palavra de Deus, que é anunciada para ser recebida e vivida [...]. É o Espírito Santo que dá aos leitores e aos ouvintes [...] a compreensão espiritual da Palavra de Deus. [...] É ainda o Espírito Santo que dá a graça da fé, que a fortifica e a faz crescer na comunidade. [...] Na liturgia da Palavra o Espírito "recorda" à assembleia tudo o que Cristo fez por nós (CCE 1.100-1.103).

O leitor, o monitor, o salmista e o pregador da homilia são ministros que ajudam à assembleia celebrar nas melhores condições possíveis a Palavra viva de Deus. Nem todos leem, nem pregam, mas todos participam e celebram, e depois tentam pô-la em prática.

Na "Ordenação das Leituras da Missa" (2. ed. de 1981), apresenta-se assim este protagonismo da comunidade diante da Palavra viva de Deus.

> Pela Palavra de Cristo o povo de Deus se reúne, cresce, se alimenta (OLM 44).
>
> Na liturgia da Palavra, pela fé com que escuta, também hoje a assembleia dos fiéis recebe de Deus a palavra da aliança, e deve responder a esta palavra com fé, para que se vá convertendo cada vez mais em povo da nova Aliança.

> O povo de Deus tem o direito de receber abundantemente o tesouro espiritual da Palavra de Deus, o que se consegue [...] com a homilia e com a ação pastoral (OLM 45).

Como dizíamos já em capítulos anteriores, a audição não é algo passivo, mas muito ativo. A escuta da Palavra, e também da homilia, é verdadeira "participação" e "celebração", sem necessidade de que implique também a "intervenção" no ministério nem da leitura nem da homilia.

A escuta interior e obediente é a participação mais importante da comunidade – e dos ministros –, ajudada também pelas posturas corporais, pelo salmo responsorial cantado, pelo Aleluia e pelas outras aclamações com que acompanham a escuta da Palavra. Quando a assembleia celebrante responde "Glória a ti, Senhor Jesus" depois da proclamação do Evangelho, expressa que esta leitura é Palavra viva, dita hoje e aqui por Cristo a seu povo. Fazer o sinal da cruz enquanto se anuncia o Evangelho que se vai escutar tem um claro significado: apropriar-se da Palavra que Deus nos dirige, com o desejo de que tome posse de nós e impregne nossa existência. A profissão de fé e a oração universal, que também pertencem à celebração da Palavra, suscitam a intervenção ativa da comunidade, completando seu protagonismo em todo o processo.

Dentro da comunidade, o Bispo e os outros ministros ordenados

No entanto, afirmar que toda a comunidade celebra a Palavra não significa que todos vão realizar todos os ministérios e, concretamente, o da homilia. Todos participamos da missão de Cristo Sumo Sacerdote, também da de ensinar, mas com motivação e caráter diferente, cada um de acordo com sua situação na Igreja.

> A norma suprema é que a Palavra de salvação anuncia a Igreja por um mandato do Senhor recebido através dos Apóstolos (LG 17). Porém, este mandato se cumpre de múltiplas maneiras segundo a necessidade dos homens, de forma que todo o Povo de Deus participa na missão de anunciar o Evangelho segundo a diversidade de carismas e de funções (LG 12) (PPP 17).

Dentro da comunidade cristã, o Bispo, máximo responsável por toda a vida eclesial, também o é pela pregação da Palavra. Ele pode confiar a outros a missão de pregar na celebração, normalmente aos ministros ordenados, seus colaboradores, os presbíteros e os diáconos. É o Bispo também quem dá aos presbíteros e diáconos a missão diacônica de pregar (assim como de presidir a Eucaristia ou de confessar).

> No entanto, é aos *bispos* que compete em primeiro lugar o dever de pregar a fé como mestres autênticos da mesma (LG 24-25; CD 13). Depois aos *presbíteros* no grau próprio de seu ministério (LG 28; PO 4). E finalmente aos *diáconos* que servem ao Povo de Deus no ministério da liturgia da Palavra e da caridade (LG 29; SC 35; CD 15) (PPP 17).

Foi um passo adiante que, em 1983, o Código de Direito Canônico permitisse a pregação dos leigos, na comunidade eclesial, em determinadas circunstâncias, embora excluindo o caso da homilia.

O motivo de os leigos não pregarem normalmente a homilia não é porque não estejam preparados na Bíblia ou na pedagogia, ou porque não saibam ou não possam fazê-lo, inclusive, melhor que o sacerdote. Alguns fiéis estão muito bem preparados biblicamente e, além disso, vivendo no mundo, podem ter mais afinada a "antena" para a história presente, que também faz falta à homilia.

A motivação para que o ministério da homilia, dentro da celebração litúrgica, seja reservado aos ministros ordenados a quem o Bispo confia esta missão é porque está intimamente unido ao sacramento que segue, a Eucaristia. O *munus docendi* está em estreita conexão com o *munus sanctificandi*. A homilia é um "ato litúrgico" e adquire dentro da celebração um caráter sacramental. O Código de Direito Canônico parte desta convicção: "Entre as formas de pregação destaca a homilia, que é parte da mesma liturgia e está reservada ao sacerdote ou diácono" (CDC 767). Não se pode separar a homilia do resto do ministério pastoral.

> É a partir da estreita união que existe entre o ministério da Palavra e o ministério da santificação e do culto, especialmente na celebração da Eucaristia (cf. DV 21; SC 35; PO 4), que se compreende que a homilia corresponda naturalmente ao que preside (IGMR 42) ou a um dos concelebrantes (IGMR 61). A homilia aparece sempre como uma função tipicamente hierárquica e magisterial (PPP 17).

Por isso, o ministério de pregar dentro da celebração é um ato que se considera magisterial, é uma missão "pastoral" e a cumpre aquele a quem o responsável último, o Bispo, o confia; normalmente os que por sua ordenação sacramental atuam dentro da comunidade *in persona Christi Capitis*, personificando Cristo Cabeça e Pastor da comunidade. Embora o Bispo possa encarregar este ministério a um leigo, em ocasiões que já citaremos, o normal é que o encomende aos ministros ordenados os quais designou para presidir as celebrações sacramentais.

> É esta integração na mesma ação sagrada da qual faz parte a nota mais sobressalente da homilia, o que faz dela um ato sacramental que pertence por inteiro à mesma dinâmica da presença da Palavra de Deus na liturgia... E pela mesma razão a homilia aparece como um ato reservado ao ministério ordenado [...] (PPP 10).

Atitudes espirituais do pregador

Mais tarde falaremos do papel concreto que toca aos fiéis leigos na pregação da Palavra. Aqui refletiremos, antes de tudo, sobre a atitude que se pede do pregador.

Diante de Cristo, o pregador deve sentir-se unido a ele, como seu porta-voz e ícone sacramental visível.

Diante da Palavra, ele é leitor, ouvinte e também orante. Primeiro deve falar "com" Deus e depois falar "de" Deus. Por isso, prepara com seriedade seu ministério: não é palavra própria a que transmite, mas a de Outro.

Diante da comunidade, deve sentir-se dentro dela e seu servidor.

Deve amar, portanto, a Cristo, a Palavra e a comunidade e exercer seu ministério com responsabilidade e alegria. Como signo sacramental de Cristo, o pregador deve estar em união com ele, porque também na homilia atua *in persona Christi*. Como transmissor da Palavra, deve estudá-la e sentir-se antes ouvinte do que pregador. Como mestre da comunidade, deve estar em sintonia com ela, sabendo que não é seu dono, mas seu servidor, pela missão que recebeu na Igreja.

O momento da homilia é o momento da celebração em que o sacerdote fica mais comprometido pessoalmente: nela sempre projeta algo de si mesmo. Por isso, é importante que cuide de suas atitudes espirituais; que ouça a Palavra, ouça a comunidade e ouça o Espírito.

O pregador, signo sacramental de Cristo

O autêntico presidente de toda a vida cristã – também da celebração e da homilia – é Cristo. Mas aqui o representa um sacerdote que preside a Eucaristia e que assume a missão da pregação, dirigindo a palavra a essa comunidade. Depois atuará como signo visível de Cristo na celebração do sacramento, sempre *in persona Christi*.

É importante, portanto, que ele se sinta "ministro", signo sacramental de Cristo, mediador para favorecer o "encontro" entre Deus e a comunidade. Os autênticos protagonistas são Deus, de um lado, e a comunidade dos fiéis, de outro. Mas o encontro sucede também pela mediação de um homem.

Quem preside a celebração em nome de Cristo deve sentir-se alegremente unido e identificado com ele, como ministro da Palavra e do sacramento. Em toda a celebração, deve sentir esta identificação com Cristo, cujo sinal sacramental é: "Por conseguinte, quando celebra a Eucaristia, ele deve servir a Deus e ao povo com dignidade e humildade, e sugerir aos fiéis, no próprio modo de se portar e ensinar as divinas palavras, a presença viva de Cristo" (IGMR 93).

O sacerdote deveria aplicar a si a parábola do mordomo (Mt 24,45-51): não é dono, mas "o servo fiel e prudente que o senhor constituiu sobre a criadagem, para dar-lhe o alimento em tempo oportuno. Feliz aquele servo que o Senhor, ao chegar, encontrar assim ocupado".

O pregador e a Palavra

Os apóstolos decidiram que o ministério que mais os teria que caracterizar era este: serem "servidores da Palavra" (At 6).

Consciente desta missão, o pregador, sobretudo, deixa-se preencher ele próprio da Palavra salvadora de Deus. Torna-se seu "leitor" e seu "ouvinte", antes de ser seu pregoeiro para os demais. Mais ainda, não só deve estudar a Palavra. Deve "orá-la", escutando-a sobretudo como dita para ele próprio e dialogando com Deus. Antes de falar a outros, fará bem em assumir a atitude do jovem Samuel: "Fala, Senhor, que teu servo escuta", ou a de outra jovem, Maria de Nazaré, diante do anjo: "Faça-se em mim segundo tua Palavra".

É insistente a recomendação bíblica de que o pregador, antes, deve fazer sua a Palavra, "comê-la", para poder ser bom anunciador da mesma aos demais.

> Quando se confiou ao profeta Ezequiel a missão de anunciar as palavras de Deus ao povo, independentemente se o escutavam ou não, Deus lhe disse: "'Ouve o que eu te digo. [...] Abre a boca e come o que eu te entrego'. Olhei e eis uma mão se estendia para mim, e nela um volume enrolado. Ele abriu-o na minha presença. Estava escrito no verso e no reverso. Nele estava escrito: lamentações, gemidos e prantos. E então me disse: 'Filho do homem, come o que tens diante de ti; *come este rolo*, e vai falar com a casa de Israel'. Abri a boca e ele me deu o rolo para comer. Em seguida, disse-me: 'Filho do homem, ingere este rolo que te estou dando e sacia-te com ele'. Eu o comi. Na boca parecia-me doce como mel. Então me disse: 'Filho do homem, dirige-te à casa de Israel e transmite-lhe as minhas palavras'" (Ez 2–3).

Repete-se a mesma ação simbólica no Apocalipse (Ap 10).

É instrutivo o que nos diz em suas "confissões" o profeta Jeremias: "Quando se apresentavam palavras tuas, *as devorava*; tuas palavras eram para mim contentamento e alegria de meu coração, pois teu Nome era invocado sobre mim" (Jr 15,16). Porém, mais tarde o profeta, diante da falta de resultados a curto prazo de sua missão, entrou em crise:

> Tu me seduziste, Javé, e eu me deixei seduzir. [...] Porque a palavra de Javé se tornou para mim opróbrio e ludíbrio todo dia. Quando pensava: Não me lembrarei deles, já não falarei em seu Nome, então isto era em meu coração como fogo devorador, encerrado em meus ossos. Estou cansado de suportar, não aguento mais (Jr 20,7ss).

Também Paulo diz a seus cristãos que primeiro se encham com a Palavra e depois instruam e admoestem os demais: "A Palavra de Cristo habite em vós ricamente: com toda sabedoria ensinai e admoestai-vos uns aos outros [...]" (Cl 3,16).

Santo Agostinho ressaltava muito, em seu "tratado de homilética" (*De doctr. Christiana IV*), que o pregador deve ser, sobretudo, ouvinte e cumpridor da Palavra que prega. Diz-lhe também que antes de falar tem que orar (IV, 15, 32; e depois em IV, 30, 63), porque só aquele que está repleto de Deus recebe seu Espírito e sabe o que deve dizer e como deve dizê-lo. Deve estar convencido de que não é ele o que planta nem o que rega, mas é Deus que faz crescer (cf. 1Cor 3,7).

Em outra ocasião, expressa-o graficamente com estas palavras, que também DV 25 cita: "*Verbi Dei enim inanis est forinsecus praedicator qui non est intus auditor*" (é vazio pregador da Palavra de Deus para fora aquele que não é ouvinte da mesma por dentro): *Sermão* 179.

Do curso de homilética de D. Bonhöffer, resumimos uma bela página sobre o sacerdote pregador e sua relação com a Palavra de Deus:

> Um sacerdote se encontra com a Bíblia de três formas: no púlpito, na mesa de estudo e no genuflexório. Às vezes não o faz. Também ele, que é o pregador da Bíblia, às vezes não a usa bem, ou não a usa. Um pregador só trata bem a Bíblia se se encontra com ela das três maneiras, não somente de uma ou de duas.
>
> *a) No púlpito*. É o lugar mais característico para um ministro da comunidade. Ele é o servidor, o transmissor da Palavra bíblica. Para que ela encontre seu caminho a todos os crentes.
>
> *b) Na mesa de estudo*. O sacerdote deve estudar essa Palavra que prega. Trata-se de conhecer a fundo a verdade. É o livro em que a Igreja aprendeu a verdade há vinte séculos. É o livro que consolou e conduziu a Deus milhões de homens. O sacerdote estuda a Bíblia como representante da comunidade. Para que saiba pregar sempre melhor. Para que saiba orar com ela sempre melhor.

Ler a Palavra precipitadamente, com superficialidade, é indigno de um ministro ordenado. Deve conhecê-la a fundo. E assim pregá-la aos demais. O objetivo não é contar coisas sensacionais. Nem aquilo que lhe ocorre. A Palavra decisiva é sempre a de Deus. O estudo da Escritura pertence a um sacerdote como tarefa diária.

c) No genuflexório. O genuflexório desapareceu de nossas casas como móvel. Mas não deveria desaparecer a Bíblia da oração do sacerdote. Ele deve estar sempre impregnado da Palavra de Deus: deve orar essa Palavra, tomar tempo para meditá-la. O ministro deve orar mais que os outros membros da comunidade. Deve fundamentar sua própria fé em Deus e em sua Palavra. Isto é a única coisa que o ajudará a ter terra firme debaixo de seus pés.

O sacerdote deve meditar cada dia a Escritura. Para que nada nem ninguém lhe arrebate sua fé do coração. Antes de encontrar-se com os homens, deve encontrar-se com Cristo. Antes de tomar suas próprias decisões, deve pôr-se à luz das decisões de Deus. Não se trata de buscar novidades na Bíblia. Mas simplesmente de que a escute. De que a guarde e medite em seu coração, como Maria (Lc 2,19). Não pretenderá que aconteçam coisas extraordinárias. Somente é necessário que ore, que medite, que faça sua a Palavra e se deixe ganhar por ela.

Assim é que pode acontecer a autêntica pregação. A preparação de uma homilia começa na oração e na meditação própria do pregador. Porque a homilia não é um brilho pessoal, nem uma conferência de temas que sabe. Mas serviço à Palavra de Deus, que é aquela que deve chegar aos demais.

Essa preparação segue no estudo do texto: O que diz esta passagem? O que me diz Deus? O que nos diz em nossas circunstâncias atuais? Somente assim pode dispor-se o sacerdote a ser o servidor e testemunha dessa Palavra para com os demais. Servidor fiel e obediente (resumido de *Gesammelte Schriften*, München 1975, 255-259).

O pregador deve ter consciência de que ele não é superior à Palavra, mas seu porta-voz e que está a serviço dela. Deixa-se interpelar pela Palavra como os demais, e mais do que os demais, para que não aconteça, como é o dito popular, que se pareça com os sinos do campanário, que convocam todos, e eles próprios não vão à igreja.

O pregador deveria sentir-se como o anjo, junto ao sepulcro vazio, assegurando às mulheres que, em verdade, Jesus ressuscitou. Não foi ele – nem o anjo nem o pregador – quem ressuscitou Jesus: é a testemunha da grande obra de Deus e de seu Espírito.

Primeiramente o pregador se situa diante do Deus que lhe fala, que o interpela em primeiro lugar, e depois prepara o que há de dizer aos demais.

É conhecida a expressão de Santo Tomás de Aquino "*contemplari et contemplata aliis tradere*" (contemplar e depois transmitir aos demais o que se contemplou): *S. Th*. II-II, 188,6.

O *documento dos Bispos espanhóis sobre a homilia* dá também essa instrução de preparação da homilia a partir da oração pessoal:

> Várias vezes aludimos a que a eficácia última da pregação da Palavra depende da graça do Senhor e da ação do Espírito Santo que intervém tanto no que fala em nome de Cristo como nos ouvintes. Por isso, do mesmo modo que a oração deve acompanhar a leitura da Sagrada Escritura, para que se realize o diálogo de Deus com o homem, assim também a preparação da homilia deve vir acompanhada da meditação da Palavra de Deus que é preciso ensinar e explicar a partir da vivência pessoal e da excelente caridade pastoral à imagem de Cristo (PPP 25).

O pregador e a comunidade

O sacerdote prega de dentro da comunidade, não de fora nem de cima. Com uma atitude humilde e de serviço. Nós o lembramos no capítulo 6, ao falar do "serviço à comunidade" que deve realizar o pregador.

Não é um estranho. É um crente, companheiro de caminho dos demais, e faz parte da comunidade que celebra. É um irmão que recebeu a missão de animar os demais. E o faz com humildade, porque não se sente dono nem da Palavra nem da comunidade, mas seu servidor.

O que prega fala de dentro da comunidade, porque a conhece e a ama. Ele o faz em tom fraternal. Nota-se que ama seus ouvintes.

Não é um sábio ou um doutor que transmite sua doutrina, mas um irmão que leu e meditou antes e agora exorta seus irmãos a deixar-se ganhar pela Palavra.

Tampouco se sente como um vidente ou um profeta que explica o sentido das Escrituras, mas alguém que vive como os demais sua fé e se deixa iluminar e animar pela Palavra. Não sabe tudo, nem de exegese, nem de ciências humanas, nem de história, nem de sociologia.

Mas é um ouvinte da Palavra e recebeu a incumbência de ajudar os demais a acolhê-la em suas vidas. Ressoou antes nele mesmo, e por isso, em certo sentido, é possível dizer que é "testemunha" diante de seus irmãos. Antes de ser mestre foi discípulo da Palavra.

Portanto, porque se deixou ganhar pela Palavra e se olhou em seu espelho, não se apresenta diante de seus irmãos como um carteiro que não conhece e a quem não interessa a mensagem que leva. É um crente e, além disso, um ministro da comunidade.

É uma testemunha[2] do amor de Deus manifestado e cumprido em Cristo Jesus, testemunha como os apóstolos (cf. Lc 24,48; At 1,3-8). Não fala de coisas que lhe são alheias: uma testemunha "viu" de alguma maneira aquilo do qual dá testemunho.

---

[2] Cf. Cabestrero, T. La homilía necesita hoy el lenguaje de los testigos. In: id. *¿Se entienden nuestras homilías?* Necesidad de un lenguaje más comunicativo. Barcelona: CPL, 2003, p. 69-82 (Dossiers CPL, 97); id. Lenguaje testimonial para las homilías en los comienzos del siglo XXI. In: ibid., p. 83-92.

Prega com alegria e sem desanimar

É verdade que o ministério da homilia, às vezes, é difícil e requer preparação constante. Às vezes, não se vê o fruto imediato. Inclusive, é possível notar atitudes indiferentes e até hostis entre os ouvintes.

Mas o pregador não desanima e supera a tentação do medo ou do cansaço. Prega com simpatia, com alegria interior, porque sabe que foi enviado a fim de ajudar a todos para que entendam e gostem da Boa-Nova. E, quando vê que a Palavra toca o coração dos ouvintes –, nota-o facilmente, alegra-se em seu interior.

Todos os profetas – antes falávamos da crise de Jeremias – tiveram às vezes medo diante de sua missão. O pregador deveria sentir-se plenamente satisfeito com a missão recebida, como São Paulo, que considerava este ministério como um dever, mas também como uma alegria profunda: "Ai de mim, se não anunciar o Evangelho!" (1Cor 9,16). E, ao mesmo tempo, fazê-lo com expectativa: "Como são belos, sobre os montes, os pés do mensageiro que anuncia a paz, do que proclama boas-novas" (Is 52), e com aquela "parrésia" (valentia) de que fala o livro dos Atos (At 4,29).

Convém que todo pregador atenda às instruções de Paulo ao seu discípulo Timóteo: "Proclama a Palavra, insiste, no tempo oportuno e no inoportuno [...] com toda paciência e doutrina [...] suporta o sofrimento, faze o trabalho de evangelista, realiza plenamente teu ministério" (2Tm 4,1-9).

Pregar com alegria interior é transmitir esperança, e não tomar a palavra somente para acusar ou exigir. Quando a Palavra julga ou condena, o sacerdote deve transmitir essa condenação, incluindo-se sempre entre os afetados por ela. Porém, ao longo do ano, é muito mais abundante a carga de consolo e de notícia salvadora que nos comunica a Palavra. O sacerdote deve se alegrar de ser o instrumento dessa Palavra salvadora. Deve-se notar que ele é o primeiro que crê na Boa-Nova.[3]

Os Bispos espanhóis incentivam seus sacerdotes a pregar com essa generosidade e sem desanimar:

> Conscientes da importância da homilia na celebração litúrgica [...] queríamos dar-vos umas orientações de tipo teológico e pastoral sobre este ministério, a fim de animar, especialmente os sacerdotes que suportam, é certo, o peso do dia e o calor, trabalhando na vinha do Senhor, a entregar-se com expectativa e esmero a uma tarefa ao mesmo tempo tão bela e tão exigente (PPP 4).
>
> Por outra parte, este caráter exclusivamente hierárquico e litúrgico da homilia exige dos ministros [...] uma fidelidade melhor à divina Palavra que devem transmitir e explicar. Os fiéis têm direito a escutá-la da boca dos ministros em toda sua verdade (LG 37; PO 4). Por isso, é dever destes "ensinar não sua própria sabedoria, mas a Palavra de Deus" (PO 4) [...] Para isso, será necessário que se dediquem à leitura e ao estudo da Sagrada Escritura com especial empenho, para não serem "por fora pregadores vãos da Palavra de Deus, sem dentro a ouvir" (DV 25). Por seu turno, se seguirem os conselhos que São Paulo dava ao seu discípulo Timóteo (cf. 2Tm 4,1-5) e se entregarem a este ministério com generosa dedicação, buscando não só o proveito dos que escutam a pregação, mas também o bem espiritual próprio, chegarão a ser progressivamente discípulos mais perfeitos do Senhor e degustarão mais profundamente "as incalculáveis riquezas de Cristo" (Ef 3,8; PO 13). Sabendo que é o Senhor o que abre os corações (At 16,14), os ministros da Palavra estão mais intimamente unidos a Cristo Mestre, a quem fazem particularmente presente falando e atuando em sua pessoa (SC 7), sentir-se-ão fortalecidos pelo Espírito do Senhor e compartirão a caridade de Deus Pai que quis revelar em Cristo o ministério de sua vontade salvadora (PO 13) (PPP 18).

---

[3] Cf. o que João Paulo II diz sobre essa alegria na pregação: CT 48; e também Paulo VI em EM 80.

No *Diretório para o ministério e a vida dos Diáconos permanentes*, da Congregação para o Clero (1998), animam-se os diáconos a se preparar bem para esta missão:

> Os diáconos deem grande importância à homilia enquanto anúncio das maravilhas feitas por Deus no mistério de Cristo, presente e operante sobretudo nas celebrações litúrgicas. Saibam, portanto, prepará-la com especial cuidado na oração, no estudo dos textos sagrados, na plena sintonia com o Magistério e na reflexão sobre as expectativas dos destinatários. (n. 25). Para proclamar digna e frutuosamente a Palavra de Deus, o diácono deve ler e estudar assiduamente a Escritura para não se tornar "vão pregador da palavra no exterior, aquele que não a escuta no interior" (Santo Agostinho), e deve comunicar aos seus fiéis, sobretudo nos atos litúrgicos, as riquezas da Palavra de Deus (n. 52).

É saudável certa "relativização" da homilia. O principal é o Deus que dirige sua Palavra e a comunidade de crentes que a escuta. O fato é que, o que profere a homilia, quer ajudar essa comunidade concreta a dar-se conta do que Deus lhe está dizendo hoje e aqui e a responder-lhe vitalmente.

Antes era mais "importante" a homilia, uma vez que, quem a proferia, era praticamente o único que entendia em sua língua o povo cristão. Agora toda a celebração está em nossa língua e, concretamente, todos escutaram as leituras. A homilia tentará aproximar a mensagem da vida concreta dessa comunidade e animar todos, começando pelo próprio pregador, a deixar-se iluminar e estimular pela Palavra escutada.

> Quem preside a liturgia da Palavra, embora também escute a Palavra de Deus proclamada pelos demais, continua sendo sempre o primeiro ao qual foi confiada a função de anunciar a Palavra de Deus, compartilhando com os fiéis, sobretudo na homilia, o alimento interior que esta Palavra contém (OLM 38).

O documento dos *Bispos espanhóis sobre a homilia* termina com palavras de ânimo para os que realizam este ministério:

> Gostaríamos de terminar estas orientações sobre a homilia com umas palavras de particular afeto dirigidas a todos os ministros da pregação litúrgica, especialmente os sacerdotes, para convidá-los a desempenhar seu ministério com generosidade e alegria [...] (PPP 33).

O pregador, o primeiro cumpridor da Palavra em sua vida

Dever-se-ia verificar no pregador de agora o que dizia já a 1ª Carta de João:

> O que vimos com nossos olhos, o que contemplamos e o que nossas mãos apalparam do Verbo da vida [...] nós a vimos e dela vos damos testemunho. [...] O que vimos e ouvimos vo-lo anunciamos. [...] Esta é a mensagem que ouvimos dele e vos anunciamos [...] (1Jo 1,1-5).

Não tem Jesus que dizer sobre ele: "Fazei o que vos diz, mas não façais o que faz".

É a ele quem a Palavra primeiramente afeta e interpela. É a ele quem a Palavra primeiramente ilumina e "evangeliza". O pregador deve estar cheio de Evangelho, de Boa-Nova, se quiser depois comunicar essa riqueza aos demais. Como a nuvem que quer regar os campos deve estar cheia de água: "Quando as nuvens estão cheias, derramam chuva sobre a terra" (Ecl 11,3a).

São Francisco de Sales, em uma de suas cartas, que é um verdadeiro tratado de homilética,[4] pede ao sacerdote pregador três condi-

---

[4] SAN FRANCISCO DE SALES. Carta de 5 de outubro de 1604 a Mons. A. Frémyot (irmão de santa Joana F. Frémyot de Chantal). In: *Oeuvres de St. François de Sales*. Annecy, 1902, v. 12, p. 299-325.

ções: vida exemplar, boa doutrina e missão legítima. Os fiéis têm que notar que aquele que prega se preparou, está convencido do que diz e, sobretudo, o aplica a si mesmo.

Um pregador tem que se distinguir não só pela qualidade de sua homilia, mas por uma vida exemplar, cheia de fé e de entrega. Que depois da celebração, na vida, não seja ele mesmo uma anti-homilia. O fruto do que prega depende também de como é ele fora da celebração. A um pastor santo, bom, caritativo, sempre disponível, perdoam-se muitas coisas, como a possível falta de retórica e até alguns minutos a mais.

É claro que também o pregador é fraco e pecador, não é um santo, mas tem que se esforçar para que não haja uma defasagem notória entre o que prega e o que faz. Os ouvintes, com o tempo, percebem se há uma incoerência manifesta entre o que diz o pregador e sua vida.

Santo Agostinho pede ao pregador que pratique o que ensina: "Para que se ouça obedientemente o pregador, mais peso tem sua vida do que toda a grandiloquência que possua". Não é que não possa produzir fruto sua pregação quando sua vida não está de todo conforme com o que ensina. Mas será muito maior o fruto quando sua vida der exemplo aos fiéis: "Pregando o que não fazem, aproveitam a muitos, mas aproveitariam a muitíssimos mais fazendo o que dizem" (*De Doctr. Christiana* IV, 27, 59). Que o acompanhe o exemplo de sua vida, como pedia são Jerônimo: "*non confundant opera tua sermonem tuum*" (que não confundam tuas obras o que dizem tuas palavras: *Carta* 55, 7).

Na ordenação, diz-se aos novos ministros da comunidade: "*imitamini quod tractatis*" (imitai o que tratas), e isto se aplica de modo especial à proclamação da Palavra.

Nas *Normas básicas da formação dos diáconos permanentes*, da Congregação para a Educação Católica (1998), diz-se:

Outro elemento que distingue a espiritualidade diaconal é a Palavra de Deus, da qual o diácono está chamado a ser mensagem qualificada, crendo o que proclama, ensinando o que crê, vivendo o que ensina. O candidato deverá, portanto, aprender a conhecer a Palavra de Deus cada vez mais profundamente e a buscar nela o alimento constante de sua vida espiritual, mediante o estudo detido e amoroso e a prática diária da *lectio divina* (n. 74).

João Paulo II, em sua Exortação Apostólica *Pastores dabo vobis* (1992), sobre a formação dos sacerdotes, oferece estas reflexões sobre o ministério da Palavra:

> Antes de tudo, o Sacerdote é *ministro da Palavra de Deus*, é consagrado e enviado a anunciar a todos o Evangelho do Reino, chamando cada homem à obediência da fé e conduzindo os crentes a um conhecimento e comunhão sempre mais profundos do mistério de Deus, revelado e comunicado a nós em Cristo. Por isso, o próprio sacerdote deve ser o primeiro a desenvolver uma grande familiaridade pessoal com a Palavra de Deus: não lhe basta conhecer o aspecto linguístico ou exegético, sem dúvida necessário; precisa de se abeirar da Palavra com o coração dócil e orante, a fim de que ela penetre a fundo nos seus pensamentos e sentimentos e gere nele uma nova mentalidade – "o pensamento de Cristo" (1Cor 2,16) –, de modo que as suas palavras, as suas opções e atitudes sejam cada vez mais uma transparência, um anúncio e um testemunho do Evangelho. Só "permanecendo" na Palavra, o presbítero se tornará perfeito discípulo do Senhor, conhecerá a verdade e será realmente livre, superando todo e qualquer condicionalismo adverso ou estranho ao Evangelho (cf. Jo 8,31-32). O sacerdote deve ser o primeiro "crente" na Palavra, com plena consciência de que as palavras do seu ministério não são suas, mas d'Aquele que o enviou. Desta Palavra, ele não é dono: é servo. Desta Palavra, ele não é o único possuidor: é devedor relativamente ao Povo de Deus. Precisamente porque evangeliza e para que possa evangelizar, o sacerdote, como a Igreja, deve crescer na consciência da sua permanente necessidade de ser evangelizado. Ele anuncia a Palavra na sua qualidade de "ministro", participante da autoridade profética de Cristo e da Igreja. Por isso, para ter em si mesmo e dar aos fiéis a

garantia de transmitir o Evangelho na sua integridade, presbítero é chamado a cultivar uma sensibilidade, um amor e uma disponibilidade particular relativamente à Tradição viva da Igreja e do seu Magistério: estes não são estranhos à Palavra, servem antes a sua reta interpretação e conservam-lhe o autêntico sentido (PDV 26).

Os leigos e a pregação da Palavra

O tema da pregação por parte dos leigos criou ultimamente uma amplíssima literatura. Às vezes, baseando-se na revalorização dos leigos na Igreja ou no protagonismo da comunidade como assembleia celebrante ou em várias dimensões do sacerdócio batismal dos fiéis. Outras, com uma linguagem que, às vezes, não consegue evitar certo tom de demagogia ("liberar a palavra", "circulação da Palavra", "devolver a palavra aos leigos", "os curas devolvem o que não é seu", "por uma homilia não clericalista, mas comunitária", "estamos em um tempo de diálogo", "os leigos já são adultos, deixem-nos pregar"...).

Alguns parecem identificar o compromisso dos fiéis na vida eclesial e sua participação ativa na celebração com sua intervenção nos vários ministérios, sobretudo na homilia. Outras vezes, são os grupos mais reduzidos os que, para sua celebração, desejam uma homilia mais dialogada, e não ministerial.[5]

A comunidade cristã e o ministério da Palavra

A primeira coisa que se deve afirmar, como se recordou antes, é que todo o povo de Deus participa do "carisma profético de Cristo"

---

[5] Sobre a pregação dos leigos, cf. Castagna, D. ¿Debe predicar hoy el laico? *Conc*, 33, p. 453-458, 1968; VV.AA. La Parole, partagée par les laïcs. *Parole et Mission*, 54, 1971; Nicolas, J. H. Les laïcs et l'annonce de la parole de Dieu. *Nouv Rev Théol*, 8, p. 821-848, 1971; Skudlarek, W. F. *Assertion without Knowledge*: The Lay Preaching. Controversy of the High Middle Ages (tesis doctoral), 1980, 454 p.; Legrand, H. M. I laici e la predicazione. *Sacra Doctrina*, 3-4, p. 340-357, 1984; Fox, J. E. L'omelia e l'interpretazione autentica del canone 767,1: Il soggetto autorizzato dell'omelia. *Ephem Lit*, 1, p. 3-37, 1992; Durand, X. Prédications de laïcs aux funérailles. LMD, 227, p. 137-146, 2001.

(LG 12) e o exercita ativamente em vários campos de evangelização, catequese, educação e testemunho de fé, cada um segundo a missão que tem na Igreja.

O Código de Direito Canônico afirma a missão que podem receber os fiéis leigos no "ministério da Palavra", inclusive na igreja: "Os fiéis leigos, em virtude do batismo e da confirmação, são testemunhas da mensagem evangélica pela palavra e pelo exemplo da vida cristã; podem também ser chamados a cooperar com o Bispo e os presbíteros no exercício do ministério da palavra" (CDC 759); "Os leigos podem ser admitidos a pregar na igreja ou oratório, se em determinadas circunstâncias a necessidade o exigir, ou em casos particulares a utilidade o aconselhar, segundo as prescrições da Conferência episcopal, e salvo o cân. 767, § 1" (CDC 766).

Em 1997, foi publicada a *Instrução sobre algumas questões acerca da colaboração dos fiéis leigos no sagrado ministério dos sacerdotes*, assinada por várias Congregações e Conselhos Pontifícios de Roma.[6] Nesta Instrução, valoriza-se o papel que todos os fiéis cristãos têm no "ministério da Palavra", não só na catequese, mas também na pregação litúrgica, nos casos previstos:

> Os fiéis não ordenados participam segundo sua própria índole na função profética de Cristo, são constituídos suas testemunhas e providos do sentido da fé e da graça da palavra. Todos são chamados a converter-se cada vez mais em arautos eficazes daquilo que se espera (cf. Hb 11,1; LG 35). Hoje, a obra da catequese, em particular, depende muito de seu compromisso e de sua generosidade a serviço da Igreja. Portanto, os fiéis, e particularmente os membros dos Institutos de vida consagrada e as Sociedades de vida apostólica, podem ser chamados a colaborar, nos modos legítimos, no exercício do ministério da palavra.

---

[6] Ela pode ser lida em *Phase*, p. 155-178, 1998.

Em circunstâncias de escassez de ministros sagrados em determinadas zonas, podem apresentar-se casos em que se manifestem permanentemente situações objetivas de necessidade ou de utilidade, que sugiram a admissão de fiéis não ordenados à pregação. A pregação nas igrejas e oratórios, de parte de fiéis não ordenados, pode ser concedida em suplência dos ministros sagrados ou por razões especiais de utilidade nos casos particulares previstos ou pela legislação universal da Igreja ou das Conferências Episcopais e, portanto, não se pode converter em um fato ordinário, nem pode ser entendida como autêntica promoção do laicato (n. 2).

Mas não a homilia

Mas isso não significa que necessariamente todos intervenham em todos os momentos do anúncio da Palavra. Nem todos escrevem cartas pastorais para os diocesanos, como faz o Bispo, ou encíclicas para toda a Igreja, como o Papa. A homilia é um gênero de pregação que sempre esteve reservado em princípio aos ministros ordenados, configurados com Cristo por um sacramento especial. E, concretamente, ao ministro que preside a celebração. Não sendo batizados, são pastores todos os cristãos, com encargo de interpretar as Escrituras para seus irmãos.

O fato de entendermos a eclesiologia como "eclesiologia de comunhão" não deveria fazer pensar que tudo é de todos e que, portanto, a interpretação da Escritura e sua aplicação à vida podem também ser feitas por todos dentro da celebração eucarística. Nem todos realizam o mesmo serviço para o bem da comunidade. Por exemplo, quanto à homilia. Assim como há outra classe de momentos de oração em que, sim, cabe uma intervenção aberta dos fiéis – revisão de vida, oração não litúrgica, celebrações da Palavra –, na celebração litúrgica, sobretudo na sacramental, é o presidente quem realiza este serviço da homilia, com a flexibilidade que prevê a legislação atual, por exemplo, nas celebrações com crianças (nas que se admite o diálogo) ou em comunidades sem presbítero (em que um leigo, autorizado pelo Bispo, dirige a celebração e realiza também o comentário à Palavra).

> É verdade que na sinagoga judaica, como aparece várias vezes no Novo Testamento, podiam ser convidados homens de mais de 30 anos (como Jesus ou Paulo) para comentar algumas leituras, as proféticas (não as da Lei, que somente os rabinos podiam comentar). Mas na comunidade cristã sempre foi norma da Igreja, em princípio, que prega quem preside a Eucaristia.
>
> Nos quatro primeiros séculos, somente pregava o Bispo, porque normalmente só ele presidia. Embora houvesse outros ministros concelebrando com ele, pregava o presidente (o nome de "presidente" ou "proestós", São Justino usa-o já no ano de 150, em seu testemunho sobre a celebração eucarística e precisamente referente à homilia). Somente no século 5, quando se multiplicaram as celebrações eucarísticas nas grandes cidades (Roma, Alexandria, Jerusalém, Constantinopla...), iniciou-se o costume de que a presidissem os presbíteros e, portanto, que também eles pregassem.
>
> Algumas vezes, excepcionalmente, encomendava-se a pregação a um presbítero, como a Agostinho em Hipona, quando ainda não era Bispo. Em seu caso, foi pela dificuldade de seu Bispo, Valério, na língua latina. Sobretudo no Oriente aconteciam mais casos, sempre por encargo do Bispo, de que pregassem os diáconos (como Efrém) ou inclusive algum leigo (como Orígenes antes de ordenar-se). Em outras ocasiões, tratava-se de atender mais de perto a grupos étnicos de língua diferente, como dá a entender a peregrina Egéria que se fazia em Jerusalém, quando acudiam grupos de peregrinos de outras línguas (grego, siríaco e latim).
>
> Alguns testemunhos de fiéis leigos que pregam se referem claramente não à celebração litúrgica, mas à catequese: como, por exemplo, o texto de Hipólito, "A Tradição Apostólica", c. 41, que fala dos dias em que há "instrução" (*katechesis*), que podem transmitir os sacerdotes ou outros que não o são, que ele chama de "doutores" ou "catequistas".

Em ambientes monásticos, existia a "collatio" fraterna, com diálogo comunitário, seguramente em outro ambiente distinto da "lectio divina", com intervenção dos que quisessem, mas não na celebração. E inclusive a "collatio" se converteu logo em "conferência" de uma só pessoa, do superior.

A pregação litúrgica dos fiéis leigos se considerou sempre algo extraordinário, e sempre se fazia por encargo do Bispo.

Normativa atual

Não se trata de proibir a homilia aos leigos. Tampouco os outros presbíteros ou bispos que concelebram pregam normalmente: somente o que preside. É o que vão repetindo, com matizes, os diversos documentos eclesiais dos últimos anos.

O *Missal* o diz explicitamente em sua Introdução:

> A homilia é proferida ordinariamente pelo sacerdote celebrante ou por um sacerdote concelebrante dela incumbido ou, às vezes, dependendo da oportunidade, também pelo diácono, mas nunca por um fiel leigo. Em casos peculiares e com uma causa justa, ela também pode ser proferida por um Bispo ou um presbítero que assista à celebração, mas não concelebra (IGMR 66).

Depois fala da homilia proferida por um presbítero concelebrante (IGMR 213) ou por um diácono "por mandato do sacerdote celebrante" (IGMR 171).

O *Código de Direito Canônico* (1983), que no n. 766 afirmava a possível missão de pregar confiada a leigos, faz no número seguinte a ressalva da homilia: "Entre as várias formas de pregação sobressai a homilia, que é parte da própria liturgia e se reserva ao sacerdote ou diácono" (CDC 767).

O *Episcopado espanhol*, em dezembro de 1984, aplicando as prescrições do Código, estabelecia:

Conforme o c. 766, leigos que se destaquem por sua vida cristã podem ser admitidos a pregar também em uma igreja ou oratório, se circunstâncias excepcionais o pedem ou aconselham, a juízo do Ordinário do lugar, e suposta tanto a devida preparação como a necessária missão canônica. Em todo caso, fica excluída a pregação da homilia de acordo com o c. 767, reservada sempre ao ministro ordenado.

Não é conveniente, pois, que os fiéis possam dirigir-se ao microfone e acrescentar suas reflexões às do presidente. E isso não só da parte dos leigos, mas também dos ministros ordenados que estejam presentes ou que concelebram, se não receberem um encargo especial. É o presidente quem normalmente dirige sua palavra de pastor a todos os participantes.

Em um documento assinado pelos bispos das oito dioceses que então radicavam na *Catalunha*, diz-se:

1. A homilia – pregação que se faz dentro da missa – fica reservada estritamente ao sacerdote e ao diácono, sem que o Direito Canônico contemple nenhuma possível dispensa nem delegação. Na missa, se o presidente está impedido e não há outro ministro ordenado, a homilia será omitida, porque se supõe causa grave prevista no c. 767,2.

2. Na adaptação ao caráter dos ouvintes, o sacerdote ou diácono pode empregar uma forma brevemente dialogal – por exemplo, admitindo que se possam fazer perguntas ou formulando questões concretas – sempre que o número e as características dos fiéis assistentes o permitam, e seja o ministro ordenado quem exponha a explicação sobre os textos sagrados.

3. O leigo – homem ou mulher – só pode aceder à pregação propriamente dita fora da missa. Nada impede que, durante a missa, um leigo possa se dirigir à assembleia, respeitando as normas litúrgicas, por exemplo, antes da despedida.

4. Deve-se considerar abusiva a prática de o sacerdote introduzir a homilia para ser continuada e/ou terminada por um ou mais leigos, pois o ministro

ordenado não possui a faculdade de delegar nem total nem parcialmente este ministério exclusivo.

5. Nos lugares onde não possa ser celebrada a missa dominical e se reúnam os fiéis para uma celebração da Palavra, a pregação não deve ser considerada homilia e, portanto, pode ser realizada por um leigo devidamente preparada (*Boletim do Arcebispado de Barcelona*, 1988, p. 267).

A *Instrução de 1997* sobre a colaboração dos leigos no ministério sacerdotal fala também da homilia e reafirma fortemente a postura atual da Igreja sobre a reserva deste ministério ao ministro ordenado, excluindo também explicitamente o costume de que preguem os seminaristas para exercitar-se na homilética:

> A homilia, forma eminente de pregação na qual, durante o curso do ano litúrgico, a partir do texto sagrado, se expõem os mistérios da fé e as normas de vida cristã (cf. SC 52 e CDC 767), faz parte da mesma liturgia.
>
> Portanto, a liturgia, durante a celebração da Eucaristia, deve ser reservada ao ministro sagrado, sacerdote ou diácono. Excluem-se os fiéis não ordenados, embora desenvolvam a função chamada assistentes pastorais ou catequistas, em qualquer tipo de comunidade ou agrupação. Não se trata, de fato, de uma eventual maior capacidade expositiva ou preparação teológica, mas de uma função reservada àquele que é consagrado com o sacramento da ordem, pelo que nem sequer o bispo diocesano pode dispensar da norma do cânone, dado que não se trata de uma lei meramente disciplinar, mas de uma lei que toca as funções de ensino e santificação estreitamente unidas entre si.
>
> Não se pode admitir, portanto, a prática, às vezes assumida, pela qual se confia a pregação homilética a seminaristas estudantes de teologia ainda não ordenados. A homilia não pode, de fato, ser considerada como uma prática para o futuro ministério.
>
> Deve se considerar abolida pelo cânone 767,1 qualquer norma anterior que pudesse admitir fiéis não ordenados a proferir a homilia durante a celebração da santa Missa.

A possibilidade do diálogo na homilia pode ser, algumas vezes, prudentemente usada pelo ministro celebrante como meio expositivo com que não se delega aos outros o dever da pregação (n. 3).

No *Diretório para o ministério pastoral dos Bispos*, da Congregação para os Bispos (2004), o capítulo V se intitula *O "munus docendi" do Bispo diocesano* (n. 118-141) e, no n. 124, lembra que os leigos podem colaborar no ministério da pregação "mas deixando claro que a homilia está sempre reservada exclusivamente ao sacerdote ou ao diácono".[7]

Pode-se encarregar a homilia a um leigo?

Pode alguma vez o Bispo encarregar um leigo que exerça este ministério da homilia?

Ultimamente tem havido diversas disposições que parecem matizar essa "exclusividade" tão absoluta da homilia para os ministros ordenados.

A mais extensa é a das *Assembleias dominicais na ausência (física ou moral) do presbítero* (= ADAP), sobretudo em países com grande escassez de sacerdotes. Com crescente frequência, em países da África ou da América – mas agora também na Europa –, catequistas e "delegados da Palavra" recebem esta missão canônica para o bem das comunidades. São também numerosos os países em que pessoas leigas recebem o encargo de pregar na celebração das exéquias.[8]

---

[7] A respeito das disposições magisteriais de diversos episcopados sobre a pregação, há no *Dizionario di omiletica* resumos apresentados por alguns autores: do episcopado italiano (A. Cuva), latino-americano (J. García), espanhol (J. Aldazábal) e alemão (R. Kaczynski). Quanto às normas canônicas na história e no presente, cf. Montan, A. Disposizioni canoniche. *DizOm*, p. 374-381.

[8] Congregación para el Culto Divino. *Directorio para las celebraciones dominicales en ausencia del presbítero*, 1998 (= ADAP). O diretório pode ser lido, com comentário de P. Tena, em *Phase*, Barcelona: CPL, 30, p. 33-62, 1991. CNBB. *Orientações para a celebração da Palavra de Deus*. São Paulo, Paulinas, 1994 (Documentos da CNBB 52).

A Instrução diz a respeito:

> Para que os participantes recordem a Palavra de Deus, faça-se uma explicação das leituras ou o sagrado silêncio para meditar sobre o que se escutou. Posto que a homilia está reservada ao sacerdote ou ao diácono, pode-se optar por que o pároco transmita a homilia ao moderador do grupo, para que a leia. Não obstante, observe-se o que a Conferência Episcopal dispôs sobre este ponto (n. 43).

Também nas Eucaristias celebradas com crianças,[9] o *Diretório para as missas com crianças* faz a corajosa sugestão (talvez a única neste sentido nos documentos últimos) de que

> um dos adultos que participam da missa com as crianças lhes dirija a palavra após o Evangelho, com a aprovação do pároco ou do reitor da Igreja, sobretudo se ao sacerdote se torna difícil adaptar-se à mentalidade das crianças. Sigam-se, neste assunto, as normas da Sagrada Congregação para o Clero (DMC 24).

Mas é preciso levar em consideração que se condiciona esta possibilidade à necessidade (se o sacerdote tem dificuldade em se adaptar), à permissão do pároco ou reitor, e às normas da Congregação, que podem variar. De fato, depois do Código de 1983, pode-se considerar abolida a permissão de uma "homilia" feita por um leigo, inclusive neste caso das crianças.[10]

Também é interessante que o próprio Diretório aponte que "pode ser útil o emprego de imagens preparadas pelas próprias crianças, como, por exemplo, para ilustrar a homilia, as intenções da prece para os fiéis ou para inspirar a meditação" (DMC 36).

Na década de 1970, diversos episcopados (França, Brasil, Suíça) admitiram com condições uma homilia participada em grupos

---

[9] Cf. *Celebrar a Eucaristia com crianças*. São Paulo, Paulinas, 2009 (texto com comentários de J. Aldazábal).

[10] Cf. Montan, op. cit.

pequenos, mas não foi nunca autorizada expressamente em documentos oficiais de toda a Igreja.

Comentou-se muito *o caso da Alemanha*.

Em 1973 (aplicou-se desde 1974), a Congregação do Clero aprovou *ad experimentum*, para quatro anos, às dioceses alemãs, que pessoas leigas, com missão explícita por parte do Bispo, pudessem pregar nas celebrações dominicais. Reconhecia-se que o ministério da pregação é tarefa própria dos ministros consagrados, mas que, em casos excepcionais e com determinadas condições, os Bispos podiam confiá-lo a leigos. Exigiam-se certas condições, lógicas, no leigo que prega, e que a comunidade estivesse inteirada dessa missão oficial.

Mas depois o Código de Direito Canônico de 1983 negou praticamente esta concessão. Como dissemos antes, admite que "Os leigos podem ser admitidos a pregar na igreja ou oratório, se em determinadas circunstâncias a necessidade o exigir, ou em casos particulares a utilidade o aconselhar, segundo as prescrições da Conferência episcopal" (CDC 766). Mas em seguida afirma que, com exceção da homilia, porque "é parte da própria liturgia e se reserva ao sacerdote ou diácono" (CDC 767).

Em 1987, interveio a Comissão para a interpretação autêntica do Código. Diante da pergunta se é possível um Bispo diocesano dispensar dessa prescrição do c. 767, a resposta foi negativa. Considera-se esta uma lei não dispensável. O motivo que se deu é a relação intrínseca que existe entre a pregação homilética (na liturgia) e o sacramento da Ordem. Para alguns esta decisão pareceu demasiadamente contundente: não veem por que um Bispo não possa julgar que se faça uma exceção para o bem de uma comunidade.

Em 1988, a Conferência Episcopal Alemã, depois de receber novas instruções, admitiu a pregação dos leigos no caso das Assembleias dominicais na ausência de presbítero (ADAP) em celebrações da Palavra e em outros exercícios piedosos, em encontros de catequese e, caso o Bispo diocesano o encarregue, também na Eucaristia, se não houver ministro ordenado que o possa fazer bem; portanto, cada vez mais com "missão" oficial. E estabelece algumas qualidades que deve ter essa pessoa leiga: conhecimento da Bíblia, capacidade de falar, conduta exemplar etc. É uma norma um pouco mais aberta, mas que segue sendo excepcional.[11]

Homilias dialogadas?

Uma pergunta que existe em alguns ambientes, sobretudo de grupos reduzidos, é se a homilia pode ser "dialogada".

Antes de tudo, é possível dizer que a homilia sempre tem uma estrutura dialogal entre os fiéis – também o sacerdote – e Deus que lhes dirigiu sua Palavra.

Também tem muito de diálogo entre o pregador e os fiéis. Na realidade, apresenta-se como um monólogo, porque só o sacerdote "toma a palavra". Porém, dentro dessa palavra, há muito de diálogo: ele "ouve" em seu interior, por menos sintonia que tenha com a comunidade, as ressonâncias da Palavra nos fiéis. A homilia não é totalmente "unidirecional", sem nenhum traço de *feedback*, como se o pregador não tivesse nenhum conhecimento ou relação com seus fiéis ou falasse de uma redoma de vidro...

Contudo, esse diálogo não ocorre necessariamente porque todos podem tomar a palavra, mas porque o pregador se antecipa e responde às perguntas e objeções que as leituras do dia eventualmente suscitam nos presentes.

---

[11] Cf. U. R. Bundesrepublik: Neuordnung der Laienpredigt. *Herder Korrespondenz*, 4, p. 164-165, 1988.

É verdade que Jesus dialogava: com Nicodemos, com a samaritana, com Zaqueu, com seus discípulos na última ceia. Não eram momentos cultuais. Também agora muitos cristãos sentem necessidade de uma comunicação espiritual, que pode ser muito útil para seu crescimento na fé. Por isso, além da homilia, existem o encontro pessoal, a catequese, a direção espiritual, a revisão de vida ou os grupos de estudo.

Há outras passagens que se costumam aduzir do Novo Testamento a favor do diálogo. Paulo diz aos colossenses: "A Palavra de Cristo habite em vós ricamente: com toda sabedoria ensinai e admoestai-vos uns aos outros" (Cl 3,16). Aos coríntios fala de como têm que "orar ou profetizar" os homens e as mulheres (cf. 1Cor 11,4-5). Na reunião de Trôade, diante dos membros mais ativos das várias comunidades vizinhas, estende-se a conversa de Paulo até o amanhecer (At 20,7.11), ainda que não pareça que seja uma homilia no sentido estrito da palavra, mas uma conversação com as últimas recomendações para os responsáveis de várias comunidades, antes de partir. Nenhuma destas passagens, assim como outras que se aduzem dos primeiros séculos da história da Igreja, parecem argumentos a favor de uma intervenção indiscriminada de todos na homilia, mas, sim, em outros momentos da vida eclesial.[12]

No *Diretório para Missas com Crianças* se permite, sim, um diálogo com elas: "Em todas as missas com crianças deve-se dar grande importância à homilia, pela qual se explica a Palavra de Deus. A homilia destinada

---

[12] Há autores que, a partir de vários ambientes e contextos diferentes, mostram-se favoráveis a essas homilias "dialogadas": Martínez, P. A propósito de la homilía dialogada. *Pastoral Misionera*, 1, p. 41-69, 1970; Calvo, F. J. *Homilética*, op. cit., p. 184s.; Torre, L. della. La circolazione della Parola. *Riv Lit*, 2, p. 195-216, 1987; Maldonado, L. *El menester de la predicación*, 1972; Orlandoni, G. *L'omelia, monologo o dialogo?* Milano: Paoline, 1977, 133 p. Às vezes, estes autores argumentam com base numa interpretação que pode parecer superficial em relação aos dados bíblicos e históricos, ou aplicando chaves sociológicas, não tão teológicas.

às crianças pode realizar-se, algumas vezes, em forma de diálogo com elas, a não ser que se prefira que escutem em silêncio" (DMC 48).

Citando precisamente esta norma do Diretório para Missas com Crianças, a *Instrução de 1997* sobre a colaboração dos leigos no ministério dos sacerdotes afirma: "A possibilidade do diálogo na homilia (DMC 48) pode ser, às vezes, prudentemente usada pelo ministro celebrante como meio expositivo com o qual não se delega aos outros o dever da pregação" (n. 3).

Na Instrução para as celebrações de grupos particulares, *Actio pastoralis* (1969), diz-se expressamente: "Os fiéis se absterão de intervir dentro da celebração com reflexões, exortações ou coisas análogas" (n. 6). E em outra Instrução, *Liturgicae Instaurationes*, de 1970, insiste-se: "Os fiéis devem abster-se de comunicações, diálogos e coisas semelhantes" (n. 2).

Canais para a pregação dos fiéis

Os leigos, na pregação da Palavra em geral e na evangelização dos povos, desempenharam um papel muito importante em toda a história, começando por aqueles colaboradores das primeiras comunidades que nomeia, por exemplo, São Paulo. É magnífica a intervenção que têm tido os fiéis leigos, pais e mães de família, catequistas, missionários, cooperadores, na evangelização e na catequese de todas as regiões do mundo.

A homilia não é a única forma de pregação na vida eclesial. Também agora, à parte da homilia, que podem realizar em casos excepcionais, e com "missão canônica", há várias outras maneiras em que os leigos podem intervir eficazmente na difusão e no comentário da Palavra: catequese, evangelização, educação cristã, testemunho em meios de comunicação...

No Decreto sobre o Apostolado dos Leigos, o Concílio contempla que os pastores podem encomendar aos leigos, oficialmente, certos ministérios no âmbito da Palavra: "tarefas mais intimamente ligadas ao múnus pastoral, como exemplo, no ensino da doutrina cristã, em alguns atos litúrgicos e na cura de almas" (AA 24; cf. LG 35, que descreve bem este apostolado dos leigos, sobretudo dos esposos cristãos).

Na mesma celebração, à parte de que a própria escuta e a acolhida celebradora da Palavra já são uma atitude "dialogante" e nada passiva de todos os presentes, alguns fiéis podem intervir no conjunto da celebração com as admoestações antes das leituras, o ministério da leitura, a direção de cantos, o enunciado de intenções etc. O ministro, como dizíamos, pode também estabelecer um contato dialogante com os fiéis, sobretudo nas celebrações com crianças ou jovens, o que não significa certamente um "microfone aberto" para todos que queiram intervir.

Também cabe a *preparação da homilia em grupo*: os leigos – casados, religiosos, profissionais, jovens – podem contribuir oportunamente com sua visão de como a leitura afeta a nossa história de hoje e da linguagem com que se deveria realizar a homilia. O pregador fará muito bem em escutá-los e, em todo seu ministério, manter-se em diálogo com eles. Em algumas comunidades, realiza-se também um colóquio sobre a Palavra no final da missa, com os que quiserem.

Muitos fiéis, religiosos ou leigos, saem enriquecidos também em outras celebrações de comunicação de fé, à luz da Palavra, fora da própria celebração litúrgica, em grupos de fé ou de revisão de vida ou de estudo da Bíblia.

Quando um leigo modera a celebração

Se aquele que "modera" a celebração é leigo, os vários documentos querem que se veja uma significativa distinção entre estas celebrações e as presididas por ministros ordenados, por exemplo, em sua maneira de atuar, nas saudações, no lugar do qual presidem e pregam, nas vestimentas etc.

A instrução *Inter Oecumenici*, de 1964, diz: "Se é diácono o que preside, pronunciará a homilia e, se não é, lerá a homilia que lhe tenha indicado o Bispo ou o pároco" (n. 37).

O Diretório para as Assembleias Dominicais na Ausência de Presbítero, "moderadas" por leigos com a oportuna "missão canônica", diz, ao falar da homilia:

> Para que os participantes possam assimilar a Palavra de Deus, haja ou uma certa explicação das leituras, ou um silêncio sagrado para meditar no que se ouviu. Como a homilia é reservada ao sacerdote ou ao diácono (cf. CDC 766-767), é para desejar que o pároco entregue a homilia por ele antecipadamente preparada ao moderador do grupo, para que a leia. Observe-se, porém, aquilo que a Conferência Episcopal tiver estabelecido sobre o assunto (ADAP 43).

À Conferência Episcopal Alemã, nos documentos antes citados, concedeu-se no princípio poder de dar a permissão da pregação por parte de um leigo em circunstâncias extraordinárias, mas não no lugar da homilia, e sim no começo da missa, a modo de "statio", ou no final da celebração. Não se vê bem por que se pode conceder esta pregação no início da celebração e não no lugar próprio depois da Palavra. Supõe-se que tal intervenção seja algo mais do que uma monição de entrada, porque para isso não faz falta uma "missão" tão solene.

A finalidade destas distinções é evitar a confusão que os fiéis podem ter entre a Eucaristia completa, presidida por um sacerdote, e a celebração da Palavra dirigida por um religioso ou um leigo. Quando se diz que os leigos não "presidem", mas "dirigem", "guiam" ou "moderam" uma celebração, seguramente se quer sublinhar que, apesar de ter o sacerdócio batismal, falta-lhes a "sacramentalidade" específica de sinais de Cristo pastor, presidente e cabeça da comunidade, para poder "presidir" em seu nome. Do mesmo modo, nestes casos se costuma falar de "explicação da Palavra", e não tanto de "homilia".

Talvez este tema da pregação dos leigos, inclusive dentro da celebração litúrgica, não se possa considerar "fechado" plenamente na reflexão atual, teológica e pastoral da Igreja, apesar da normativa oficial que resumimos. Seria interessante seguir estudando, à luz da teologia eclesial e da história, a possibilidade da pregação mais aberta por parte de leigos preparados e providos de missão.[13]

---

[13] A. JOIN-LAMBERT. Du sermon à l'homélie. Nouvelles questions théologiques et pastorales. *Nouv Rev Théol* 1 (2004) 68-85.

Capítulo 9
O conteúdo bíblico da homilia

A homilia não é independente, mas está a serviço da Palavra que se acaba de proclamar. É o exercício da *diakonía tou logou*, o serviço da Palavra de que fala At 6. Não é um corpo estranho ou isolado, mas um comentário fraterno que quer ajudar a que esta Palavra toque profundamente a vida da comunidade.

A homilia, como lembramos no capítulo 5, "a homilia obediente à Palavra" – citando também as diretrizes do documento episcopal: PPP 12.14.20 c 21 –, entra na dinâmica interior da celebração da Palavra. Seu ponto de referência e seu conteúdo básico resumem-se no que disseram as leituras bíblicas do dia, que ajudam a que sejam compreendidos e acolhidos por todos.

Justino, como vimos na seção histórica, definia assim a identidade da homilia: "quando o leitor acabou, o que preside exorta e incita oralmente à imitação destas coisas excelsas".

É o que havia feito Jesus em sua primeira homilia na sinagoga de seu povoado, Nazaré, depois de ter proclamado a página de Isaías:

"Hoje se cumpriu aos vossos ouvidos essa passagem da Escritura". Ou quando explicou aos dois discípulos de Emaús as Escrituras, começando por Moisés e os profetas.

Na homilia, não partimos do que nós pensamos, ou de como está o mundo, mas do que nos disse Deus, da História da Salvação, da Boa--Nova centrada em Cristo e sua Páscoa, tal como a apresentam para nós as leituras bíblicas. Uma Boa-Nova que, isso sim, afeta nossa história hoje e aqui.

Como diz a introdução ao Missal: "Embora a Palavra divina se dirija a todos os homens em todos os tempos e esteja ao alcance de seu entendimento, uma melhor inteligência e eficácia são favorecidas com uma explicação viva, ou seja, com a homilia, que faz parte da ação litúrgica" (IGMR 29).

Os documentos eclesiais insistem neste aspecto da Palavra como ponto de referência. Podemos notar uma evolução cronológica neles. Os primeiros acrescentavam que também podem ser comentados outros textos da liturgia. Os últimos insistem, sobretudo, nas leituras bíblicas, embora em IGMR 65 se admita que a homilia comente também outros textos do Ordinário ou do próprio da missa do dia:

> No *Código de Direito* do ano de 1917, 1344s., dizia-se que o sacerdote explique o "Evangelho ou alguma parte da doutrina cristã", ou seja, não necessariamente uma parte litúrgica.
>
> "É muito grande a importância da Sagrada Escritura na celebração litúrgica. Dela se extraem os textos para a leitura e explicação na homilia [...]" (SC 24).
>
> "Deve a pregação, em primeiro lugar, haurir seus temas da Sagrada Escritura e da liturgia, sendo como que o anúncio das maravilhas divinas na história da salvação, isto é, no mistério de Cristo, que está sempre presente em nós e opera, sobretudo nas celebrações litúrgicas" (SC 35, ano de 1963).

O CONTEÚDO BÍBLICO DA HOMILIA

"Por homilia inspirada nos textos sagrados se entende uma explicação de algum aspecto das leituras bíblicas ou de outro texto ordinário ou do próprio da missa do dia, tendo em conta o mistério que se celebra e as necessidades particulares dos ouvintes" (Instrução *Inter Oecumenici*, de 1964, n. 54).

"Na celebração da missa, a homilia visa a que a Palavra de Deus proclamada, junto com a liturgia eucarística, seja como uma proclamação das maravilhas de Deus na história da salvação e do mistério de Cristo" (OLM 24, ano de 1981).

"[...] depois da homilia, que exorta a acolher esta palavra como o que ela é em verdade, Palavra de Deus, e a pô-la em prática [...]" (CCE 1349, ano de 1992).

"Nas leituras depois explicadas pela homilia" (IGMR 55), "considerar a capacidade dos fiéis de escutar com fruto uma leitura mais longa ou mais breve e também sua capacidade de escutar um texto mais completo que deverá ser explicado por meio da homilia" (IGMR 360), "as leituras que são proclamadas e que são explicadas na homilia" (IGMR 391).

"Tentações" contra a primazia da Palavra

Todos estamos convencidos da primazia da Palavra de Deus em nossa celebração cristã. Mas esta convicção nem sempre se traduz no respeito que deveríamos ter para com ela. A experiência nos diz que existem várias "tentações" que afetam essa centralidade da Palavra de Deus em nossa celebração.

Trocar as leituras bíblicas por outras não bíblicas

A importância da Palavra, na primeira parte da celebração de todos os sacramentos, tem uma primeira consequência: não se podem substituir as leituras bíblicas por outros escritos, por mais piedosos que sejam. É uma "tentação" que, às vezes, acontece na celebração de casamentos e exéquias, sobretudo, ou em algumas comunidades religiosas que querem introduzir na liturgia da Palavra alguma passagem de suas Regras ou Constituições.

A Instrução *Liturgicae Instaurationes* (1970) já dizia que "nunca se admite substituir a Palavra com outras leituras de escritores sagrados ou profanos, nem antigos nem modernos" (n. 2).

E o foram recordando outros livros litúrgicos e documentos magisteriais:

> Não é lícito substituir as leituras e o salmo responsorial, que contêm a Palavra de Deus, por outros textos não bíblicos (IGMR 57).
>
> Não é permitido que, na celebração da missa, as leituras bíblicas, junto com os cânticos tomados da Sagrada Escritura, sejam suprimidas, diminuídas nem, o que seria mais grave, substituídas por outras leituras não bíblicas. Com efeito, a partir da Palavra de Deus escrita, Deus ainda fala a seu povo, e com o uso continuado da Sagrada Escritura o povo de Deus, tornado dócil ao Espírito Santo pela luz da fé, poderá dar, com sua vida e seus costumes, testemunho de Cristo diante do mundo (OLM 12).
>
> Já que a liturgia está inteiramente impregnada pela Palavra de Deus, convém que qualquer outra palavra esteja em harmonia com ela, principalmente a homilia, mas também os cantos e as admoestações. Nenhuma outra leitura poderá ocupar o lugar que cabe à leitura bíblica. As palavras dos homens deverão estar a serviço da Palavra de Deus, sem obscurecê-la (João Paulo II, Carta *Vicesimus Quintus annus*, no XXV aniversário da SC, 1988, n. 10. In: *Cuadernos Phase*, 30, Barcelona: CPL, 1991, p. 63-80).
>
> Convém recordar que, no conjunto dos textos das leituras da missa, pode entrar só a Palavra de Deus. A leitura da Escritura não pode ser substituída pela leitura de outros textos, ainda que tenham indubitáveis valores religiosos e morais. Tais textos, por sua vez, poderão ser utilizados, com grande proveito, nas homilias. Efetivamente, a homilia é especialmente idônea para a utilização destes textos, contanto que respondam às requeridas condições de conteúdo, pois é próprio da homilia, entre outras coisas, demonstrar a convergência entre a sabedoria

divina revelada e o nobre pensamento humano, que, por distintos caminhos, busca a verdade (João Paulo II, *Dominicae cenae*, carta de 1989, n. 10).

Jamais podem ser substituídas as leituras bíblicas por outras não bíblicas, pois somente a Palavra de Deus tem força para salvar (PPP 7).

É verdade que há testemunhos, nos primeiros séculos, de certa oscilação quanto à leitura de textos não bíblicos. Em algumas Igrejas da África, Milão, Espanha ou Gália, às vezes liam atas de mártires no dia de seu aniversário, ou cartas de bispos famosos (Clemente de Roma), ou algumas obras que eram tidas por inspiradas (Pastor de Hermas).

Mas Roma sempre ofereceu resistência a estas leituras. Concílios e sínodos as proíbem explicitamente, como o de Laodiceia em 372 e o de Hipona, em 393. Em Roma, somente se admitem leituras não bíblicas nas Matinas, ou seja, no Ofício de Leituras...

O que há, sim, é flexibilidade: é possível trocar algumas leituras bíblicas por outras, por exemplo no caso de peregrinações, ou da celebração dos sacramentos, em que se pode incluir alguma leitura (bíblica) referente ao Batismo, ou ao Matrimônio, ou às Exéquias.

As leituras não bíblicas podem ser oportunas e úteis em outros ambientes: nas reuniões de revisão de vida, em celebrações da Palavra não sacramentais, em alguns momentos mais prolongados de culto eucarístico...

Comentar a "pastoral" do Bispo em lugar das leituras bíblicas

Quis-se substituir, às vezes, a homilia por outras formas de pregação que podem ser muito boas, mas não são a homilia, por exemplo, as "pastorais" do Bispo, sobretudo se se referem a temas candentes na vida social ou eclesial.

Um Bispo não tem só o direito mas também o dever de fazer ouvir sua voz sobre temas importantes de grande atualidade. Mas precisa buscar um canal apropriado para fazer ouvir essa voz, sem romper a dinâmica que, dentro da celebração, sobretudo eucarística, existe entre a Palavra ("esta" Palavra) e o sacramento. Incluir, como um apoio, a pastoral do Bispo, sem nenhuma relação com as leituras do dia, seria "instrumentalizar" a celebração para aquilo que não está previsto, embora o texto alternativo seja muito piedoso.

Esses canais podem ser, como já ocorre em muitas dioceses, as "glosas" ou "cartas" do Bispo que os meios de comunicação propagam, sobretudo no rádio, pronunciadas às vezes pelo próprio Bispo.

Dentro da celebração, pode-se aludir a estas pastorais ou resumi-las brevemente, por exemplo, no princípio ou no final da celebração, ou dentro da homilia, se há coerência entre as leituras e seu conteúdo. Às vezes, basta apresentar o documento e depois fazê-lo chegar aos fiéis em algumas páginas oportunas.

Elogios ao defunto ou ao homenageado

O mesmo se deveria dizer do que acontece quando, em vez da homilia, se convida a que um missionário vindo de terras distantes explique seus trabalhos e motive uma coleta mais generosa para sua obra.

Ou quando, em um enterro, se dedica este tempo a um "elogio fúnebre" à vida e aos milagres do defunto. Ou nas missas da "festa da gratidão" para um superior ou superiora, nas quais teria que nomear mais vezes Deus e seu projeto de vida do que o superior. Ou o louvor ao missa-cantante: antes se dizia que um orador sagrado "cantava os louvores do sacerdócio católico".

Em todos os casos, é preciso partir da Palavra de Deus. Embora, naturalmente, seu comentário admita e exija, para sua tradução ao momento concreto da vida, a referência ao acontecimento que estamos celebrando.

As "jornadas" por intenções eclesiais

Em nosso calendário, há numerosas "jornadas", dias com uma "intenção" determinada: os emigrantes, as missões, as monjas de vida contemplativa, o clero indígena, a unidade dos cristãos, os enfermos.[1]

Também nestas ocasiões segue sendo válido o dinamismo lógico: são as leituras bíblicas as que dão seu conteúdo à homilia.

O que se pode fazer nestas jornadas, que afetam aspectos importantes da vida eclesial, é tê-las em conta na monição e no canto de entrada, na Oração Universal, na motivação da coleta no ofertório, se existir. Também cabe alguma alusão na homilia, se for possível fazê-lo sem artificialidade a partir das leituras.

Em alguns casos, sobretudo no Tempo Ordinário, cabe manter as leituras bíblicas do dia e seu comentário, e escolher as orações da missa correspondente a esta intenção, como as missões, ou a paz no mundo, ou as vocações religiosas.

Avisos paroquiais em tempo de homilia

É lógico que, na celebração dominical, se queira dar alguns "avisos" à comunidade sobre aspectos que têm importância na vida paroquial.

Mas esses avisos não têm lugar na homilia, porém no final da missa: "Dita a oração depois da comunhão, fazem-se, se é necessário e com brevidade, os anúncios ou advertências oportunos ao povo" (IGMR 166.90.184). Na introdução ao Lecionário, diz-se expressamente:

---

[1] Cf. López, J. Giornate "a tema" in domenica. In: *DizOm*, p. 633-636.

"Devem-se separar da homilia as breves advertências que, se for o caso, tenham de ser feitas ao povo, já que estas têm seu lugar próprio após o término da oração depois da comunhão" (OLM 27).

É suficiente que muitos desses "avisos" apareçam no mural à entrada da igreja, reservando dois ou três mais importantes para o final da celebração.

A vida do santo na homilia

Um costume que parece piedoso, mas que empobrece a celebração da Palavra de Deus, é dedicar o espaço da homilia para comentar a vida de um santo ou santa. É claro que, às vezes, é mais fácil falar da vida do santo e pode ser mais agradável às pessoas do que a carta aos Romanos.

É o que costuma acontecer quando se quer organizar um tríduo ou uma novena em honra da Virgem ou de um santo. Mas, nesse momento da missa, estamos celebrando a Palavra que Deus nos dirige.

Nas memórias ou festas de santos, pode-se dedicar à sua apresentação uma breve monição de entrada. Se o dia tem leituras próprias, porque é "festa", ou "solenidade", ou "memória" especial com leituras do NT que aludem a esse santo ou santa, então, sim, é possível comentar mais sobre ele na homilia; porém, como diz São Francisco de Sales, "sim, mas enquanto forem o Evangelho posto em obra", ou seja, sempre referidos à Palavra de Deus que se cumpriu neles de modo exemplar.[2]

---

[2] São Francisco de Sales. Carta de 5 de outubro de 1604 a Mons. A. Frémyot (irmão de Santa Joana F. Frémyot de Chantal). In: *Oeuvres de St. François de Sales*. Annecy, 1902, v. 12, p. 306.

Substituir a homilia por uma catequese sistemática

A partir do Concílio de Trento, no século XVI, mas sobretudo ao longo do século XX, houve uma tendência muito disseminada, sobretudo em países da Europa central, de tornar a homilia uma "catequese continuada", seguindo como ponto de referência não tanto as leituras bíblicas do dia, mas, por exemplo, os dez mandamentos, ou os artigos do Credo, ou depois o Catecismo de 1992.

Mas isso é confundir a homilia com a instrução catequética. É verdade que faz muita falta essa formação religiosa, mas ela deve ter outros canais, sobretudo a catequese em seus vários ambientes.

A homilia não é uma "aula", nem um discurso "temático", nem uma "catequese" sistemática. Embora, em última análise, se possa dizer que a melhor catequese que recebe o povo cristão é a litúrgica, não tanto porque é sistemática em nosso sentido de hoje, mas porque segue ao longo do ano a História da Salvação tal como o Lecionário a apresenta a nós. O cristianismo não é tanto dogma (verdades a crer), nem moral (deveres a cumprir), mas história, história de salvação que Deus nos vai propondo nos livros bíblicos.

No princípio, parecia que não se descartava o costume dessa organização mais temática das homilias de um tempo: "Se se propõem esquemas de pregação para a missa em alguns períodos do ano, devem guardar uma íntima e harmônica relação pelo menos com os principais tempos do ano litúrgico, ou seja, com o mistério da redenção, porque a homilia é parte da liturgia do dia" (Instrução *Inter Oecumenici*, 1964). Mas depois se abandonou essa linha.[3]

---

[3] É estranho que no "Instrumentum Laboris", publicado (em 2005) com vistas ao Sínodo dos Bispos, se fale da "homilia temática" em termos que parecem ambíguos: "Tendo bem presente as passagens das Sagradas Escrituras, seria necessário pensar em *homilias temáticas* [grifo no original] que, durante o transcurso de um ano litúrgico, possam apresentar os grandes temas da fé cristã: o Credo,

Outras fontes como ponto de partida

Não é fidelidade à Palavra proclamada o fato de o pregador partir, para sua reflexão, não das leituras, nem dos textos da liturgia, mas de outro livro ou de outro acontecimento mais ou menos pertinente. A Palavra de Deus tem em si força e pedagogia suficientes para alimentar a fé dos fiéis.

É claro que se pode aludir também a outras fontes. É o que se perguntava São Francisco de Sales na mencionada carta: o que dizer das "histórias profanas"? E responde com certo humor que também podem ser boas essas "histórias", "mas há que servir-se delas como se faz com os cogumelos, em pequena quantidade, só para abrir o apetite", de modo que sirvam para entender melhor a Palavra de hoje.[4] É a Palavra de Deus que salva, que alimenta, que ilumina o caminho dos fiéis.

> Todos conhecemos exemplos de falta de oportunidade ao aplicar as leituras à vida.
>
> Um leitor de "Missa Dominical" contava faz anos (1990) que, na Sexta-Feira Santa, em uma pequena aldeia da montanha onde tinha ido passar alguns dias com sua família, o sacerdote dedicou quase toda sua homilia à LOGSE, o projeto que, naquele momento, era preparado como lei de ensino na Espanha, comparando os governantes a Pilatos e aos demais que condenaram Jesus...
>
> Em uma revista anglicana de alguns anos atrás (1987), um fiel se queixava de que um capelão, também na Sexta-Feira Santa, só pregou sobre algumas das sete palavras de Jesus, "hoje estarás comigo no paraíso", e dedicou sua homilia a justificar a legitimidade da pena de morte para crimes grandes, "como seguramente seriam os daquele ladrão"...

---

o Pai-Nosso, a estrutura da Santa Missa, os Dez Mandamentos e outros" (n. 47). Esta sugestão foi assumida quase ao pé da letra nas *Proposições* do Sínodo (n. 19).

[4] São Francisco de Sales, op. cit., p. 306.

Os vários Lecionários

Um dos melhores valores da reforma litúrgica do Vaticano II foi o novo sistema de leituras na Eucaristia, contidas nos vários Lecionários.[5]

Percurso histórico

Já o culto da sinagoga judaica, que consistia exclusivamente na celebração da Palavra (a liturgia sacrificial ficava para o Templo), tinha uma organização das leituras, segundo os meses do ano.

> Na sinagoga, a celebração do sábado costumava ser:
>
> a) louvor: "Shema Israel", bênçãos, salmos, cânticos, acabando com o "Hallel" e as bênçãos do "Shemoneh Esreh";
>
> b) leituras, que são duas: a Lei (Torá), sobretudo o Pentateuco, a leitura principal, continuada ao longo do ano, seguindo uma série organizada de 54 passagens: segue-a uma homilia que deve ser feita por um doutor da Lei; e o Profeta, que não é uma leitura continuada, mas seguindo os temas aparecidos na leitura anterior; a homilia que a segue pode fazê-la um leigo, contanto que tenha ao menos 30 anos e o tenha encarregado o chefe da sinagoga, como foi o caso de Jesus em Nazaré ou de Paulo em várias de suas viagens;
>
> c) oração intercessora final.

---

[5] Sobre os novos Lecionários em geral, cf. *A mesa da Palavra: elenco das leituras da Missa* – Texto e comentário. São Paulo, Paulinas, 2007. Este é o documento oficial onde melhor se motivam, descrevem e avaliam estes Lecionários. Cf., além disso, VV.AA. Le nouveau lectionnaire. *LMD*, 99, p. 7-123, 1969; Farnés, P. El nuevo Leccionario: significado y contenido. *Phase*, 56, p. 159-176, 1970; Abad, J. A. Justificación histórica del nuevo leccionario "per Nahum". *Teol Espir*, p. 67-84, 1970; Bernal, J. M. La lectura litúrgica de la Biblia. *Phase*, 91, p. 25-40, 1976; Venturi, G. F. Il Lezionario, catechesi narrativa della Chiesa. *Riv Lit*, 1, p. 52-79, 1984; Giglioni, P. La omelia nella prassi liturgica. *Riv Lit*, 1, p. 33-51, 1984; Federici, T. Estructura de la liturgia de la Palabra en los leccionarios antiguos y en el *Ordo Lectionum Miase. Phase*, 151, p. 55-81, 1986 (também em *Cuadernos Phase*, 105, p. 49-78, 2000); Farnés, P. El nuevo Leccionario: significado y contenido. *Phase*, 56, p. 159-176, 1970; id. *Lectura de la Biblia en el Año Litúrgico*. Barcelona: CPL, 1991, 108 p. (Dossier CPL, 48); Tena, P. *El Leccionario de Lucas*: guía homilético para el ciclo C. Barcelona: CPL, 1991, 172 p. (Dossiers CPL, 50); Sorci, P. La Parola di Dio. *Ho Theologos*, 2, p. 191-221, 1992; Sancho, J. Programas continuados de predicación en el Leccionario. *Past Lit*, 226, p. 24-31, 1995; Soler, G. El Leccionario, mesa de la Palabra de Dios. *Past Lit*, 229-230, p. 31-55, 1995-1996; VV.AA. La Palabra de Dios en la celebración litúrgica. *Past Lit*, 229-230, p. 1-171, 1996; Sorci, P. Lezionario per l'Eucaristia. In: *DizOm*, p. 790-795; VV.AA. Leggere la Parola nella liturgia. *Riv Lit*, 6, 2001.

Nos primeiros séculos cristãos, faziam-se as leituras diretamente da Bíblia, assinalando previamente à margem do códice o *incipit* e *explicit* da perícope escolhida. Mas logo se foi criando certa organização, com a ordenação de profetas, apóstolos e Evangelho.

Parece que o AT entrou nestas leituras desde o princípio, como já diz Justino no ano de 150. Porém, naturalmente, introduziu-se em seguida a leitura dos evangelhos e das cartas apostólicas. Esta práxis não se organizou por igual em todas as Igrejas. No tempo de Santo Ambrósio, no século IV, já se havia estabelecido como norma esta ordem: *"prius propheta legitur, et apostolus, et sic evangelium"*.

Quanto ao número de leituras, em geral se pode dizer que, nas Igrejas orientais, eram quatro ou mais (duas do AT e duas do NT). Nas liturgias ocidentais (Milão, África, Espanha, Gália) e talvez na romana, originariamente, três: uma do AT e duas do NT. Na romana, foi-se perdendo em muitos dias a do AT, ficando só duas (apóstolo e Evangelho), embora tenham ficado sinais das três leituras nos dias de "têmporas".

A partir do século VI, que se caracterizou pela compilação de "coleções" – sacramentários, antifonários, homiliários –, encontramos já Lecionários formalmente organizados, diferentes nas diversas Igrejas. O Lecionário que tínhamos até pouco tempo atrás vinha do século VIII, na época de Carlos Magno.

A reforma do Lecionário no Vaticano II

Os Lecionários atuais são fruto de um sério estudo que tem seu fundamento em duas passagens do Concílio Vaticano II:

> SC 35: Nas celebrações litúrgicas seja mais abundante, variada e bem adaptada à leitura da Sagrada Escritura.

SC 51: Para que a mesa da Palavra de Deus seja preparada com a maior abundância para os fiéis, abram-se largamente os tesouros da Bíblia, de modo que, dentro de certo número de anos, sejam lidas ao povo as partes mais importantes da Sagrada Escritura.

Realmente era pobre o Lecionário antigo: sem quase passagens do AT, sem variedade (cada ano as mesmas leituras), sem espaço tampouco para vários livros do NT.

O novo Lecionário, que apareceu em 1969, foi preparado no "Coetus XI" do *Consilium*, que trabalhou a partir de 1964. Este grupo de trabalho era formado por muitos especialistas, biblistas, liturgistas, pastores, que realizaram um estudo sério e exaustivo dos Lecionários históricos de todas as Igrejas, também os orientais e os protestantes.

O novo Lecionário teve um período de experimentação a partir de 1967 e finalmente, em 1969, foi promulgado como o novo *Ordo Lectionum Missae* (OLM), que entrou em vigor no Advento desse ano. Em 1981, publicou-se sua 2ª edição típica, com uma melhora notável de seus "Prenotandos".

O atual Lecionário consta de diversos livros:

a) o dominical, com três ciclos: A (com o Evangelho de Mateus), B (com o de Marcos) e C (com o de Lucas). O de João se lê praticamente cada ano, porque tem lugar privilegiado no Natal, Quaresma e Páscoa. Além disso, o capítulo 6 de João ocupa cinco domingos do ciclo B;

b) o ferial, que consta de dois ciclos: I e II, para os anos ímpares e pares, respectivamente, embora o Evangelho se repita cada ano;

c) o de Santos, com leituras tanto para os dias próprios como para os "comuns" de Santos;

d) o dos Rituais dos diversos sacramentos;

e) e o de celebrações para várias necessidades e missas votivas.

Verdadeiramente é rico o conteúdo dos atuais Lecionários. Sua seleção dos livros e das passagens bíblicas foi muito pensada e se pode dizer que foi equilibrada e bem-aceita, não só pelos católicos, mas por cristãos de outras confissões.

> O Lecionário é o modo normal e habitual que tem a Igreja de ler eclesial e comunitariamente a Palavra de Deus do livro das Escrituras... A leitura da Sagrada Escritura na liturgia é a leitura mais completa e globalizada, é uma leitura teológica e espiritual ao mesmo tempo. Sob a orientação do Espírito Santo, cada Igreja confeccionou não um, mas vários Lecionários, segundo as épocas, em um afã admirável de se aprofundar no conhecimento do mistério de Cristo. Em nosso tempo, a Igreja Católica do Rito Romano, seguindo os mandatos do Vaticano II, que dispôs se abrissem com maior amplidão os tesouros da Bíblia (SC 51), pôs em nossas mãos o mais completo Lecionário, se possível, da história (PPP 9).
>
> A leitura do Lecionário vai transcorrendo, por tempos ou ciclos, de forma que, no curso do ano, a Igreja celebra com sagrada recordação, em dias determinados, a obra de seu divino Esposo (SC 102) (PPP 13).
>
> A homilia, fiel ao Lecionário, expõe e aclara os conteúdos evangélicos e bíblicos das leituras para celebrar o mistério de Cristo e a obra da salvação. Domingo após domingo, ciclo após ciclo, a homilia inicia-se espiritualmente na compreensão e na vivência dos diferentes momentos da vida de Cristo Redentor e em sua obra salvadora [...] (PPP 14).

Perguntas sobre o Lecionário

A introdução ao novo Lecionário, de 1981 (OLM), explica muito bem sua finalidade e descreve suas características e os critérios de sua confecção atual. Mas podemos lembrar algumas perguntas que se costumam fazer, às vezes, a respeito.

Faz falta um Lecionário?

Não seria suficiente recorrer diretamente à Bíblia, que parece um método mais criativo, livre e mais bem adaptado às circunstâncias que se vive?

A sugestão parece, em um primeiro momento, louvável e, além disso, corresponde a como se organizavam as leituras nos primeiros séculos, antes da confecção dos Lecionários.

Mas há claros inconvenientes, a longo prazo: esta adaptação que se pretende, a quem se refere? Segundo que critérios se faz? Do sacerdote? De um grupo? Se a Igreja abandonou esse sistema de seleção das leituras foi porque viu certo perigo de "instrumentalizar a Palavra" e de subjetivismo, porque havia o risco de que se escolhessem alguns temas candentes, baseados mais em nossos questionamentos históricos do que naquilo que nos diz a Palavra de Deus.

Um Lecionário como o que agora a Igreja adotou, embora sempre seja melhorável, evita o subjetivismo. Oferece-nos a leitura razoável de toda a Bíblia, não somente das passagens de que nós ou os fiéis gostamos, ou que são fáceis de explicar. É um ato de fé na própria Palavra de Deus e de fidelidade à História da Salvação tal como nos foi revelada. Distribui-nos, com uma pedagogia de séculos, a leitura bíblica ao longo dos tempos e festas do Ano Litúrgico.

Todavia, com uma margem de flexibilidade, como faz ver o próprio Lecionário.

Leitura "temática" ou "continuada"?

Às vezes, levanta-se a pergunta se não seria melhor seguir uma seleção "temática" das leituras, em vez da leitura "contínua" ou "semi-contínua" dos livros bíblicos.

A leitura temática tem uma vantagem: facilita a relação entre si das leituras escolhidas e também permite adaptar melhor a Palavra à vida e às circunstâncias históricas. Mas há o risco de escolhermos as passagens, a nosso gosto (neste caso, supomos que das autoridades pertinentes). Nós tomamos a iniciativa, e não Deus. Parece que se privilegiam nossos problemas ou questionamentos, e não a mensagem que Deus nos quer comunicar. Inclusive, haveria também o risco de "manipular" as leituras, ou de dispor da Palavra, em vez de nos colocarmos à disposição da Palavra.

Na leitura continuada, salva-se melhor a iniciativa de Deus e de sua pedagogia. Proclamamos a História da Salvação ao longo do ano tal como se desenvolveu e tal como a Palavra a propõe, em seu próprio contexto, não só a parte que já conhecemos ou que nos vem mais espontânea ou à vontade. Essa leitura assim organizada nos permite conhecer o que aconteceu na história de Israel, ou qual era a problemática da comunidade de Corinto na época de Paulo: e tudo isso como espelho em que faremos muito bem em nos olhar, porque sua mensagem é sempre atual.

Depois de muita reflexão, na última reforma se optou por uma solução mista:

- nos dias de festa, optou-se por uma harmonização temática: no dia de Pentecostes, as três leituras falam do Espírito, e, na festividade dos santos Pedro e Paulo, dos dois apóstolos;

- nos domingos, a organização de alguma maneira é também temática: embora o Evangelho seja continuado, a primeira leitura, a do AT, escolhe-se coordenando sua mensagem com o Evangelho do dia; porém, a segunda leitura vai por sua conta, seguindo de modo semicontínuo um livro do Novo Testamento;

- nos dias feriais, temos uma leitura continuada ou semicontinuada nas duas leituras, exceto em alguns tempos fortes, como no Advento e na Quaresma, em que acontece, às vezes, uma harmonização das duas.

A introdução ao Lecionário explica como, em algumas ocasiões, se buscou uma proclamação "temática" ou "harmonizada" entre as leituras, mas diz também por que não pareceu fazê-lo bem, por exemplo, nos domingos do Tempo Ordinário:

> A composição harmonizada foi escolhida, por exemplo, nas férias dos tempos de Advento e de Quaresma.
>
> Pelo contrário, nos domingos do Tempo Ordinário, os textos da leitura apostólica e do Evangelho se distribuem segundo a ordem da leitura semicontínua, enquanto a leitura do Antigo Testamento é combinada harmonicamente com o Evangelho (OLM 67).
>
> Não pareceu oportuno aplicar também aos domingos o que era conveniente para aqueles tempos citados anteriormente, de modo que houvesse neles certa unidade temática que tornasse mais fácil a instrução homilética. O conceito genuíno da ação litúrgica está, com efeito, em contradição com tal composição temática, já que essa ação litúrgica é sempre celebração do mistério de Cristo e, por tradição própria, usa a Palavra de Deus movida não só por inquietações de ordem racional ou externa, mas pela preocupação de anunciar o Evangelho e de levar os crentes para a verdade plena. (OLM 68).

A leitura do Lecionário não é uma leitura totalmente desorganizada da Bíblia. Não é tão sistemática como pode ser na catequese, mas também nos apresenta uma visão bem organizada ao longo do Ano Litúrgico. A finalidade é que os fiéis passem a ter uma visão do conjunto de um evangelista, ou dos livros históricos do AT, ou da série de parábolas de Jesus, ou do sermão da montanha, ou, se se trata de leitura continuada ferial, uma ideia do que disse Jeremias em seu tempo ou Paulo aos Gálatas.

E sobre outros textos da missa?

A homilia, embora centrada fundamentalmente nas leituras, pode referir-se também, se for o caso, a outros textos da liturgia do dia, sobretudo ao salmo responsorial (que prolonga o espírito e a mensagem da leitura anterior), e também às orações do dia, sobretudo ao prefácio, se for próprio.

Na história, vemos como Santo Agostinho, às vezes, pregou sobre o *aleluya*, e frequentemente sobre o salmo responsorial.

Embora normalmente se afirme que a homilia comenta as leituras bíblicas, admite-se também que possa aludir a outros textos litúrgicos: "Convém que seja uma explicação ou de algum aspecto particular das leituras da Sagrada Escritura, ou de outro texto do Ordinário, o do Próprio da Missa do dia" (IGMR 65).

Também o AT

Para alguns causa certa desconfiança a proclamação do Antigo Testamento, considerando-o pré-cristão e difícil de aplicar à nossa vida cristã. Para eles, o Novo Testamento supera e torna supérfluo o Antigo.[6]

No entanto, exceto na liturgia romana, que a descuidou durante alguns séculos, tinha-se conservado a leitura normal do AT nas demais famílias litúrgicas. Agora, também entre nós, uma das novidades mais significativas da nova liturgia pós-conciliar foi o lugar que se deu à proclamação do AT. Este é um passo adiante, não só quantitativo, mas qualitativo.

---

[6] Haag, H. El valor específico del Antiguo Testamento. *Sel Teol*, 80, p. 293-298, 1981 (publicado antes em *Theol Quart*, 160, p. 2-16, 1980); Puig, A. La relación teológica entre los dos Testamentos. *Phase*, 216, p. 291-300, 1996 (também em *Cuadernos Phase*, 105, p. 15-35); id. La importancia del Antiguo Testamento. *Phase*, 269, 2005; Vernet, J. M. Lectura cristiana del Antiguo Testamento. *Phase*, 214, p. 301-312, 1996 (e em *Cuadernos Phase*, 105, p. 37-48); Zan, R. de. Antico Testamento. In: *DizOm*, p. 73-81.

Até pouco tempo atrás, eram muito contadas as passagens dos livros proféticos, históricos e sapienciais que os fiéis escutavam. Agora, no ciclo ferial da Eucaristia (de dois anos) e no Lecionário do Ofício de Leituras, incluem-se longas seleções do AT na leitura semicontinuada. Também as primeiras leituras da Eucaristia dominical são tomadas do AT, exceto na Cinquentena Pascal. Neste caso, o AT "combina-se harmonicamente com o Evangelho" (OLM 67), enquanto, na leitura continuada das férias e no Ofício de Leituras, selecionam-se seus livros por si mesmos, para seguir com eles a dinâmica da História da Salvação.

O AT prepara o NT

O AT foi recuperado não só para sermos completos em nossa proclamação da Palavra, mas por motivos teológicos. O AT é a Palavra de Deus feita história, prepara a vinda de Cristo Jesus e nos faz entender a salvação como história, que é uma "terceira dimensão" importante para entender a Palavra de Deus.

O AT dá sentido ao NT: lendo o AT, entendemos o significado que tem para nós o êxodo, o conceito de sacrifício, o memorial...

Se não se conhece o AT, não se pode entender bem o NT: o *Magnificat* fala das promessas a Abraão, a Páscoa cristã supõe conhecer as categorias e valores espirituais da Páscoa judaica, a Nova Aliança realizada em Jesus se entende quando se sabe qual foi a primeira no Sinai. A entrega sacrificial de Cristo na cruz é figurada na tentativa do sacrifício de Isaque. Sua Eucaristia, no maná do deserto.

Tanto o AT como o NT estão centrados em Cristo: "O AT oferece ao Evangelho a profundidade histórica da promessa que avança para sua plena realização em Cristo; por isso, sua leitura é sempre anúncio, profecia e preparação do conteúdo evangélico" (PPP 22).

Todavia, a relação entre ambos os testamentos é, ao mesmo tempo, de continuidade e descontinuidade, porque, às vezes, aparece um claro contraste: "Se vos disse, mas eu vos digo..."; outras, diz-se no NT como agora se cumprem em plenitude as figuras proféticas (o primeiro Adão e o novo, Jonas como imagem do sepulcro de Cristo, Israel como predecessora da Igreja, a água do dilúvio como modelo do batismo cristão, Agar e Sara como figuras de Israel e da Igreja); outras vezes, o NT realiza um claro processo de interiorização e espiritualização das categorias do Antigo (o amor ao próximo, a lei do sábado, o culto em espírito e verdade).

No NT, continuamente se explicam os ditos e atos de Cristo, ou da comunidade, com a expressão: "Isso aconteceu para que se cumprisse o que tinha dito o profeta...". O AT é figura e preparação de Cristo. Cristo é a plenitude, o cumprimento das promessas, das imagens que palpitam nos livros do AT.

Sem o AT, não podemos entender bem a apresentação de Cristo como "cordeiro que tira o pecado do mundo", nem como "bom pastor", em contraposição aos maus pastores da história de Israel. Nem nos dirá grande coisa o anjo da anunciação quando assegura que o Messias se sentará no "trono de Davi", se não recorrermos à história e aos seus anúncios. Nem veremos em profundidade a "nova Páscoa" de Cristo, ou por que o cálice refere à "Nova Aliança", se não confrontamos tudo isso com a primeira Páscoa e a primeira Aliança da história do AT. O próprio Jesus nos indicou o modo de entendê-lo: "Vós perscrutais as Escrituras porque julgais ter nelas a vida eterna; ora, são elas que dão testemunho de mim" (Jo 5,39). Só assim compreenderemos por que Cristo se apresenta a si mesmo com categorias anunciadas pelos profetas: o Filho do homem (Daniel), o predileto do Pai (Isaías 42) ou o Servo de Javé (Isaías 53).

No episódio de Emaús, é o próprio Cristo quem ajuda os discípulos a entender o mistério da salvação recorrendo a Moisés, aos salmos e aos profetas. O AT aparece como anúncio e "modelo" do futuro, e o NT como "antimodelo", ou seja, como realização plena das figuras e modelos do Antigo, como faz o autor da 1ª carta de Pedro em sua catequese do Batismo.

Como disse Santo Agostinho, "O Novo Testamento já estava latente (*latet*) no Antigo, e o Antigo se fez patente (*patet*) no Novo" (citado por DV 16).

Valor do AT em si mesmo

Mas, além disso, o AT tem valor em si mesmo. Já é História de Salvação, já intervém Deus. Não só anuncia o futuro: já nos revela sua vontade.

O AT é um espelho em que também nós, os cristãos, podemos nos olhar; é o "livro de Deus e do homem", enquanto podemos dizer que o NT é "o livro de Cristo". Os dois nos revelam o único e progressivo plano salvador de Deus.

Muitos dos valores que aparecem no AT continuam sendo atuais: a presença do Deus Criador, sua chamada, sua atuação libertadora, seu amor, sua misericórdia, seu perdão, sua proximidade, sua exigência moral e social. Também no AT, e não só no Evangelho, Deus aparece como Pai ou Esposo de seu povo. Categorias como a comunidade, a Palavra, a Aliança, a oração de louvor, estão presentes no AT e seguem conservando seu valor.

O AT é a história de um povo que, às vezes, respondeu positivamente ao amor de Deus e outras, não. Ali notamos as fraquezas humanas, mas também a fé de Abraão e a difícil missão profética de Jeremias e de tantos outros crentes.

A história de Israel é nossa própria história. Como a pessoa adulta não pode prescindir de sua história passada (sua infância, sua adolescência, sua juventude), tampouco a Igreja, que chegou à plenitude em Cristo e desdobra agora sua maturidade, pode prescindir de sua etapa de preparação na vida de Isael. É a própria História de Salvação que continua, embora com a essencial evolução de ter chegado o tempo da plenitude com a vinda de Cristo.

Vale a pena lembrar a precisa valorização do AT que fez o Vaticano II, em seu documento sobre a Revelação:

> Deus, no seu grande amor, planejando e preparando com solicitude a salvação de todo o gênero humano, escolheu por especial providência um povo a quem confiar suas promessas. Tendo estabelecido a aliança com Abraão (cf. Gn 15,18) e com o povo de Israel por meio de Moisés (cf. Ex 24,8), de tal modo se revelou, com palavras e obras, a esse povo eleito, como único Deus verdadeiro e vivo, que Israel conheceu por experiência os caminhos a respeito dos seres humanos, os compreendeu cada vez mais profunda e claramente ouvindo o mesmo Deus falar por boca dos profetas, e os tornou cada vez mais conhecidos entre as nações [...]. A economia da salvação, predita, descrita e desenvolvida pelos autores sagrados, encontra-se nos livros do Antigo Testamento como verdadeira Palavra de Deus. Por isso, estes livros divinamente inspirados conservam valor perene [...] (DV 14).

> Os livros do Antigo Testamento, segundo a condição do gênero humano antes da era da salvação operada por Cristo, manifestam a todos o conhecimento de Deus e do ser humano, e o modo como Deus, justo e misericordioso, trata os seres humanos. Tais livros, apesar de conterem também coisas imperfeitas e passageiras, revelam uma verdadeira pedagogia divina. Por isso, os fiéis devem recebê-los com devoção, pois exprimem um vivo sentido de Deus, contêm ensinamentos sublimes sobre Deus, uma útil sabedoria sobre o que é a vida humana, bem como admiráveis tesouros de preces; neles está oculto, finalmente, o mistério da nossa salvação (DV 15).

> [...] Deus, inspirador e autor dos livros dos dois Testamentos, dispôs sabiamente que o Novo Testamento estivesse escondido no Antigo, e o Antigo se tornasse claro no novo. Pois, apesar de Cristo ter alicerçado a nova aliança no seu sangue [...], os livros do Antigo Testamento, integralmente aceitos na pregação evangélica, adquirem e manifestam sua significação completa no Novo testamento [...], que por sua vez o iluminam e explicam (DV 16).

Quando melhor se segue, em nossa atual organização de leituras, a história do AT, é no Lecionário ferial. Nos domingos do Tempo Ordinário, não se segue nenhum livro do AT continuadamente, mas só como preparação pontual para a mensagem do Evangelho do dia. Enquanto, nos dias da semana, se leem durante algumas temporadas, por exemplo, os livros históricos, ou os sapienciais, e assim os fiéis que vão diariamente celebrar a Eucaristia podem ter uma ideia mais completa de cada um deles. Nesses dias, lê-se o AT por si mesmo, e não só como preparação da escuta do Evangelho.

O Lecionário dominical

O pregador, se quiser ser fiel à Palavra que há de explicar, deve conhecer a estrutura e a coerência interna dos Lecionários.

A introdução ao Lecionário (OLM 64-91s) explica os critérios da indicação dos livros bíblicos para os vários tempos do Ano Litúrgico.[7]

As leituras dominicais de Quaresma

As leituras dominicais do tempo de Quaresma mostram uma organização muito pensada para ir nos conduzindo à plenitude da Páscoa de Cristo.

---

[7] Sobre o Lecionário dominical: VV.AA. Le Lectionnaire dominical de la Messe. *LMD*, 166, p. 1-138, 1986; RAMSHAW, G. The Gift of Three Readings. *Worship*, 1, p. 2-12, 1994.

a) *As primeiras leituras* do AT têm uma dinâmica interna original. Apresentam-nos seis grandes momentos da História da Salvação, segundo o plano histórico de Deus, desde o princípio até a chegada de Jesus. Em cada ciclo estas páginas são diferentes.

Por exemplo, no ciclo A, estes acontecimentos do AT se proclamam em seu sentido mais primordial, mostrando a iniciativa salvadora de Deus em todas as suas etapas:

1. A criação cósmica e o primeiro pecado de Adão e Eva.

2. A vocação de Abraão, que dá origem ao povo eleito.

3. A marcha de Israel pelo deserto, caminho da liberdade plena, guiado por Moisés, com o episódio da água da rocha.

4. A unção de Davi como rei desse povo.

5. A visão do profeta Ezequiel: dos ossos sairá vida.

6. O Servo de Javé que se entregará para salvar a todos.

O *salmo*, como sempre, é uma prolongação, em tom contemplativo ou sapiencial, do que disse a 1ª leitura.

b) *As segundas leituras* de Paulo às vezes complementam, como caminho de aplicação espiritual, a mensagem da 1ª. Assim, no 1º domingo, opõe à queda do primeiro Adão a vitória e a graça do novo e definitivo Adão, Jesus; e no 2º, junto à vocação de Abraão, fala-nos de nossa vocação cristã.

Outras vezes, estas leituras antecipam o que nos vai dizer o Evangelho: a do 3º domingo já adianta que será derramado o Espírito sobre os crentes, preparando a leitura da água na cena da mulher samaritana; a do 4º, antes da leitura do cego que recupera a vista, convida-nos a viver como filhos da luz; e a do 5º, a viver como ressuscitados, antecipando a ressurreição de Lázaro.

Pode-se dizer que as segundas leituras são já como "homilias" de Paulo, que querem aplicar à nossa vida a mensagem das outras leituras. A Páscoa de Israel no AT e, sobretudo, a Páscoa de Cristo Jesus são o modelo e a pauta da Páscoa de cada cristão.

c) Os *evangelhos* destes domingos têm uma linha clássica e nos apresentam Jesus como o modelo vivo do caminho pascoal. Os dos dois primeiros domingos são iguais nos três ciclos, cada vez a partir de seu evangelista: 1. as tentações de Jesus no deserto; 2. sua transfiguração no monte.

Os domingos do 3 ao 5, neste ciclo, caracterizam-se por seus temas batismais, tomados do Evangelho de João: 3. a água e a samaritana; 4. a luz e a cura do cego; 5. a vida que recupera Lázaro. No último domingo, o de Ramos ou da Paixão, proclama-se sempre a Paixão do Senhor, segundo o evangelista do ano.[8]

As leituras dominicais do Tempo Pascal

Também é conveniente que o sacerdote que tem que pregar no Tempo Pascal tenha consciência de como o atual Lecionário distribuiu as passagens e com que finalidade. Nós nos fixaremos sobretudo no ciclo A, como no caso da Quaresma.

Na Páscoa, não lemos o AT, que é promessa e figura, enquanto, neste tempo, estamos celebrando a plenitude de Cristo e de seu Espírito.

a) Como *1ª leitura*, lemos todos os anos o livro dos Atos dos Apóstolos, cada ciclo dominical com sua seleção diferente, completada, ademais, com a mais abundante seleção dos dias feriais deste tempo (isso se repete todos os anos).

---

[8] Para os domingos da Quaresma dos ciclos B e C, cf. Aldazábal, J. *Enséñame tus caminos*. Barcelona: CPL, 2005 e 2003, respectivamente (Dossiers CPL, 108 e 99).

Não é estranho que uma antiquíssima tradição, tanto da Igreja oriental como da ocidental, tenha reservado a leitura dos Atos para o Tempo Pascal. Neste livro, vemos a comunidade como fruto da Páscoa do Senhor e guiada pelo seu Espírito; uma comunidade que nos dá testemunho de seu crescimento e maturação em meio a um mundo nada propício.

No ciclo A, as leituras dominicais nos apresentam a comunidade cristã em sua origem, com suas características peculiares, e também com os agentes que a fazem crescer, além de Cristo e de seu Espírito: os ministros ordenados.

b) A *segunda leitura*, no ciclo A, é tomada da primeira Carta de Pedro; no ciclo B, da primeira carta de João; e no C, do Apocalipse.

A Carta de Pedro, que lemos no ciclo A, é atribuída, por sua própria assinatura, ao apóstolo Pedro, embora essa paternidade não seja segura. Nomeia também vários de seus colaboradores, como Silvano e Marcos, e a escreve de Roma (exatamente diz que de Babilônia, que era o nome em código para Roma no tempo de perseguição). É dirigida aos cristãos, os "eleitos", dispersos pelo mundo. Em um período de dificuldades e provas, a carta de Pedro quer dar ânimo aos cristãos, lembrando-lhes a fonte de sua identidade cristã, o Batismo, e a herança que os espera. Alguns veem nesta carta uma homilia dirigida aos recém-batizados, os neófitos, para que se animem a viver o estilo de vida de Cristo.

c) Os *evangelhos* do ciclo A não são tanto de Mateus, o evangelista do ano, mas de João e de Lucas. Com uma exceção: o dia da Ascensão, em que, sim, lemos Mateus.

Nos três primeiros domingos, escutamos as aparições do Ressuscitado. No quarto, o Evangelho do Bom Pastor. No quinto e sexto, palavras de Cristo em sua Ceia de despedida, com instruções sobre a vida futura da Igreja. E, nos dois últimos domingos, as passagens correspondentes à Ascensão e a Pentecostes.

As três séries de leituras destes domingos vão ressaltar os protagonistas da vida eclesial e os grandes valores do Mistério Pascal que a comunidade cristã vive ao longo dos séculos: a) a fé em Cristo Ressuscitado, b) a atividade animadora de seu Espírito, que enche de luz e de força sua comunidade nos momentos mais difíceis, c) a presença dos apóstolos e ministros da comunidade como testemunhas privilegiadas e pregadores incansáveis da Boa-Nova, d) a comunidade dos crentes que avança fielmente pelos caminhos do Evangelho do Senhor, e) uma comunidade universal que inicia sua marcha em Jerusalém, mas depois se estende a todos os países conhecidos e até Roma, e f) uma comunidade que se reúne cada "primeiro dia da semana" para escutar a Palavra e celebrar a Eucaristia.[9]

As leituras dominicais do Tempo Ordinário

As leituras bíblicas dos domingos do Tempo Ordinário nos apresentam, cada ano segundo o próprio evangelista, o que chamamos a "vida pública" de Jesus. Sua infância, nós a escutamos no Advento e no Natal. Sua paixão, morte e ressurreição, no tempo de Quaresma e Páscoa.

a) Os evangelhos são uma leitura semicontínua, no ciclo A de Mateus, a partir do 3º domingo, porque o 1º é a festa do Batismo de Jesus e no 2º domingo ainda se escuta uma passagem de João, como eco à manifestação de Natal.

b) As leituras do Antigo Testamento, que preparam a passagem evangélica do dia, sempre têm relação com estes evangelhos.

---

[9] Para os domingos pascais dos ciclos B e C, cf. Aldazábal, 2005 e 2003, op. cit.

Assim, torna-se claro que o AT já contém e anuncia o que em Cristo Jesus é a plenitude da revelação. Não fazemos, pois, uma leitura contínua dos vários livros do AT, como acontece no Lecionário ferial, mas uma leitura "temática", em correspondência com o Evangelho do dia. Os "títulos" de ambas as leituras mostram a relação que guardam entre elas.

c) As *segundas leituras* são independentes, com uma leitura semicontínua de alguns livros do NT, sobretudo as cartas de Paulo. Como a primeira Carta aos Coríntios é muito longa, foi dividida entre os três ciclos. O mesmo acontece com a carta aos Hebreus, que se lê uma metade no ciclo B e a outra no C.

No ciclo A, lemos de maneira quase contínua a 1ª Carta aos Coríntios (sete domingos), a carta aos Romanos (16 domingos), Filipenses (quatro domingos) e a 1ª Carta aos Tessalonicenses (cinco domingos).

Lecionário ferial

Para as celebrações diárias da Eucaristia, às quais acodem muitos fiéis, sobretudo de comunidades religiosas, o novo Lecionário lhes proporciona, desde 1969, pela primeira vez na história, a proclamação em dois anos das passagens mais importantes de toda a Escritura, com duas leituras diárias, que não apresentam entre elas uma unidade temática.

Nas férias do Tempo Ordinário, a *primeira leitura*, em seus dois ciclos, vai seguindo de modo semicontínuo diversos livros, tanto do AT como do NT. O que significa que estes livros se vão proclamando "por si mesmos", não para ambientar um tempo ou uma festa. É mais completa, naturalmente, a leitura do NT, porque é mais breve. Mas também do AT nos é apresentada uma visão global suficiente para entender seu sentido e sua exemplaridade para nossa vida de hoje.

A *segunda leitura* é sempre evangélica, também semicontínua, e a mesma cada ano, seguindo o Evangelho de Marcos nas nove primeiras semanas, o de Mateus da décima semana até a vigésima primeira e o de Lucas até o final. Portanto, cada ano se proclamam os evangelhos sinóticos praticamente inteiros. Lemos João na Quaresma e na Páscoa.

O Lecionário para as festas de Santos tem sobretudo seu lugar quando se trata de "festas" ou "solenidades", em que se interrompe a leitura continuada ferial. Nas "memórias", normalmente, é melhor seguir as leituras da féria, para não interromper a eficácia de sua proclamação continuada.

Fidelidade ao Lecionário e riqueza da homilia

a) É obrigatório proclamar as três leituras do domingo. Nas edições anteriores, acrescentava-se um matiz: por motivos pastorais, era possível suprimir uma das duas primeiras. Mas agora, na 3ª edição do Missal, diz-se expressamente que devem ser proclamadas as três:

> Para os domingos e solenidades se assinalam três leituras, ou seja, Profeta, Apóstolo e Evangelho, com as quais se educa o povo cristão para que viva a continuidade da obra de salvação, segundo a admirável pedagogia divina. Essas leituras devem ser feitas rigorosamente (IGMR 357).

b) O que não é obrigatório é que a homilia tenha que comentar necessariamente as três leituras, embora também não seja bom que sempre comente unicamente o Evangelho. Tampouco é conveniente que tente harmonizá-las, por exemplo, às duas leituras feriais, porque não estão pensadas em unidade temática, mas cada uma é leitura (semi) continuada dos vários livros que se sucedem. Nas três leituras dos domingos do Tempo Ordinário, a primeira, sim, está relacionada e prepara a leitura do Evangelho, mas a segunda é independente, em uma leitura semicontinuada de outro livro.

O que o pregador precisa saber é a estrutura dos vários Lecionários e ter a intenção de situar um livro bíblico determinado em um tempo ou em outro, ao longo do Ano cristão.

c) Sendo fiel ao Lecionário, na sucessão de suas leituras, e não se baseando em suas próprias convicções ou tendências, é como o pregador pode ser mais eficaz em seu ministério de ajudar o povo cristão a crescer no conhecimento e na vivência do mistério salvador de Deus. Ao longo do Ano, com seus tempos fortes e suas festas, com seus domingos e dias feriais, a Palavra de Deus nos vai guiando, com densidade de conteúdo e com pedagogia, no seguimento de Cristo e em sua mentalidade.

Em última análise, este é o melhor meio para ir transmitindo ao povo cristão toda a riqueza da Revelação. A melhor "formação permanente" temos aqui, sob o magistério do próprio Deus, que nos vai desvelando a dinâmica da História da Salvação e nos interpela vitalmente. Portanto, se se é fiel a este Lecionário, não se corre o risco de descuidar de aspectos importantes do mistério cristão.

d) É essencial o pregador procurar não cair na tentação de esquivar-se das passagens difíceis, ou de "colocar água no vinho", porque lhe parece forte ou demasiadamente exigente aquilo que a Palavra diz. Às vezes, interpela seriamente, julga e condena nossa conduta: há que expô-la em sua totalidade, sem omitir, por exemplo, a cruz, se aparece no horizonte do programa que nos apresenta Deus. Às vezes, a Palavra não responde nossos questionamentos atuais, mas nos levanta as perguntas que interessam mais a Deus.

A Pontifícia Comissão Bíblica (1993) afirma que a homilia "põe à luz as contribuições principais dos textos bíblicos que sejam mais esclarecedores para a fé e mais estimulantes para o progresso da vida cristã, comunitária ou pessoal". E, ao mesmo tempo, convida a não cair na "tentação de renunciar a aprofundar as leituras bíblicas, contentando-se com moralizar ou falar de questões atuais, sem iluminá-las com a Palavra de Deus", e a "evitar uma insistência unilateral sobre as obrigações que se impõem aos crentes. A mensagem bíblica deve conservar seu caráter principal de boa-nova, de salvação oferecida por Deus. A pregação será mais útil e conforme a Bíblia se ajudar os fiéis, primeiro, a conhecer o dom de Deus (Jo 4,10) e, depois, a compreender de modo positivo as exigências que dela derivam".

e) Muitas vezes, a Palavra nos convida a um estilo de vida. Mas, outras vezes, não é tanto "moral", mas "teológica" sua mensagem, convidando-nos à alegria, à admiração e ao louvor a Deus por suas atuações salvíficas. Em última análise, a Palavra – e, portanto, a homilia – é mais História de Salvação e Boa-Nova que exigência moral. Embora a exigência moral brote espontânea da Boa-Nova. Às vezes, essa Palavra nos é exigente e discerne nossas atitudes não conforme à vontade de Deus. Outras vezes, na maioria delas, enche-nos de confiança e alegria diante da Boa-Nova do amor salvador de Deus.

> A preparação da homilia pede uma fidelidade especial ao que há de distribuir o Pão da Palavra como bom administrador dos mistérios de Deus. Esta fidelidade consiste em aproximar-se da Sagrada Escritura para compreendê-la e explicá-la de acordo com o modo próprio que tem a liturgia de ler a Palavra de Deus (PPP 21).

> Ajudará muito o pregador litúrgico o fato de estar informado dos critérios de seleção e ordenação das leituras no Lecionário da missa e dos sacramentos, assim como dos modos empregados para harmonizar as leituras entre si. Estes critérios, junto com a finalidade pastoral de todo o ordenamento das leituras, explicam-se amplamente na introdução ao citado livro litúrgico (PPP 22).

Capítulo 10
A linguagem da homilia

A homilia não só supõe um processo vertical: Deus que nos fala, e o sacerdote que procura ser fiel a essa Palavra e a transmite à comunidade. Supõe também um processo horizontal de comunicação, de pedagogia, de relação interpessoal do pregador com os ouvintes.

Não basta saber o "que" quero transmitir – o conteúdo da Palavra – e "a quem" – a comunidade destinatária da mensagem –, mas também tem importância o "como" transmiti-lo.

Os estudos atuais de teologia e Bíblia nos preparam muito melhor do que em anos anteriores quanto aos conteúdos dos diversos livros revelados que temos lido. Mas também seria necessário um estudo mais sério sobre a pedagogia comunicativa na homilia.

Neste caso, o "que" está assegurado, porque nos é dado pela Palavra de Deus, e é por demais consistente. Mas depende muito do "como" se apresenta o que chega ou não ao coração dos fiéis. Talvez o contrário do que frequentemente acontece aos oradores dos comícios políticos, que cuidam bem do "como" falar, mas não têm muito conteúdo a transmitir. Às vezes, um bom orador não tem nada a dizer, enquanto alguém que tem muito a dizer não é bom orador...

Monsenhor Cunill, um sacerdote muito respeitado na Catalunha, e relacionado com os meios de comunicação, disse há tempo uma coisa que parece que segue sendo verdadeira, comparando a Igreja com os vendedores de jornais e revistas.

Para ele, a Igreja tem umas "notícias" impressionantes, umas riquezas a transmitir que ninguém mais tem, coisas de interesse enorme por si mesmas. Mas existe uma imprensa ruim que sabe vender essas notícias. E isso desde os bispos até os párocos e os catequistas.

Às vezes, as bancas da rua estão cheias de revistas elegantemente apresentadas, muito apetitosas, mas que não dizem nada, porque nada têm a transmitir. Enquanto os cristãos, que temos, sim, coisas a dizer, não nos preocupamos com a forma de apresentá-las e vendê-las. Ou não sabemos fazê-lo.

As leis da comunicação

Na comunicação humana, entram em jogo três fatores decisivos: o emissor, o destinatário e a mensagem.[1]

Às vezes, falha a comunicação por culpa do *emissor*; por exemplo, se sua mentalidade é demasiadamente teológica e elevada, ou se se mostra incapaz de fazer-se entender, ou não tem sensibilidade para chegar ao sentimento dos ouvintes, ou não conhece sua vida e situação atual.

Na homilia, tem grande importância a pessoa do emissor: é o momento da celebração em que põe mais de sua própria pessoa para a transmissão da Palavra. Não é que a homilia seja o lugar para desafogos

---

[1] Sobre as leis da comunicação aplicadas à homilia, cf. Aldazábal, J. ¿Funciona la "comunicación" en nuestras celebraciones? *Phase*, 107, p. 459-478, 1978; Bertone, T. Comunicazione e predicazione. *Seminarium*, 1, p. 176-199, 1979; Carvalho, D. *Homilia*: a questão da linguagem na comunicação oral. São Paulo: Paulinas, 1993, 346 p.; Guerra, J. L. Homilía y comunicación. *Past Lit*, 227, p. 26-43, 1995; Iracheta, G. Técnicas de comunicación en la homilía. *Phase*, 211, p. 67-80, 1996; Martini, Card. *El presbítero como comunicador*. Madrid: PPC, 1996; Costa, E. Lingüistica e teorie della comunicazione. In: *DizOm*, p. 810-816; Lobina, W. Tecniche della comunicazione. In: *DizOm*, p. 1.532, 1.538; Ramos, J. *Cómo transmitir hoy la Palabra*: indicaciones para la homilía. Madrid: PPC, 1998, 106 p.; Martínez, F. La predicación en el mundo mediático. *Studium*, 2, p. 263-288, 1999; Kuen, A. *Comment prêcher ou l'art de communiquer l'essentiel*. Saint Légier: Ed. Emmaus, 2000, 219 p.

ou recordações pessoais, mas nesse momento da celebração é quando mais influi sua sensibilidade pessoal, criando empatia ou indiferença e até rejeição.

Outras vezes, a culpa de que a comunicação seja deficiente é do *destinatário*, se desconhece as chaves de linguagem que se fala, neste caso, a linguagem bíblica. Também é possível que os fiéis estejam indiferentes ou sem motivação quanto ao que se prega a eles. Ou que já se achem em predisposição contrária, em consequência da relação pessoal que têm com o pregador fora da celebração. Isso faz com que, às vezes, não estejam precisamente dispostos a deixar-se convencer e se mantêm passivos diante da homilia ou a escutem com uma atitude crítica ou com ceticismo.

Finalmente, também pode falhar a comunicação por causa da própria *mensagem* que se transmite, a qual, às vezes, parece demasiadamente estranha, por seu ambiente bíblico, e outras, demasiadamente exigente, porque se apresenta com paradoxos que não compreendemos.

Qualquer pessoa que fala aos demais, seja político, comerciante, professor, catequista ou, como neste caso, homileta, deve praticar minimamente as leis da comunicação, o método e a arte de dizer algo a outros.

O homileta deve saber intuir e interpretar o "*feedback*", ou "retroalimentação" e "retroação", que sempre se estabelece entre o emissor e os ouvintes. A homilia é, exteriormente, um monólogo, porque dentro da celebração litúrgica só o pregador toma a palavra. Mas interiormente o pregador deveria saber "dialogar" com seus ouvintes, embora não intervenham na homilia. Deveria saber interpretar o silêncio com que o escutam, que nem sempre significa assentimento ao que está expondo. Deveria ser capaz de sentir "empatia", pôr-se no lugar do ouvinte e "colocar-se nos bancos dos fiéis", ou seja, escutar a si mesmo a partir da atitude animista dos fiéis. E, se for o caso, conseguir interpretar os sinais do *feedback*, saber mudar em tempo real.

Importância da linguagem

Atualmente, em nossa celebração litúrgica, deu-se um passo evidente com a mudança da língua. Do latim universal, que certamente tinha e segue tendo valores muito estimáveis, passou-se na Igreja a umas quatrocentas línguas oficiais, em um processo que se realizou de um modo satisfatório em geral.

Mas fica o problema da linguagem, que é mais difícil de solucionar.[2] Existe este questionamento no âmbito da linguagem bíblica (tanto do AT como do Novo), e também no eucológico, ou seja, das orações do Missal, que são muito "eclesiásticas" e podem não ser demasiadamente transparentes para que os fiéis (e o próprio sacerdote, às vezes) sintonizem com o louvor ou a petição que contêm, sobretudo se não forem proferidas com o ritmo e a expressividade devidos.

Aqui nos fixamos sobretudo na linguagem que deve ter a homilia para cumprir bem seu ministério. Seria uma pena que a homilia parecesse desinteressante aos fiéis, mas seria pior se, por culpa da homilia, lhes parecesse enfadonho o Evangelho.

Não podemos descuidar da linguagem. Não nos deveríamos fiar que se vá repetir cada vez o milagre do dia de Pentecostes, em que cada um dos presentes entendia o que Pedro pregava como se estivesse falando em sua própria língua.

---

[2] F. Cabestrero, T. *¿Se entienden nuestras homilias?* Necesidad de un lenguaje más comunicativo. Barcelona: CPL, 2003, 92 p. (Dossiers CPL, 97); Ramos, J. El arte de la homilía. *Sal Térrea*, 2, p. 115-129, 2004.

Respeitar as leis do bem dizer

Antes de tudo, o homileta deve respeitar as leis do bem dizer: deve cuidar da *ars dicendi*.[3] Uma das definições clássicas do bom pregador é a de ser "*vir bonus dicendi peritus*": um homem bom, experto na arte do dizer.

A homilia, embora seja um ministério sagrado, é uma "peça oratória" e, portanto, deve seguir as regras elementares do bem dizer. Deve ser linguagem digna, não só teologicamente, mas também literariamente.

Embora falar de "retórica" possa ter, em alguns casos, um sentido pejorativo ("retórico", como "vazio de conteúdo"), em seu bom sentido, segue tendo importância para a homilia. Depois de períodos em que a retórica era muito apreciada na oratória sagrada, passou por outros em que tinha sido abandonada com certa suspeição. Agora se volta a apreciá-la, porque também ajuda em uma boa comunicação da Palavra à comunidade cristã.[4]

O homileta deve conhecer bem sua língua e respeitar sua gramática, sua sintaxe, sua pronúncia. A beleza da dicção faz parte também do ministério da comunicação religiosa. Estamos no século da imagem, certamente, mas também se aprecia uma palavra bem dita e formosa, uma dicção serena, clara e bem construída, uma linguagem bela, correta gramaticalmente, sem anacolutos (frases sem terminar), que não

---

[3] Vallejo-Nájera, J. A. *Aprender a hablar en público hoy*. Barcelona: Planeta, 1990, 150 p.; Lahidalga, J. M. De nuevo, Vallejo-Nájera como pretexto: "Aprender a hablar en público hoy". *Surge*, 511-512, p. 224-241, 1990; id. Atención y lenguaje no verbal. *Surge*, 513-514, p. 294-310, 1990 (o livro de Vallejo se refere a falar em público em geral, mas suas instruções são muito úteis para a homilia, como bem comenta Lahidalga nos dois artigos.

[4] Ortega, A. *Retórica y homilética en la Iglesia*. Salamanca: Cervantes, 1993; Spang, K. *El arte de bien decir*: predicación y retórica. Barcelona: CPL, 2002, 142 p. (Dossiers CPL, 95); Scirghi, T. J. Preaching in a postmodern context. *Quest Liturg*, 3-4, p. 236-249, 2000; VV.AA. *El arte de hablar en público*. Madrid: San Pablo, 1998. No *Dizionario de omiletica*, vários autores dão atenção especial à retórica (p. 1.345-1.372).

faça sofrer pelas dúvidas e titubeios. Nunca passará de moda a força da palavra bem comunicada.

É claro que uma homilia não tem como finalidade primária a beleza literária nem um tom afetado, teatral ou amaneirado, em que o pregador "escuta a si mesmo". Mas tampouco é bom descuidar da linguagem literária e maltratar a gramática da própria língua. O pregador cristão, como todo orador em seu âmbito, deve cuidar da arte de construir sua homilia, de expô-la bem, de tornar agradável o conteúdo da Palavra, e de tentar persuadir a que os ouvintes, começando por ele mesmo, a levem à prática em sua vida. Tudo isso, naturalmente, sem perder a simplicidade e o caráter fraterno dessa "conversa" que é a homilia.

Santo Agostinho, que tinha estudado bem as regras da retórica romana e se considerava seguidor do grande orador clássico Cícero, soube depois aplicar magistralmente à pregação cristã estas normas do bom dizer. Foi ele quem disse que a doutrina cristã devia ter estas três qualidades: *"ut veritas pateat* (clareza), *ut veritas placeat* (agradabilidade), *ut veritas moveat"* (estímulo). Para que possa ser eficaz em sua exortação, antes deve ser agradável e literariamente conveniente.

Linguagem simples, acessível à comunidade

A linguagem da homilia deve ser simples, fácil de compreender, sem palavras gregas ou hebraicas de permeio, sem citações eruditas. E isso não só quanto à terminologia, mas também na construção das frases e em sua sintaxe, evitando orações subordinadas complicadas ou frases obscuras. É uma linguagem que deve estar a serviço da Palavra, sem empobrecê-la nem rebaixá-la. Talvez os fiéis não saibam "falar teologicamente", mas, sim, são capazes muitas vezes de "escutar teologicamente" a mensagem de Deus. Porém, ao mesmo tempo, ela deve ser acessível a todos e unívoca, ou seja, que não admita duplicidade de sentidos e equívocos.

Deve-se aplicar ao homileta o que São Paulo disse aos coríntios: "Se vossa linguagem não se exprime em palavras inteligíveis, como se há de compreender o que dizeis? Estareis falando ao vento" (1Cor 14,9).

Tudo isso não significa que esta linguagem simples deva ser pobre, infantil ou vulgar.

A homilia deve ser também clara em sua estrutura. Deve ter ordem nas ideias, sem idas e voltas nem repetições desnecessárias. Deve ter clareza no esquema que segue, de modo que os ouvintes possam captar a lógica de um raciocínio ou de uma enumeração. Sem demasiados temas, mas centrada em um ou em dois, com suas oportunas antíteses e comparações. Sem deixar que "o cavalo corra loucamente em todas as direções", como diria Quixote. Deveria ser fácil para um ouvinte captar qual foi a intenção e o desenvolvimento da homilia.

É interessante o que disse Santo Agostinho sobre a simplicidade da linguagem. O pregador deve despojar-se da erudição e da linguagem "douta" para que os ouvintes o entendam. A isto ele chamava de "diligente negligência" (*De Doctr. christ.*, IV, 10,25). Já sabia ele que um pregador se sairia melhor empregando palavras doutas, mas os fiéis não o entenderiam. E o compara a uma chave muito bonita, mas que não abre a porta que queremos. Uma linguagem muito douta é inútil se não consegue seu propósito: chegar à inteligência e ao coração dos ouvintes: "De que serve uma chave de ouro, se com ela não se pode abrir o que queremos? E que nos importa que seja de madeira, se com ela precisamente não buscamos outra coisa senão abrir o que está fechado?" (ibid. IV, 12, 26). Ele prefere uma maior simplicidade em seu falar, renunciando talvez a algumas regras da alta oratória, se é para o bem dos fiéis, e comenta: "Prefiro ser criticado pelos gramáticos a que o povo não me entenda" (*Enarr. in Psalm.* 138, 20). Para Agostinho, é melhor falar *sapienter* do que *eloquenter* (*De Doctr. christ.* IV, 4, 5.7).

A Instrução *Eucharisticum Mysterium* (1967) pede essa clareza aos sacerdotes:

> [...] os sacerdotes não só façam a homilia quando há prescrição ou conveniência, como também, tanto eles como os outros ministros ao desempenharem sua função, devem tão bem pronunciar ou cantar que os fiéis possam claramente ouvir e entender. [...] Para isso se preparem os ministros com exercícios convenientes, especialmente no seminário e nas casas religiosas (n. 20).

Outra instrução, de 1973, *Eucharistiae participationem*, lembra que, mediante a homilia, "explica-se a Palavra de Deus proclamada na assembleia litúrgica para a comunidade presente e de acordo com sua capacidade e suas condições, tendo em conta as circunstâncias da celebração" (n. 15).

Quanto à linguagem da homilia, esta deve ser inteligível, simples, viva e concreta, afastando-se igualmente dos tecnicismos e das palavras rebuscadas como da trivialidade e da anedota. A homilia requer, além disso, um tom direto, familiar, persuasivo e ágil que mantenha o interesse dos ouvintes, não tanto pelos recursos oratórios do que fala quanto pela convicção e autenticidade que consegue comunicar (PPP 29).

Linguagem concreta

Além de simples, a linguagem de uma pregação litúrgica deve ser concreta, ou seja, com ideias plásticas, imagens e comparações tomadas da própria vida.

A Bíblia pode ser considerada pauta dos conteúdos da pregação, mas também modelo pedagógico de comunicação. São magistrais muitas das imagens e comparações dos profetas, de Paulo ou de Cristo.

Vale a pena ler, entre muitos outros que todos lembramos, por exemplo, a página que o profeta Isaías dedica a desautorizar e até ridicularizar o culto aos ídolos (Is 44,9-28).

A linguagem de Cristo foi concreta, que pregava a partir dos fatos que todos conheciam, com comparações tomadas da vida (da família, do ofício dos pastores, do trabalho dos agricultores); uma linguagem salpicada de imagens muito expressivas ("vós sois o sal e a luz do mundo, eu sou a videira e vós os ramos..."). Jesus usou as categorias de seu povo, sem empobrecer, por isso, em nada a riqueza e a força do Reino de Deus que proclamava.

Era certamente linguagem concreta e altamente pedagógica a de suas parábolas, um modelo de linguagem vital, altamente eficaz na transmissão de seu pensamento. Que retrato tão vivo que nos deixou de Deus Pai na parábola do filho pródigo! Quão clara a mensagem das parábolas dos planos do agricultor sobre seus celeiros, do samaritano que atende o ferido do caminho, das moças que tinham azeite e das que não tinham!

> O apoiar-se em imagens não se refere às audiovisuais, necessariamente, mas às comparações gráficas como as que Jesus empregava e que todos entendiam. Quando Jesus fala de ídolos, o homileta deve saber referir-se aos ídolos que nos tentam hoje em dia. Quando se refere às pérolas preciosas ou ao tesouro escondido, a homilia deveria citar os tesouros mais apetecidos hoje, e que Jesus não citou literalmente, como as jazidas de petróleo ou as ações que prometem na Bolsa, ou a contratação de um desportista jovem que aparece como uma clara promessa.

Uma terminologia mais acessível

No aspecto da linguagem que usamos em nossa pregação, têm particular influência os termos que empregamos.

Há conceitos que não necessitam de explicação, porque são facilmente entendidos por todos: caridade, solidariedade, paz, justiça, humildade, universalidade, serviçalismo, ânsia de viver, direitos humanos, o Deus próximo e pessoal, liberdade, perdão dos pecados...

Mas há outros conceitos e expressões, bíblicos ou litúrgicos, que necessitam de "tradução" ou explicação: redenção, salvação, expiação, cordeiro pascal, êxodo, testamento, união hipostática, anamnese, epiclese, exegese, teofania, hermenêutica, escatologia, parúsia, a comunhão dos santos, Jesus como Filho do homem ou como Pantocrator e Kyrios, "os Santos Padres", *ex opere operato*, a luta contra os príncipes deste mundo, que os salvos lavarão suas túnicas no sangue do Cordeiro, que Jesus subiu aos céus...

Se essas expressões forem usadas, haverá que explicá-las muito brevemente, sem empobrecê-las, mas aproximando-as da compreensão dos cristãos de hoje. Seria preciso "descongelar" frases feitas que para nós, os eclesiásticos, são familiares, mas que, em geral, são estranhas aos fiéis.

A linguagem bíblica é fundamental para entender o mistério cristão, e é necessário acostumar os fiéis a ela, mas explicando-a claramente: o que significa que Cristo "está sentado à direita do Pai", ou que é "o Cordeiro de Deus que tira o pecado do mundo", ou porque são "bem-aventurados os perseguidos pela justiça", ou que sentido tem para nós a "Jerusalém celestial"...

A respeito da Virgem se pode afirmar que é a Rainha dos anjos ou dos profetas, e se pode invocá-la como "rosa mística" ou "arca da aliança"; tudo isso com ressonâncias bíblicas que devem ser muito ricas para os que as conhecem. Mas também se pode dizer dela que era mulher crente, experta em dor, mãe vigorosa ao pé da Cruz, a primeira cristã, nossa irmã, aberta a Deus, solícita a favor dos demais. Tudo isso também é bíblico e mais próximo de nós.

Uma linguagem viva

O grande dramaturgo B. Brecht utilizou para o teatro um método que chamou de *Verfremdung*, "estranhamento, distanciamento, contraste".[5]

Com linguagem provocativa e eficazes recursos cênicos, ele consegue que os espectadores não se identifiquem imediatamente com o tradicional ou com as atitudes convencionais (por exemplo, que sempre tem que "vencer o melhor"). Ao contrário, logo de início, desconcerta os espectadores, deixa-os insatisfeitos ou indignados, para que assim conservem seu sentido crítico e sua capacidade de reação.

Isso faz com que as coisas normais de cada dia lhes pareçam novas, estranhas, interessantes. Provoca para que não aceitem simplesmente o de sempre. Sua palavra é crítica, interpeladora. Suscita dúvidas, questionamentos e antíteses, não segue a lógica, não pretende deixar tranquilos e consolados.

Não seria desacertado que o pregador, algumas vezes, aplicasse esta dinâmica à sua linguagem homilética, evitando repetir sempre os mesmos moldes, mas aproveitando a força interpeladora da Palavra de Deus.

Uma pregação demasiadamente "pacífica" busca confirmar o que já se sabe, evita perguntas; ao contrário, já dá as respostas, apresenta a verdade como algo fixo e adquirido, tenta proteger e conservar a fé.

Uma pregação mais "viva" recoloca o que já se sabe, provoca perguntas e ajuda a buscar respostas, suscita estranhezas, exorta à ação e às opções, faz refletir para ir descobrindo a verdade.

Não é acaso o sistema que Jesus utilizou tantas vezes em sua pregação? Seguramente, foram provocativas suas posturas críticas sobre o

---

[5] Bastian, H. D. *Verfremdung und Verkündigung*. München, 1967.

Templo e o sábado, suas comparações do fariseu e do publicano, suas afirmações de que as prostitutas iam estar à frente no Reino, ou de que não tinha vindo para trazer a paz, mas a guerra, e sua insistente afirmação de que, às vezes, os pagãos respondem a Deus melhor que os judeus. A ninguém jamais ocorreu tachar Jesus de monótono ou pouco concreto.

Foi também o que fizeram alguns profetas, com uma linguagem claramente crítica sobre as instituições mais sagradas do povo judeu. Exemplos muito estimulantes de uma linguagem viva e "dialogada" são, por exemplo, a página que o profeta Amós dedica a fustigar a falsa segurança das classes dirigentes (Am 6,1-6) e o capítulo em que Paulo tem que defender seu ministério (2Cor 22, sobretudo vv. 16-33).[6]

Todavia, não se trata de que a homilia tenha que ser sempre provocativa e escandalosa, e louvar as prostitutas ou os administradores que usam "caixa dois". Mas tampouco é bom que seja demasiadamente fria e tranquila, com fórmulas feitas e tão conhecidas que nada transmitem.

É bom recordar o método que seguia Santo Tomás em seu grande tratado teológico. Diante da "tese" proposta, iniciava sua reflexão com uma clara "antítese": "*videtur quod non*", "parece que não". Diante de uma determinada argumentação, opunha uma dificuldade que ele intuía em seus interlocutores possíveis: "*sed contra...*", "mas, pelo contrário...".

Uma homilia poderia muito bem, algumas vezes, começar com um "*videtur quod non*": Realmente se deve amar os inimigos? Mas é possível perdoar? Pode-se louvar esse administrador infiel? Jesus não quererá que ofereçamos em verdade a outra face! A quem ocorre conformar-se com as últimas posições? Vale a pena ser cristão no mundo

---

[6] Santo Agostinho comenta deliciosamente esses dois exemplos: *De doctrina Christiana* IV, 7, 12 e 15.

de hoje? Tem futuro ser religioso, se ninguém parece crer em nosso testemunho?...

Não podemos nos conformar com uma linguagem asséptica. Às vezes, ao se proclamar uma página do Evangelho, ou de um profeta ou de Paulo, cheia de vitalidade e pedagogia, seria uma pena que depois se seguisse uma homilia insossa. Ela deveria conservar a frescura e a força comunicativa que tem a própria Palavra, sobretudo a de Cristo, mestre na arte de suscitar interesse e provocar a estranheza de seus ouvintes.

Recursos de uma linguagem interpelante

a) É bom para a vivacidade da linguagem e para manter a atenção dos ouvintes mesclar sabiamente, como se faz tantas vezes na própria Bíblia, *afirmações e antíteses*, parábolas e comparações, perguntas e dúvidas, dialética e relatos pacíficos, diálogos fictícios que personalizam e dramatizam a mensagem que se quer transmitir. No Advento, a quem esperamos? Mas esperamos alguém? Sentimos necessidade de um Salvador ou já estamos satisfeitos? Na Quaresma, comentamos leituras que nos falam do jejum, mas o jejum ainda tem sentido hoje? E não será uma coisa já fora de moda a imposição da cinza? Na Semana Santa, como podemos "gloriar-nos" da Cruz de nosso Senhor?... São como as perguntas que se fazia Paulo: Quem nos separará do amor de Deus? Acaso Cristo Jesus, que morreu por nós e intercede por nós?...

Um pregador atento à sua comunidade sabe que aspectos da vida são interpelados pelas leituras de hoje, intui as perguntas que, neste momento, estão ocorrendo aos seus ouvintes ao escutar a mensagem das leituras e sabe situá-las em sua homilia.

b) O mais clássico de uma homilia é partir da Palavra, para descer depois à vida. Mas, outras vezes, pode ser mais pedagógico, para alguns temas, *partir dos fatos da vida*, das perguntas de hoje, e remontar-se à resposta que nos dá a Palavra de Deus. É bom mesclar o método "dedutivo" (baixar da "tese" para suas aplicações) com o "indutivo" (subir da experiência humana para a Palavra).

c) O pregador deve *cuidar da voz*, do tom com que propõe sua homilia. Com expressividade, com a oportuna modulação, com pausas que marquem um ritmo compreensível.

Embora, às vezes, a Palavra lhe produza emoção, entusiasmo ou seriedade penitencial, o pregador deve evitar os extremos no tom de sua voz: nem neologismo, nem banalidade, nem distância da história, nem afã de autobiografia, nem sentimentalismo exagerado, nem indiferença, nem pessimismo insistente, nem otimismo ilusório.

d) Deve ter em conta os *valores humanos* deste mundo, desta geração, destes jovens, tratando-os com simpatia e alegria. Em alguns aspectos, nossa geração soube captar valores eternos que agora se sublinham mais, ao menos idealmente, como a ecologia, a igualdade e a justiça entre os povos, a dignidade da mulher e da criança na sociedade etc. Deve-se notar que o pregador está consciente disso e que o vê com bons olhos.

e) O pregador deve ter certo *senso de humor*. Sem querer tornar-se engraçado, sem necessidade de contar piadas, deve saber aproveitar oportunamente os toques amáveis de visão positiva que se apresentam ao longo de seu ministério. Um sorriso não se opõe à seriedade e à profundidade de uma homilia.

f) O *microfone*, que em algumas igrejas é de uso obrigatório, pode converter-se em amigo ou em inimigo de nossa força comunicativa. Antes de tudo, deve ser instalado nas melhores condições técnicas possíveis, de acordo com as condições acústicas de cada igreja.

O microfone permite que todos ouçam o que se diz, mas também pode diminuir a expressividade, a proximidade da voz, o calor de uma palavra que se transmite diretamente.

O pregador tem que saber desde antes do início da celebração quando está funcionando o microfone e quando não, a que distância se deve situar, se existe ressonância ou não na igreja, que gradação de tom tem...[7]

A linguagem não verbal também conta

Além da palavra, principal meio que temos para comunicar nosso pensamento, tem também importância a linguagem não verbal, que influi mais do que, às vezes, pensamos.[8]

Entram aqui:

- a postura durante a homilia: normalmente, sentados;
- os gestos: nossas mãos não teriam que fazer espalhafato, mas tampouco manter-se rigidamente quietas;
- o rosto: sereno, em certas ocasiões, alegre e entusiasmado, em outras, mais sério, segundo a mensagem das leituras;
- o olhar: não dominador, mas afável e fraterno, porém, se possível, direto; se um sacerdote saúda os fiéis olhando para seus papéis ou para o missal, não cria comunicação; e o mesmo acontece se não olha para eles durante a homilia;

---

[7] Cf., por exemplo, Lever, F. Amplificazione sonora. In: *DizOm*, p. 42-49.
[8] Um dos autores que melhor estudou a linguagem não verbal, também aplicada à linguagem religiosa, é Poyatos, F. *La comunicación no verbal*. Madrid: Istmo, 1994, 3 v. (foi publicada antes em inglês, língua na qual saiu uma segunda edição, muito ampliada). Ele também a aplicou à homilia: id. Más allá de la palabra: la comunicación no verbal en la liturgia. *Phase*, 249, p. 257-274, 2002. Cf. também VV.AA. Liturgia e linguaggio non verbale. *Riv Liturg*, 5-6, p. 627-752, 1996.

- o tom da voz: sereno, não demasiadamente tímido, nem dominador e doutoral, nem "histriônico" ou teatral, mas tampouco demasiadamente acadêmico ou insensível diante dos sentimentos que provoca a Palavra;

- os breves espaços de silêncio: um momento de silêncio, em que a palavra fica como suspensa, pode despertar a atenção dos ouvintes e sublinhar a importância do que se disse ou do que se vai dizer,

- imediatismo visual entre o pregador e os fiéis: são indesejáveis os móveis que se interpõem entre o pregador e os ouvintes, por exemplo, as estantes adicionais – que, às vezes, além disso, parecem uma duplicação do ambão da Palavra –, as quais podem prejudicar psicologicamente a comunicação visual e anímica entre o pregador e os fiéis.

O não verbal também inclui o ambiente: iluminação, visibilidade, condições acústicas, temperatura... Cabestrero o chama de "ecologia ambiental", que influi na celebração e na homilia.[9]

Essa linguagem não verbal tem muita influência na comunicação, também dentro da celebração litúrgica. Os fiéis ouvem nossas palavras, mas também nos veem e se dão conta de nossa atitude de proximidade ou distanciamento, de humildade ou de presunção, se nos consideramos superiores à Palavra ou ouvintes e pregoeiros do que Deus diz, se nosso tom é de ironia ou de agressividade, de pessimismo ou de serena esperança, se estamos convencidos do que dizemos ou o dizemos por obrigação.

---

[9] Cf. Cabestrero, 2003, p. 63.

Todos temos a experiência de como alguns locutores de TV nos parecem sempre aborrecidos, ou assustados, ou tensos, enquanto outros aparecem serenos e afáveis, seja qual for a notícia que transmitem.

Isto tem também um aspecto complementar: também a linguagem não verbal dos ouvintes pode nos dizer, se o sabemos interpretar, quando estão atentos ou quando já se cansaram. Em seu rosto e postura, podemos ver se se sentem surpresos, satisfeitos ou contrariados pelo que estamos dizendo ou cansados pela duração da homilia. E agir em consequência.

Capítulo 11
Em que celebrações se prega

A homilia teve sempre um lugar privilegiado dentro da celebração da Eucaristia. Agora é considerada obrigatória, segundo a última normativa da Igreja, nos domingos e festas, e se recomenda vivamente nas férias dos "tempos fortes" do ano. O ideal seria que, em cada celebração, depois da proclamação da Palavra de Deus, se fizesse uma reflexão ou exortação breve para ajudar a comunidade a acolher eficazmente em suas vidas o que Deus lhes disse.

Também tem uma função muito interessante nas demais celebrações, sobretudo sacramentais, assim como de religiosidade popular ou de oração.

Obrigatoriedade

Podemos ver a sucessão destas normas eclesiais, cronologicamente.

No *Concílio* (1963), disse-se: "Recomenda-se vivamente a homilia como parte da própria liturgia, [...] Nas missas dominicais, porém, e nas festas de preceito, concorridas pelo povo, não se omita a homilia, a não ser por motivo grave" (SC 52).

No *Motu Proprio* de Paulo VI, *Sacram liturgiam*, de 1964: "Queremos que se ponha em vigor o ordenado no artigo 52 que prescreve a homilia durante a missa, os domingos e dias festivos" (n. III).

Na instrução *Inter Oecumenici*, de 1964, concretiza-se: "Pregar-se-á a homilia em todas as missas que se celebrem nos domingos e festas de preceito com assistência do povo, sem excetuar sequer as missas conventuais, as missas com canto e as pontificais. Recomenda-se a homilia, além disso, nos dias úteis, principalmente em certas férias de Advento e Quaresma, e em outras ocasiões em que assiste à igreja um bom número de fiéis" (n. 53)

Na Instrução *Eucharisticum Mysterium*, de 1967, estabelece-se que, nas missas dominicais antecipadas para a tarde de sábado, "celebre-se a missa conforme assinala o calendário para o domingo, não excluindo, porém, a homilia e a oração dos fiéis" (EM 28).

No *Missal*, já desde sua primeira edição de 1970: "Nos domingos e nas festas de preceito, deve haver homilia, e não se pode omiti-la sem causa grave em nenhuma das missas que se celebram com assistência do povo. Nos demais dias, ele é recomendada, sobretudo, nos dias feriais de Advento, Quaresma e Tempo Pascal, e também em outras festas e ocasiões em que o povo acode numeroso à igreja" (IGMR 66 da 3ª edição).

É menos obrigatória a homilia na *Liturgia das Horas* (1971): "Na celebração com o povo pode se ter uma homilia ilustrativa da leitura precedente, se se julga oportuno" (IGLH 47), assim como na celebração do Ofício de Leituras mais extenso como vigília dominical: é a única ocasião, na Liturgia das Horas, em que se lê o Evangelho, "sobre o qual se poderá ter a homilia, se convém" (IGLH 73).

O Diretório para as *Missas com Crianças* (1973): "Em todas as Missas com crianças deve-se dar grande importância à homilia, pela qual se explica a Palavra de Deus" (DMC 48; cf. PPP 31).

A introdução ao *Lecionário* (1981): "Nos dias em que está ordenada, a saber, nos domingos e festas de preceito, deve ser realizada a homilia, que não pode ser omitida sem causa grave, em todas as missas que se celebram com assistência do povo, sem excluir as missas que são celebradas na tarde do dia precedente. Também deve haver homilia nas missas com crianças e com grupos particulares. A homilia é muito recomendada nas férias de Advento, de Quaresma e do Tempo Pascal, para os fiéis que habitualmente participam na celebração da missa, e também em outras festas e ocasiões em que o povo acode em maior número à igreja" (OLM 25).

O *Código de Direito Canônico* de 1983: "Em todas as missas que se celebram com participação do povo, nos domingos e festas de preceito, deve-se fazer a homilia, que não se pode omitir, a não ser por causa grave. Havendo suficiente participação do povo, recomenda-se vivamente que se faça a homilia também nas missas celebradas durante a semana, principalmente no tempo de Advento e da Quaresma ou por ocasião de alguma festa ou acontecimento de luto" (CDC 767).

Que é o que repete o *Episcopado Espanhol em suas orientações* (1983): "A homilia é recomendada encarecidamente nos dias úteis quando se produz uma assistência numerosa de fiéis, especialmente durante o Advento, a Quaresma ou o Tempo Pascal, ou por ocasião de alguma festa ou ato lutuoso" (PPP 27).

O *Diretório da Vida dos Bispos* (2004): "A homilia jamais se deve suprimir nas missas dos domingos e festas de preceito com participação do povo, na missa do Matrimônio e nas outras missas rituais de acordo com as rubricas. A pregação se recomenda, também em forma de homilia breve, nas férias de Advento, de Quaresma e de Páscoa, com o fim de que o mistério pascal de Cristo, significado e representado na Eucaristia, seja celebrado por todos com viva fé e devoção" (n. 125).

Vendo a sucessão destes documentos, nota-se uma evolução:

a) começa-se ordenando a homilia para domingos e dias de preceito, e logo se lembra que também nas missas dominicais do sábado à tarde; é curioso que, em 1964, se lembre que também se deve pregar nas missas pontificais, nas missas conventuais e nas cantadas, porque antes não se costumava pregar nesta classe de celebrações.

b) pouco a pouco se amplia a recomendação para as férias, primeiro para as de Advento e Quaresma, às quais se acrescentam depois as do Tempo Pascal (não se sabe por que não se inclui o tempo do Natal, que também é "tempo forte");

c) logo se enumeram também os dias em que acode mais gente à celebração (o Código especifica: dias de festa ou por ocasião de acontecimentos lutuosos);

d) o Diretório para as missas com crianças diz que nestas sempre deve haver homilia, e se acrescenta que também nas missas com grupos particulares.

O ideal seria que, em toda celebração eucarística, tanto dominical como ferial, com assistência de povo, se fizesse a homilia, porque com ela se favorece que os fiéis acolham melhor a mensagem da Palavra de Deus e se aproveitem da riqueza que agora temos nos Lecionários. É o que pede a Conferência Episcopal de Cuba em suas normas sobre a Eucaristia em 1978: "É obrigatório proferir a homilia nos domingos e dias de preceito. Recomendamos que, em cada celebração litúrgica (também as celebradas durante a semana) e não só na Eucaristia dominical, se faça uma breve e oportuna reflexão homilética" (n. 10: esta extensão aos dias da semana é tomada das conclusões do II Encontro Latino-americano de Liturgia, de 1977).

Talvez valha a pena lembrar que há alguns ditos populares de que, neste caso, é melhor não fazer caso: por exemplo, o de que "em tempo de melões não há sermões", que alude a que no verão é melhor não pregar (não sei se agora, que não falamos tanto de "sermões", mas de "homilias", mudarão o dito por "em tempo de melancias, não há homilias")... Mas as celebrações do verão têm igualmente a intenção de enriquecer nossa vida de fé e, dentro da pedagogia que supõe a diferente proporção de cantos e de distribuição de tempo, a homilia, mais breve em todo caso e mais concreta, não deveria faltar. Também os "veranistas" necessitam alimento para sua vida de fé.

A homilia na celebração dos sacramentos e sacramentais

A homilia não só tem um lugar privilegiado na celebração da Eucaristia como também ajuda a comunidade a celebrar melhor os demais sacramentos,[1] para os quais a homilia deve ter em conta e estudar o novo Lecionário de missas rituais.

No caso do *Batismo*, que agora tem uma série mais rica de leituras bíblicas para escolher, a "homilia, como parte integrante do rito, dentro de sua brevidade, tende a explicar as leituras e a levar os presentes a um conhecimento mais profundo do Batismo e à aceitação das responsabilidades que nascem do mesmo, sobretudo para os pais e padrinhos" (Ritual n. 72).

Toda a celebração, e em particular a homilia, ao mesmo tempo em que mostra a alegria que a comunidade cristã compartilha com a família dos batizados, deve iluminar o conteúdo cristão do sacramento,

---

[1] Cf., por exemplo, Farnés, P. La proclamación de la Palabra de Dios en la celebración de los Sacramentos. *Past Lit*, 229-230, p. 56-67, 1995-1996; VV.AA. Célebrer la Parole dans les sacraments. *Célebrer*, 331, p. 22-46, 43-53, 2004; Biscontin, C. L'omelia nella celebrazione del matrimonio. *Riv Past Lit*, 6, p. 35-40, 2004. No *Dizionario di omiletica* se dedicam diversos verbetes à homilia nos sacramentos: Iniciação Cristã (J. Evenou), Penitência (P. Sorci), Matrimônio (F. Cangelosi) etc.

que introduz as pessoas na comunhão com Deus, submerge-as no mistério pascal de Cristo por obra do Espírito, agrega-as à comunidade eclesial e pede uma resposta de fé por parte dos pais e padrinhos, que depois deve ir crescendo e fazendo-se pessoal nos batizados.

Na *Confirmação*, "o Bispo faz uma breve homilia, explicando as leituras proclamadas a fim de preparar os confirmandos, seus pais e padrinhos e toda a assembleia dos fiéis a uma inteligência mais profunda do significado do sacramento" (Ritual n. 26). O próprio Ritual propõe um texto de homilia que o Bispo pode seguir.

No sacramento da *Penitência*, os Prenotandos oficiais dedicam um número à homilia, nas celebrações comunitárias, e oferecem também um esquema de seu conteúdo:

> A homilia, a partir do texto da Escritura, há de ajudar os penitentes ao exame de consciência, à aversão do pecado e à conversão para Deus. Também deve lembrar aos fiéis que o pecado é uma coisa contra Deus, contra a comunidade e o próximo, e também contra o próprio pecador.
>
> Portanto, oportunamente se ressaltarão em relevo: a) a infinita misericórdia de Deus, que é maior que todas as nossas iniquidades e pela qual sempre, uma e outra vez, ele nos volta a chamar a si; b) a necessidade da penitência interna, pela qual sinceramente nos dispomos a reparar os danos do pecado: c) o aspecto social da graça e do pecado, posto que os atos individuais repercutem de alguma maneira em todo o corpo da Igreja; d) a necessidade de nossa satisfação, que recebe toda sua força da satisfação de Cristo e exige, em primeiro lugar, além das obras penitenciais, o exercício do verdadeiro amor de Deus e do próximo. (n. 25).

Para a celebração do *Matrimônio*, já a Instrução *Inter Oecumenici*, de 1964, dizia que "o sermão ou homilia, que deve inspirar-se nos textos sagrados, se fará depois da leitura da epístola e do Evangelho da missa pelos esposos" (n. 74). O Ritual, depois de apresentar a riqueza doutrinal das leituras bíblicas, lembra que "a homilia, que é peça-chave e nunca deve ser omitida, requer seu tom apropriado. Deve ser sóbria. Valem as regras de toda homilia, que parte dos textos bíblicos, centra-se na celebração e se projeta na vida" (n. 46). O próprio Ritual convida a levar em conta para a homilia as situações de fé da maioria dos presentes (que conhecerá pelos colóquios prévios que terá mantido com os noivos) e a saber comunicar vivamente a relação entre a Aliança que Deus fez com a humanidade, e Cristo com a Igreja, para entender o mistério também do amor humano.

As orientações do Episcopado espanhol sobre a homilia (1983) dizem que "nas homilias durante a celebração do Matrimônio será preciso, muitas vezes, atentar sobretudo para a situação pessoal dos que vão receber o sacramento. No entanto, a pregação, por muito positiva que seja, não poderá suprir uma preparação catequética e espiritual que deveu dar-se antes" (PPP 30).

Também tem pedagogia especial a homilia proferida em outras circunstâncias: as diversas *bênçãos* quando se fazem com certa solenidade, a *festa maior*, o *aniversário* do casamento, os *exercícios piedosos* de religiosidade popular.[2]

Quando se organiza uma celebração comunitária de *culto à Eucaristia*, "para alimentar a oração íntima podem se admitir leituras da Sagrada Escritura com homilia ou breves exortações que levem a uma maior estima do mistério eucarístico" (Ritual 95).

Na celebração da *Liturgia das Horas*, "a homilia está expressamente recomendada na celebração de Laudes e Vésperas com o povo, seguindo-lhe um oportuno silêncio... A homilia há de ser breve, sublinhando

---

[2] Cf., por exemplo, López, J. Feste patronali. In: *DizOm*, p. 539-542; Calabuig, I. M. Pietà popolare. In: *DizOm*, p. 1.140-1.146; Castellano, J. Religiosità popolare. In: *DizOm*, p. 1.341-1.345; Rosso, S. Tridui, Ottavari, Novene. In: *DizOm*, p. 1.624-1.630.

os aspectos da mensagem bíblica que têm particular aplicação ao tempo litúrgico ou à festa, e procurando referir-se também ao sentido próprio da hora celebrada" (PPP 32).

A homilia nas exéquias cristãs

A Palavra de Deus é importante também na celebração das exéquias de um cristão, que é a que queremos tratar aqui mais detidamente.[3]

Nas exéquias, a homilia, junto com os cantos, as orações, as monições e, sobretudo, as leituras, pode ajudar a comunidade cristã a celebrar de maneira consciente e ativa a proximidade de Deus e a força salvadora da Páscoa de Cristo, que se manifesta também no transe da morte.

Por isso, é evidente que, se toda a celebração deve ser tratada com esmero, também há que fazê-lo com a homilia, que tem importância tanto para os crentes como para os mais afastados que vêm para as exéquias. Como dizem as Orientações do Episcopado Espanhol do Ritual de Exéquias de 1989 (= RE),

> a Palavra de Deus proclamada e explicada constitui a melhor lição cristã acerca do significado da morte (RE 20).

> A celebração da Palavra de Deus tem por objeto assegurar às exéquias seu caráter de expressão da fé cristã, proclamando o mistério pascoal, alentando a esperança dos que sofrem diante da morte, ensinando a piedade para com os defuntos e exortando ao testemunho da vida cristã (RE 47).

---

[3] Sobre a homilia nas exéquias, cf. Dillon, R. J. The unavoidable discomforts of preaching about death. *Worship*, 6, p. 486-496, 1983; Krieg, R. A. The funeral homily: a theological view. *Worship*, 3, p. 222-239, 1984; Potel, J. Soufrir, mourir... et ressusciter: homélies aux obsèques de prêtres. *LMD*, 164, p. 129-149, 1985; Fischer, B. Predicar en las exequias. *Phase*, 196, p. 331-334, 1993; Melloh, J. A. Homily or eulogy? The dilemma of funeral preaching. *Worship*, 6, p. 502-518, 1993; Molfetta, F. di. Esequie. In: *DizOm*, p. 488-491; López, J. El Leccionario del ritual de exequias. In: *La celebración de las exequias*. 2. ed. Barcelona, 1999, p. 24-31 (Dossiers CPL, 59); VV.AA. *Nuevas homilías para las exequias*. 4. ed. Barcelona, 1993, 116 p. (Dossiers CPL, 31); VV.AA. *La celebración de las exequias*. 2. ed. Barcelona, 1999, 116 p. (Dossiers CPL, 59); Aldazábal, J. La homilía en los funerales. *Liturgia y Espiritualidad*, 11-12, p. 505-514, 2004.

Não deveria faltar nunca a homilia nas exéquias cristãs, nem contentar-nos com as palavras de saudação inicial ou de despedida final. Na homilia, há que se comentar brevemente o sentido que as leituras bíblicas dão à vida e à morte cristãs. Antes não se pregava, o que supõe uma pobreza incrível, e tudo era em latim, e a homilia teria sido a única coisa que os participantes podiam entender. Desde o Concílio, sim, potenciou-se a homilia em todas as celebrações, também para as exéquias. Há que se levar em conta que, para algumas pessoas, este é um dos poucos momentos de encontro com a comunidade cristã e a Palavra de Deus.

Pode-se dizer que, nessa ocasião, o terreno de que fala a parábola do semeador está bem preparado: a morte de uma pessoa querida "aduba" bem o campo. Só falta que a Palavra de Deus ressoe nessa comunidade com eficácia e a homilia ajude a que cale e produza fruto.

O pregador, sempre, mas de modo especial nessa circunstância da morte, mostra claramente que acolhe e ama os que se reuniram para a celebração, estejam como estejam, para transmitir-lhes, de parte de Deus e da Igreja, a visão cristã da vida e da morte.

Escolha das leituras

Antes de tudo, há que saber escolher as leituras adequadas às circunstâncias do defunto e de sua família. O Lecionário das missas de defuntos oferece uma grande riqueza de leituras.

Normalmente não é bom critério seguir nessa celebração a "leitura continuada" das férias. Pode ser que os fiéis que vão a ela não sejam precisamente dos que participam diariamente na Eucaristia. Caso se leia – "porque hoje cabe" – o Evangelho dos endemoniados de Gerasa e a vara de porcos que se afogou no lago, dificilmente os presentes entenderão o que os porcos e os demônios têm a ver com seu defunto (e não estou inventando o caso, porque o presenciei).

No Ritual de Exéquias de 1989, dedicam-se quase cem páginas (p. 1191-1280) a oferecer textos bíblicos tanto para as exéquias de adultos como para crianças: 8 do AT, 19 do NT e 19 do Evangelho, além de 10 salmos responsoriais. Dentre essas leituras, quando se prepara a celebração, é preciso escolher as duas ou três que melhor reflitam a situação do defunto: se era sacerdote, ou religioso ou religiosa, se era crente ou estava afastado da Igreja, ou se morreu vítima de um acidente ou de um atentado terrorista, ou após uma longa enfermidade.

No Apêndice V do Ritual, também há uma série de "esquemas de leituras selecionadas por temas e circunstâncias": para celebrações comuns e para circunstâncias diversas (uma morte desconcertante, morte de um jovem, de um ancião, de uma criança).[4]

O Ritual também oferece cinco homilias já redigidas no apêndice VI, embora uma homilia deva ser sempre "nova", segundo as circunstâncias de cada caso.[5]

O fato de o Ritual oferecer agora um Lecionário muito mais rico do que antes ajuda que também a homilia seja mais variada. Fato que agrada aos fiéis que, como acontece em muitas cidadezinhas, vão a todos os enterros, já que não convém que sempre escutem as mesmas leituras e aplicações.

A homilia pode também aludir com proveito a outros textos, além das leituras bíblicas, sobretudo aos vários prefácios da missa de defuntos, que contêm uma bela teologia da morte cristã: "A vida dos

---

[4] Na edição de 1989 do Ritual faltam vários desses esquemas (exéquias de uma criança pequena, de pessoa falecida com morte violenta, de um sacerdote ou diácono, de religiosos, de pais de religiosos, de leigos comprometidos, de pessoas distantes ou pouco crentes etc.). Os esquemas que faltam aqui podem ser encontrados no livro *La celebración de las exequias* (Dossiers CPL, 59).

[5] O mesmo acontece com os livros que oferecem esquemas de homilias, como o dossiê *Homilías exequiales* (Dossiers CPL, 31), 6. ed., Barcelona: CPL, 2002, que oferece 36 homilias com leituras bíblicas já escolhidas e coordenadas.

que em ti cremos não termina, transforma-se", "ele aceitou a morte, um por todos, para livrar-nos do morrer eterno"...

Sintonia com a dor

Já desde as primeiras palavras da monição inicial, e depois na homilia, deve-se notar que o sacerdote solidariza-se com a dor da família, sobretudo no caso de uma morte particularmente dolorosa.

O ministro que preside a celebração deve se colocar no lugar dos familiares e de como se sentem naquele instante. Se lhe couber repetir a celebração das exéquias – na paróquia ou no necrotério – várias vezes ao dia ou na semana, para qualquer família essa é uma celebração muito especial e única.

É necessário estar atento a todo momento e respeitar a situação dessa família: se perderam a mãe, ou um filho jovem, ou se se trata de um pai ou uma mãe que morreu prematuramente deixando órfãos muito jovens, ou choram uma morte trágica por acidente ou por atentado... As pessoas que vão às exéquias costumam ser particularmente sensíveis às palavras que lhes são dirigidas e ao tom geral da celebração. Por exemplo, quanto aos cantos: não seria muito acertado começar a celebração cantando "que alegria quando me disseram...", nem que haja muitas aleluias, por mais pascais que sejam as exéquias cristãs.

É boa a instrução que o Ritual dá em sua introdução: "Em todo caso, a pregação da fé e a exortação à esperança devem ser feitas de tal modo que, ao lhes oferecer o amor santo da mãe Igreja e o consolo da fé cristã, aliviem, sim, os presentes, mas não firam sua justa dor" (RE 67).

Isto pressupõe que, de alguma maneira, o sacerdote conheça a situação da família e as circunstâncias do falecimento. Às vezes, não será preciso perguntar nada a ninguém, por se tratar de uma pessoa muito conhecida de todos. Mas, outras vezes, pode ser quase desconhecida;

tem, então, de inteirar-se discretamente da personalidade do defunto e da modalidade de sua morte: conhecer-lhe a idade, a profissão, algumas características particulares, o grau de parentesco com os que se acham agora presentes. Conseguirá isso se fizer o possível para visitar a família do defunto, ou dirigir-se ao necrotério em que seus membros encontram-se reunidos, para saudá-los, orar pelo defunto e dialogar brevemente com eles.

Nas exéquias não se deve "negar" a morte, como se não existisse, ou não fosse dolorosa, ou como se o céu já estivesse assegurado. Não se pode negar a dor da família, nem a realidade misteriosa e tremenda da morte, sobretudo a crueldade de algumas mortes. Não se deve tentar conseguir que os familiares e conhecidos do defunto não sofram, tentando proporcionar-lhes uma espécie de anestesia com a celebração. A dor faz parte do mistério pascal de Cristo e do cristão. Jesus chorou pela morte de seu amigo Lázaro e teve medo e pavor diante da própria morte.

Às vezes, o próprio sacerdote está pessoalmente muito afetado pelo falecimento de algum familiar muito próximo ou de um colaborador muito achegado da paróquia. Não se pode exigir dele que tenha o mesmo grau de emotividade e dor dos familiares em cada caso. Mas ele deve, sim, entrar em sintonia com eles e transmitir-lhes a mensagem da fé cristã.

Não é um "elogio fúnebre"...

Uma tentação que espreita a homilia nas exéquias é convertê-la em um "elogio fúnebre", contando a vida e milagres do defunto, detendo-se, sobretudo, nas circunstâncias de seus últimos dias. Pode ser uma interessante e emotiva peça oratória própria de atos acadêmicos em honra do defunto. Mas aqui não se trata de exaltar o defunto, com palavras que chegam às vezes a assemelhar-se mais a um decreto de beatificação do que a uma homilia de exéquias. É verdade que "*de mortuis nihil nisi bonum*" (dos mortos só devem ser ditas coisas boas), mas sem canonizá-los.

O Ritual expressamente desautoriza uma homilia assim: "Fica excluído o gênero literário chamado *elogio fúnebre*, que consiste em uma retórica exposição e louvor das virtudes do defunto" (RE 47). O Missal também insiste: "Nas missas exequiais, faça-se regularmente uma breve homilia, excluindo todo gênero de elogio fúnebre" (IGMR 382). "Quando se trata de um funeral, a homilia deve evitar toda aparência de elogio fúnebre do defunto, embora deve conduzir o consolo que brota da esperança cristã e da fé na Palavra do Senhor e na oração da Igreja" (PPP 30).

Muitos desses detalhes biográficos são próprios da monição de entrada à celebração, ou da saudação que algum dos familiares dirige aos presentes no final da mesma. Como diz o Ritual,

> neste momento (da despedida) – não na homilia, que deve ser sempre um comentário aos textos bíblicos ou eucológicos –, é lícito e pode ser oportuno fazer uma breve biografia do defunto, excluído em todo caso o gênero literário de elogio fúnebre; pode-se aludir ao testemunho cristão da vida do defunto, se este constitui motivo de edificação e de ação de graças a Deus (RE 52).

Aqui não se trata tanto de contar sobre a vida do defunto, mas de iluminar sua morte à luz da Palavra de Deus. Não celebramos tanto a bondade do defunto, mas a bondade de Deus. Celebramos o amor de Deus, sua misericórdia, a força do mistério pascal de Cristo aplicada e realizada concretamente na morte dessa pessoa. O centro é Deus, não o defunto.

... mas tampouco uma homilia anônima

Naturalmente, não se pode ignorar o defunto e celebrar as exéquias em um tom de anonimato com uma homilia impessoal e asséptica.

O mistério pascal de Cristo se cumpriu *neste* defunto concreto. Deve-se citar o defunto não só nas orações em que se pede por ele, e na Oração Eucarística, mas também na monição de entrada, na oração universal, nas palavras de despedida. E também na homilia.

A homilia, sem perder seu caráter de comentário e exortação a partir da Palavra bíblica, admite facilmente um *flash* com algum fato significativo e positivo da vida e da morte do defunto: vida longa, enfermidade dolorosa, bom humor, apreço que todos lhe tinham, o bom senso humano e cristão que o levava a ajudar os outros. De acordo com as leituras bíblicas que se tenham escolhido, pode ser que, sem nenhuma violência ou exagero, seja possível afirmar do defunto que, inclusive dentro de sua debilidade humana, soube ser fiel ao estilo de vida de Jesus e que, por exemplo, cumpria em sua vida as bem-aventuranças do Evangelho, se é de todos conhecido que essa pessoa se distinguia precisamente por sua misericórdia, por seu trabalho a favor da paz, por seu amor à justiça, por seu bom coração.

Assim se conjugam os dois polos: a Páscoa de Cristo e a morte desta pessoa, o amor que Deus sempre oferece e a resposta que esta pessoa soube dar a este amor, inclusive dentro de sua debilidade humana.

O mesmo número do Ritual que desaconselha os "elogios fúnebres" convida para essa lembrança concreta do defunto: "Mas isso não quer dizer que não se possa aludir brevemente ao testemunho cristão de sua vida, se constitui motivo de edificação e de ação de graças" (RE 47).

Quem preside as exéquias e prega nelas deve se sentir sinal e sacramento de Jesus, o Bom Pastor, que soube consolar a viúva de Naim pela perda de seu filho.

Expressar o caráter pascal da morte de um cristão

O Concílio, já há quarenta anos, deu uma instrução clara a respeito do tom pascal que devem ter as exéquias, e portanto também sua homilia: "As exéquias devem exprimir melhor o caráter pascal da morte cristã (*paschalem mortis christianae indolem*). Adapte-se mais o rito às condições e tradições das várias regiões, mesmo no que respeita à cor litúrgica" (SC 81).

O sentido pascal de toda a celebração, e, portanto, da homilia, é expresso nas Orientações do Ritual: "A Igreja, nas exéquias de seus filhos, celebra o mistério pascal, para que aqueles que foram incorporados pelo batismo a Cristo morto e ressuscitado passem também com ele para a vida eterna" (RE 8). "É necessário que os cristãos recuperem o sentido pascal da celebração cristã da morte e que, através das exéquias, afirmem sua fé e esperança na vida eterna e na ressurreição" (RE 11).

O tom pascal é dado à celebração sobretudo pelas leituras, em especial as do NT. As leituras, e também as orações, situam a morte de uma pessoa à luz da Páscoa de Cristo, ou seja, de sua morte e ressurreição. Com isso, junto à seriedade da morte, se conjuga a esperança na ressurreição. A partir da Palavra, prega-se o amor de Deus e a convicção de que a última palavra não é a morte, mas a vida, embora não saibamos explicar como será a outra vida.

O tom pascal das exéquias cristãs, além de um sentido teológico, tem também um tom pedagógico: evita o tom tétrico, lúgubre, assustador, que tinham antes alguns cantos, como o *Dies irae*, o *Libera me Domine* etc. ("*tremens factus sum ego*", "*dies calamitatis et miseriae*"). Por ser uma celebração séria, mas serena, e impregnada de esperança cristã, se poderia expressar, por exemplo, escolhendo o canto "Lembra-te de Jesus Cristo, ressuscitado dentre os mortos", que é sóbrio, mas infunde confiança pascal nos que celebram essas exéquias cristãs.

Uma linguagem mais evangelizadora

Uma boa homilia exequial leva em conta a situação de alguns assistentes não habituados à linguagem da Palavra de Deus nem às celebrações religiosas. Por isso, considera-se essa celebração como uma ótima ocasião para transmitir a todos, aos assíduos e aos ocasionais, a mensagem de esperança e serena seriedade que a Palavra de Deus nos dá sobre temas centrais do cristianismo. Assim, a celebração em muitos casos adquire um caráter "evangelizador". Se os apóstolos e a primeira comunidade somente tivessem anunciado a mensagem de Jesus aos crentes, teriam ficado em Jerusalém. Anunciaram-na a todos, também aos não crentes e aos pagãos.

Com uma linguagem que todos possam entender, é necessário transmitir-lhes a mensagem pascal: estamos celebrando a vitória de Cristo sobre a morte. Não sabemos explicar como é a passagem para a outra vida. Mas nós, que cremos em Cristo Jesus, sabemos que a morte não é a última palavra. A última palavra, como no caso dele, é a vida. Também para os que morrem nele.

A homilia, certamente não insensível à dor dos familiares, proclama com maior ênfase o amor misericordioso de Deus e a vitória pascal de Cristo.

A linguagem, isso sim, tem que ser simples, levando em conta que muitos dos presentes, tanto crentes como os mais distantes, considerarão estranha a linguagem bíblica, se lhes falarmos dos "ossos de Ezequiel" ou do "seio de Abraão" ou do "dia do Senhor" ou do "vale de Josafá" ou da "Jerusalém celestial".

Tampouco é necessário, seguindo as últimas "novidades" da teologia escatológica, tentar explicar o "como" de tantos aspectos (como será a vida futura, a ressurreição dos corpos, o período do purgatório, a distinção entre alma e corpo na nova escatologia...). O importante, no âmbito da homilia, é o "fato", é o "quê", o "por quê?", ou seja, a participação do cristão na vida, na morte e na vida nova do Senhor Jesus. Tudo isso seguirá sendo sempre um mistério: "Os olhos não viram, os ouvidos não ouviram [...] o que Deus preparou para os que o amam" (1Cor 2,9).

O que deve ficar claro, com certeza, na homilia e no tom geral da celebração é que a única saída que o homem tem e que faz honra a Deus é a vida, não a morte. Nós também estamos destinados à vida, porque Deus nos incorporou a Cristo e nos identificou com sua causa. O futuro do homem não é o nada. O futuro do homem é Deus, e Cristo é o primogênito da nova criação.

É interessante a linguagem que Paulo emprega ao falar da vida e da morte do cristão: "Pois sabemos que aquele que ressuscitou o Senhor Jesus ressuscitará também a nós com Jesus" (2Cor 4,14), "Sabemos, com efeito, que, se a nossa morada terrestre, esta tenda, for destruída, teremos no céu um edifício, obra de Deus, morada eterna, não feita por mãos humanas" (2Cor 5,1), "Meu desejo é partir para estar com Cristo" (Fl 1,23), "porque se vivemos é para o Senhor que vivemos, e se morremos é para o Senhor que morremos. Portanto, quer vivamos, quer morramos, pertencemos ao Senhor" (Rm 14,8), "e assim, estaremos para sempre com o Senhor" (1 Ts 4,17)...[6]

Outros aspectos pastorais da homilia exequial

A homilia teria que ser breve, sobretudo nestas ocasiões. Breve e substanciosa, fértil. Levando em conta que agora toda a celebração se expressa em nossa língua, e os cantos são bem escolhidos, as orações

---

[6] Cf. Aldazábal, J. Celebrar la muerte con otro lenguaje. *Phase*, 110, p. 155-165, 1979.

bem pronunciadas e, sobretudo, as próprias leituras bem proclamadas, já nutrem a fé dos presentes.

É necessário evitar o risco de uma evangelização apologética ou polêmica, como já previnem as orientações do Episcopado Espanhol ao Ritual: "Não tentem aproveitar unilateralmente demais as celebrações exequiais para evangelizar os assistentes, nem muito menos para fazer propaganda da Igreja ou lançar invectivas contra os remissos ou marginalizados" (RE 67).

O tom da homilia – e das outras intervenções do ministro – deve ser humilde e convincente ao mesmo tempo. Humilde, fraterno e amável, por respeito às diversas situações de fé e sintonia com a dor da família. Humilde, sem lançar "pedradas" e indiretas aos que se aproximam pouco da igreja, e sem cair na tentação de "aproveitar que tenham vindo para lhes dizer algumas coisas que tinha vontade de lhes dizer".

E, ao mesmo tempo, um tom de fé, de convicção, porque a comunidade cristã confessa sem vacilar (com a "parrésia" ou coragem de que se fala nos Atos) sua fé e a anuncia a quem quiser escutá-la. Riram de Paulo quando ele, em Atenas, quis anunciar aos gregos a ressurreição de Cristo. Mas ele seguiu pregando sem desanimar.

Se as exéquias são celebradas com Eucaristia, é mais clara ainda sua relação com a Páscoa de Cristo. E o sacerdote agirá bem ao convidar à comunhão recordando as palavras de Jesus: "Quem come minha Carne e bebe meu Sangue terá vida eterna: eu o ressuscitarei no último dia".

Capítulo 12
Preparação remota e próxima

A arte de pregar necessita de um processo de formação e de exercício prático. Um bom pregador não nasce, se vai fazendo, com preparação, com magistério de expertos, com exercício e revisão. E com uma preparação próxima para cada homilia.

Formação remota

Tanto por seus conteúdos como pelo conhecimento da assembleia concreta e por sua pedagogia comunicativa, a homilia é complexa e não se pode improvisar da noite para o dia. A "arte da homilia" requer, no período formativo de um pastor, uma atenção especial, com a cadeira da Homilética.

Por isso, tanto nos Seminários como nas casas de formação dos religiosos, urge que, além da formação bíblica e teológica, haja um espaço de formação específica para o ministério da homilia.

Certamente houve melhoras, nestes últimos anos, no ensino da teologia sistemática e, de modo particular, da Sagrada Escritura. E se procura formá-los como homens de oração, respeitosos com o caráter sagrado e sobrenatural da liturgia. Mas também se deveria ter presente que os futuros pastores da comunidade necessitam estudar a arte e a psicologia da comunicação oral e não oral, as bases de uma boa dicção vocal e da linguagem não verbal, do uso da acústica, e tudo isso com exercícios práticos e revisão.

Também deveria entrar esse segmento das leis da comunicação no processo de formação permanente dos sacerdotes, ou seja, dos que já estão realizando este ministério na comunidade, e que podem certamente melhorá-lo com um maior conhecimento tanto dos conteúdos teológico-bíblicos como da pedagogia da comunicação.

Homilética nos seminários

Repetidamente se insistiu na necessidade desta formação nos últimos documentos da Igreja:

Na Instrução *Eucharisticum Mysterium*, da Congregação de Ritos (1967), afirma-se:

> O povo tem o direito a ser alimentado na missa com a proclamação e explicação da Palavra de Deus. [...] Sejam preparados para isto ministros com adequados exercícios, especialmente no seminário e nas casas religiosas.

Na Instrução *In ecclesiasticam futurorum*, da Congregação para a Educação Católica, em 1979, se concretiza mais:

> É particularmente necessário que os alunos recebam lições sobre a arte de falar e de se expressar com gestos, assim como acerca do uso dos instrumentos de comunicação social. Na celebração litúrgica, de fato, é da máxima importância que os fiéis compreendam não só o que o sacerdote diz ou recita, seja se trate da homilia ou da reza de orações e súplicas, mas também aquelas realidades que o sacerdote

deve expressar com gestos e ações. Esta formação se reveste de tão grande importância na liturgia renovada que merece um cuidado especial (n. 58).

Poucos anos mais tarde (1983), o *Código de Direito Canônico* da Igreja estabelecia:

> Os alunos sejam diligentemente instruídos em tudo o que se refere de modo específico ao ministério sagrado, particularmente na catequética e na homilética, na celebração do culto divino e principalmente dos sacramentos [...] (CDC 256).

Os *Bispos espanhóis*, em suas orientações sobre a homilia, disseram:

> Não queremos deixar esta seção dedicada à preparação da homilia sem nos referir à formação dos futuros ministros da Palavra, particularmente no campo específico da pregação litúrgica. [...] Não poderá faltar tampouco a iniciação pastoral prática ao ministério, depois de uma conveniente preparação teórica sobre a arte da comunicação humana e as exigências da expressão pública da palavra falada em geral e da pregação sagrada em concreto. Todos estes objetivos serão alcançados melhor com um estudo programado da teologia da pregação e *homilética*, com suficiente importância no conjunto dos estudos (PPP 26).[1]

Portanto, estes documentos eclesiais pedem uma formação específica dos seminaristas na arte da homilia e na comunicação em público. Incluem neste processo também as leis da linguagem não verbal (gestos, ações) e exercícios práticos, porque a arte de falar em público não se aprende nos livros.

---

[1] Evenou, J. Formazione all'omelia. In: *DizOm*, p. 565-569; Brzozowski, M. L'omiletica nei seminari oggi. *Seminarium*, 1, p. 160-175, 1979; VV.AA. De formatione ad praedicationem. *Seminarium*, 1, p. 1-230, 1979. É pena que no documento da Conferência Episcopal Espanhola de 1986, "La formación para el ministerio presbiteral", o aspecto da homilia mal apareça. Quando se fala do "ministério da Palavra" (n. 112), não se nomeia a homilia. Depois, no "plano de estudos" para o sexênio de formação, ela aparece na seção sobre homilética, com este esquema indicativo: teologias da pregação, diversas formas do ministério da Palavra; a homilia: identidade, finalidade e meios; como preparar e proferir uma homilia" (n. 36).

Os Bispos espanhóis, concretamente, exigem que "a homilética tenha suficiente importância no conjunto dos estudos" de um Seminário ou casa de formação.

Os seminaristas estão se preparando para ser ministros da Palavra para o bem da comunidade. Além de acolher eles próprios a Palavra, e de estudar bem a Bíblia e a Teologia, é lógico que treinem também a técnica de sua transmissão aos demais, concretamente, por meio da homilia.

A Homilética nos seminários dos EUA

Concretamente, pensamos que é útil reproduzir aqui o que a Comissão Episcopal dos Estados Unidos para a Formação Sacerdotal publicou há anos sobre o ensino da Homilética nos seminários.

Dadas as queixas sobre a má qualidade das homilias, e que em vários Seminários se suprimiu o ensino da Homilética, a Comissão publica este documento, com a esperança de que esta disciplina receba prioridade de agora em diante [...].

Reconhecemos:

- que os tempos mudaram: "as situações pastorais e humanas (referentes ao sacerdócio), [foram] tantas vezes profundamente mudadas" (PO 1),
- que a finalidade do ministério sacerdotal é a fé em Cristo Jesus: "o fim que os presbíteros pretendem atingir com o seu ministério e com a sua vida é... que os homens recebam consciente, livre e gratamente a obra de Deus perfeitamente realizada em Cristo, e a manifestem em toda a sua vida" (PO 2);
- e que a pregação é seu primeiro dever: "O povo de Deus é reunido antes de tudo pela Palavra de Deus vivo, que é justíssimo

esperar receber da boca dos sacerdotes. Com efeito, os presbíteros, como cooperadores dos bispos, têm, como primeiro dever, anunciar a todos o Evangelho de Deus" (PO 4).

Por conseguinte, tem que se incluir um curso de Homilética no currículo do Seminário.

- A finalidade da Homilética é preparar os futuros sacerdotes para que preguem, ou seja, que exercitem publicamente e em nome da Igreja aquela forma de comunicação oral que dá origem e alimenta a experiência de fé em Cristo Jesus. Uma proclamação que encontra sua mais alta expressão na homilia eucarística.

- Na ação de pregar, o pregador, dando testemunho de sua própria fé, compartilha com os ouvintes as reflexões que, em um clima de oração, se suscitaram nele sobre o significado da revelação divina tal como chega aos homens através da Sagrada Escritura, do ensino da Igreja e da continuada ação do Espírito Santo em suas vidas.

- Esta comunicação de fé viva para gerar fé faz-se de um modo simples, direto, pessoal e, no entanto, suficientemente desenvolvido para que os ouvintes possam experimentar em suas próprias vidas a graça da revelação segundo a medida concedida por um Pai amoroso.

- Para preparar os futuros sacerdotes para este ministério, o curso de Homilética deve favorecer o apreço da primazia da pregação no ministério eclesial e de seus sacerdotes, sublinhando o poder da Palavra de Deus para mudar nossas vidas. Isto se consegue melhor com um estudo programado da teologia da pregação.

- O currículo deve assegurar também que cada um dos futuros sacerdotes adquira uma competência profissional naquelas áreas de comunicação que fazem parte da expressão pública da palavra falada. Há que cuidar do desenvolvimento do instrumento total que é a própria pessoa do comunicador: o corpo, a voz, o coração e a mente, já que a comunicação requer sempre que se empenhe ativamente toda a pessoa no próprio momento da comunicação. Deveriam incluir-se no currículo, onde sejam necessários para assegurar esta competência, cursos sobre a arte física e vocal de ler e falar em público.

- O estudante deve também ter ampla oportunidade, por meio de sessões de laboratório ou práticas, de verificar por si mesmo a validade das considerações teóricas propostas na teologia da pregação e na teoria da comunicação.

- Dado que "na liturgia se manifesta a santificação do homem por sinais sensíveis", é particularmente importante que haja um curso que se concentre nos meios de comunicar as ideias pela palavra e pelos símbolos, de modo que se apele, através da imaginação, ao coração do crente.

- Daqueles que ensinam o curso de Homilética teria que se exigir uma adequada preparação profissional. E a esta disciplina se deveria conceder uma validade acadêmica igual à das demais disciplinas do seminário.

- Os seminaristas que têm a oportunidade de exercer o ministério da pregação em meio ao Povo de Deus deveriam refletir sobre suas experiências sob a orientação de um experto, como um meio de integrar em uma síntese seus estudos de Escritura, teologia, liturgia e comunicação.

Tudo que se disse aqui pode ser aplicado, com as devidas diferenças, à formação dos diáconos permanentes e dos leitores.[2]

Preparação próxima

Este ministério é nobre, mas também difícil. Devemos prepará-lo bem.[3] Os locutores de TV ou de rádio, ou os que vão participar de um comício político se preparam cuidadosamente. Com maior razão deve preparar-se o pregador, porque de sua mediação depende em boa parte que a Palavra de Deus chegue estimulante ou não aos fiéis.

O pregador não improvisa. Pelo respeito que tem à Palavra e à assembleia que escuta, prepara bem cada homilia. Sente a responsabilidade de ser o que transmite aos fiéis o que Deus lhes quer dizer. Não quer cair na rotina, nem em vulgaridades, nem em considerações superficiais que lhe ocorrem cada vez. É algo sério o que está em jogo: que a comunidade cristã escute, entenda e faça sua a Palavra que Deus lhe dirige aqui e agora. Não se trata de que fique bem o pregador ("tem que ver como fala bem... o quanto sabe..."), mas de que a Palavra chegue nas melhores condições a todos.

O documento do Episcopado espanhol sobre a homilia dedica seus números 20-25 para "a preparação da homilia", fazendo ver, sobretudo, que o pregador deve conhecer bem a Bíblia, o Lecionário e a liturgia do dia.

---

[2] Traduzido de *Notitiae*, p. 239-241, 1974.
[3] Sobre a preparação da homilia, cf. Edwards, O. C. *Elements of homiletics*: a method for preparing to preach. New York: Pueblo, xvi-132 p.; Spang, K. *El arte del buen decir*, op. cit., toda a 2ª parte: "La elaboración del discurso homilético", p. 55-116 (busca de materiais, organização, formulação linguística, memorização, apresentação: interessantes conselhos de um professor de retórica a um homileta); Barzaghi, G. Contemplari et contemplate aliis tradere: La predicazione: il suo fascino e la sua tecnica. *Divus Thomas*, 3, p. 37-86, 2004.

João Paulo II, em sua carta por ocasião dos 25 anos da Constituição conciliar de liturgia, recomendava concretamente "a esmerada preparação da homilia através do estudo e da meditação".[4]

Há uma preparação remota, da qual já falamos, que são os estudos teológicos que fez o pregador, sobretudo referentes à Bíblia, e a formação permanente que não descuida, assim como o estudo da Homilética e a atenção constante às circunstâncias da história que estamos vivendo.

Mas há também uma preparação próxima, que supõe, em primeiro lugar, uma leitura detida dos textos bíblicos do dia, com a preocupação de não ser infiel na homilia a esse Deus que quer dirigir sua Palavra a esta comunidade. Prepara-se pensando no que dizem os textos em si mesmos, o que diz o profeta, a quem o diz, por que o diz. E o que esta passagem nos diz hoje.

Essa preparação também implica o acesso a diversos comentários exegéticos e pastorais de outros autores que possa ter à mão para a preparação de sua homilia. Tomara que também existam canais para que outros fiéis – sacerdotes ou leigos – ajudem o pregador a preparar em grupo a homilia, a enfocar e aplicar sua reflexão às circunstâncias concretas dessa comunidade!

Nessa preparação entra também a atitude de aplicação pessoal a si próprio da mensagem que contêm as leituras: o que diz a mim, o que pede a mim isto que está dizendo Jeremias, ou Paulo, ou Jesus...

E, também, que de alguma maneira essa leitura e preparação se convertam em oração: é um ministério sério, que não podemos realizar

---

[4] João Paulo II, *Vicesimus Quintus annus* (1988): consequências da nova valorização da Palavra na Igreja de hoje (VQA 8). Um pregador negro dos Estados Unidos expressou com uma linguagem muito popular o que ele considerava a preparação adequada da homilia: "If ya gonna preach, read yourself full, think yourself clear, pray yourself hot and then let you go!" (Se você vai pregar, leia tudo bem, pense-o com clareza, reze com ardor e, depois, vá em frente!).

bem sem a ajuda de Deus. Se o pregador fez sua a Palavra e a aplicou a si próprio, seguramente estará depois em melhores condições para ajudar os demais.

Como dizem as *Orientações sobre a homilia*:

> A eficácia última da pregação da Palavra depende da graça do Senhor e da ação do Espírito Santo que intervém tanto nele que fala em nome de Cristo como nos ouvintes. Por isso, do mesmo modo que a leitura da Sagrada Escritura deve ser acompanhada pela oração para que se realize o diálogo de Deus com o homem, assim também a preparação da homilia deve ir acompanhada da meditação da Palavra de Deus, que é preciso ensinar e explicar a partir da vivência pessoal e com a refinada caridade pastoral à imagem de Cristo (PPP 25).

O Concílio o disse claramente aos sacerdotes:

> Sendo ministros da Palavra de Deus, todos os dias leem e ouvem a palavra do Senhor que devem ensinar aos outros. Esforçando-se por realizá-la em si mesmos, cada vez se tornam mais perfeitos discípulos do Senhor, segundo as palavras do apóstolo São Paulo a Timóteo (1Tm 4,15-16). Investigando como mais convenientemente poderão dar aos outros aquilo que meditaram, mais profundamente saborearão as insondáveis riquezas de Cristo e a multiforme sabedoria de Deus. Tendo diante de si que é o Senhor que abre os corações e que a sublimidade não vem deles mas da virtude de Deus, na própria pregação unam-se mais intimamente com Cristo Mestre e deixem-se levar pelo seu espírito. Assim unidos a Cristo, participarão da caridade de Deus, cujo mistério, escondido desde os séculos, foi revelado em Cristo (PO 13).

Preparar o começo e o final da homilia

É importante preparar o começo da homilia. Há que saber começar: às vezes, com uma afirmação clara, resumo de tudo; ou com uma pergunta; ou uma exclamação de assombro ou de admiração ou de dúvida diante da página lida; ou com uma afirmação da situação atual, tanto se sintoniza como se se opõe à mensagem da leitura.

Sem necessidade de começar com títulos e saudações às diversas pessoas, nem aos fiéis (a homilia é parte da celebração, e a saudação já se fez no início), é necessário saber captar desde o princípio a atenção dos presentes. Ainda se pode dizer que não tiveram tempo de "desconectar--se", e, portanto, é bom centrar-se em seguida na mensagem, mostrando a natureza do que disse a Palavra, ou seu caráter surpreendente ou paradoxal: é possível o que nos disse Jesus? Tem razão Paulo, ou Jeremias...? As primeiras afirmações devem ser vivas, interpelantes. O pregador deve saber colocar-se nos bancos da igreja e pensar como a comunidade recebeu a leitura que acaba de ser anunciada.

Também deve ter preparado, de algum modo, *o final*.

O pregador pensará se convém terminar sua homilia com uma afirmação conclusiva, ou com uma palavra de estímulo e esperança, ou com uma pergunta, ou com um convite para seguir pensando no que nos disse a Palavra e examinar-se à luz dela. O "faz tu o mesmo" de Jesus pode ter modalidades diferentes na hora de concretizar a mensagem do dia para nós aqui e agora.[5]

Uma das virtudes de uma boa homilia é a de saber acabar a tempo, que não se faça interminável, mas também terminá-la pedagogicamente.[6]

---

[5] E não é necessário terminar sempre com a Virgem. Permitam-me uma recordação. No ano de 1996, numa nação americana, um Bispo fez uma homilia aos que estávamos reunidos num simpósio de liturgistas e terminou falando da Virgem, o que não está errado. E nos confessou, todo orgulhoso, que "em 47 anos de sacerdócio só deixei de invocar a Virgem na homilia talvez duas vezes", o que não deve ser considerado obrigatório. Às vezes, dependendo do tema (a escuta da Palavra, por exemplo, ou a caridade solícita para com os necessitados, ou a força diante da dor), vale a pena aduzir a Virgem como modelo. Mas não é necessário "forçar" cada homilia para que termine com essa recordação.

[6] No capítulo 13 refletiremos sobre o aspecto de "quanto" deveria durar uma homilia.

Não se deveria ter medo de terminar a homilia logo, ou inclusive um pouco "de repente". O ouvinte agradecerá mais do que prolongar seu desfecho sem muito sentido. O que se deve levar em conta, isto sim, é que a homilia não é o final da celebração, mas preparação para o caminho do rito sacramental. Não há necessidade de dizer tudo: às vezes, basta sugerir, colocar perguntas, convidar a que sigam pensando antes de passar para o sacramento.

Escrever a homilia?

Escrever a homilia tem vantagens e desvantagens.

Em algumas ocasiões, é conveniente que esteja escrita. O Papa, que na maior parte das vezes prega em uma língua que não é a sua, normalmente a lê. Assim o fazem também os que pregam em celebrações especiais e mais comprometidas. No caso das missas retransmitidas por rádio ou televisão, os Bispos espanhóis (Comissões de liturgia e de meios de comunicação) deram, em 1986, algumas normas sobre a homilia: "O sacerdote deve estar consciente da difusão evangelizadora que os meios de comunicação prestam às suas palavras. Por isso, é aconselhável que escreva a homilia, inclusive, por razões de tempo" (n. 25).

Ler a homilia tem a vantagem de que está preparada, não é improvisada, e normalmente é mais breve. Pode ser um sinal de respeito à Palavra e à comunidade.

Contudo, tem a desvantagem de que, se se lê com o olhar demasiadamente preso ao papel, e seguindo ao pé da letra o que se havia escrito, pode se perder comunicabilidade e vivacidade.

Será necessário evitar os dois extremos: a improvisação e a escravidão do papel. O que se recomenda é ter ao menos um esquema, embora no momento da pregação não seja preciso necessariamente tê-lo diante de si ou segui-lo ao pé da letra, porque seguramente a própria celebração criou sensações que não se haviam previsto antes. O que esse esquema deveria ter é o modo de começar e de "aterrissar" no final.

A ajuda dos homiliários

O pregador pode lançar mão, para a preparação de sua homilia, dos vários homiliários que existem, sobretudo, para os domingos. Na história houve com frequência homiliários, obras de prestigiosos pregadores, sobretudo de Santos Padres, que foram utilizados durante séculos.

Também hoje um pregador tem à mão diversas ajudas para a homilia. Umas, em forma de livros com homilias já feitas. Outras, como folhetos ou folhas soltas, com materiais para se construir mesmo sua homilia. Umas e outras podem ser uma boa ajuda por suas ideias e aplicações.[7]

É difícil que as homilias feitas dos "homiliários" respondam às circunstâncias da própria comunidade e, além disso, em poucos anos ficam "defasadas" quanto à história da humanidade e da Igreja, que também contam na hora de organizar uma homilia; ou seja, é possível dizer que os homiliários podem "envelhecer" rapidamente.

Das publicações mais ágeis se necessitaria dizer que, em princípio, não deveriam ser consideradas como pensadas para ler diretamente, mas para ajudar a preparar a própria homilia, a qual se adapte à própria comunidade. Quem conhece a comunidade é capaz de preparar uma homilia mais viva e real sobre ela. Não é o ideal que estes subsídios

---

[7] Sobre os homiliários, cf. Álvarez, L. F. Riviste di omiletica in Spagna. In: *DizOm*, p. 1.396-1.397, com uma breve avaliação das publicações mais conhecidas na Espanha: *Dabar*, de Estella, *Eucaristía*, de Zaragoza, *Homilética*, de Santander, e *Misa dominical*, de Barcelona; Bala, R. La actualización del mensaje en la predicación y sua aplicación en lãs guías dominicales (trabalho de conclusão de 2003 em que o autor analisa essas mesmas quatro publicações).

para a pregação ofereçam "homilias prontas", embora muitas vezes seus assinantes as peçam.[8]

É bom ler o que dizem a respeito as *Orientações da Comissão Episcopal de Liturgia*:

> Desde o início da reforma litúrgica, quando a homilia se tornou obrigatória, proliferaram em toda parte *diversas publicações*, algumas em forma de livro, outras de publicação periódica, que pretenderam facilitar aos ministros da Palavra o desempenho de sua tarefa. Estas publicações, quando propõem de maneira positiva e clara o comentário bíblico conforme uma exegese séria e respeitosa com a unidade de toda a Sagrada Escritura, prestam uma boa ajuda na preparação da homilia...
>
> A utilização destes materiais não deve impedir uma preparação cuidadosa da homilia, atenta para a situação concreta de seus destinatários, aspecto que nunca nem o melhor dos roteiros ou esquemas de pregação poderá suprir. Estes devem, de certo modo, educar ou ajudar, não suplantar uma tarefa que forçosamente há de ser realizada pelo próprio ministro da homilia. Neste sentido, buscando uma melhor preparação, seria muito louvável que, onde for possível, os presbíteros compartilhassem esta tarefa inclusive com o concurso de outros membros da comunidade cristã, mas assumindo sempre cada um a própria responsabilidade ministerial de partir o pão da Palavra divina ao seu povo (PPP 24).

---

[8] Permitam-me aludir à minha obra, agora em dez volumes, intitulada *Enséñame tus caminos*, da coleção "Dossiers CPL", da editora CPL, de Barcelona. Seis deles oferecem materiais para todas as férias do ano. Um, para as festas de santos que têm leituras próprias; e os outros três, para os domingos dos três ciclos. Não são homilias prontas, e sim materiais para a reflexão pessoal e, eventualmente, também para a homilia, sem relacionar necessariamente as leituras entre si, quando elas não têm esse nexo na estrutura do ano litúrgico.

Capítulo 13
Outras sugestões pastorais

De onde pregar

Em princípio, o lugar mais idôneo para a homilia parece a cadeira presidencial. Toda a primeira parte da celebração é presidida pelo ministro de sua cadeira. Sublinha-se, assim, que a homilia pertence ao ministério da presidência: preside e prega *"in persona Christi"*, personificando o próprio Cristo que é o autêntico Mestre da comunidade.

Se não for possível, por razões de escassa visibilidade ou proximidade, pode fazê-la do ambão. Neste caso, sublinhar-se-ia a relação da homilia com a Palavra recém-proclamada (coisa que, por outro lado, também se expressa bem se pregar da cadeira com o Lecionário na mão).

A *Institutio* do Missal repete antes de tudo a instrução de reservar o ambão para a Palavra propriamente dita, aquela que Deus dirige à sua comunidade através das leituras bíblicas, e buscar outro lugar mais adequado para outras "palavras", sem maiúscula; neste caso, as do presidente, portanto, de sua cadeira. Mas não quer exigi-lo em excesso, pois pode haver circunstâncias que o tornem desaconselhável. Por isso, acrescenta que "se pode" dizer a homilia do ambão:

O sacerdote, em pé, da cadeira ou do próprio ambão, ou, se for oportuno, em outro lugar conveniente, faz a homilia (IGMR 136).

A dignidade da Palavra de Deus exige que haja na igreja um lugar adequado para sua proclamação [...]. Do ambão são proferidas unicamente as leituras, o salmo responsorial e o precônio pascal. Podem também ser feitas a partir dele a homilia e as intenções da oração universal. A dignidade do ambão exige que somente suba a ele o ministro da Palavra (IGMR 309).

As *Orientações para a homilia* dos Bispos espanhóis explicam bem a razão de ser deste lugar alternativo da homilia:

> O lugar pode ser a cadeira do celebrante ou o ambão, não o altar. Caso se faça a homilia da cadeira, destacar-se-á o caráter presidencial e hierárquico do ministério da pregação litúrgica, do qual a cadeira é sinal. Fazê-la no ambão contribuirá para mostrar a conexão da homilia à Palavra de Deus, do lugar próprio da proclamação desta (PPP 28).

Recordamos de onde se pregava antes nas igrejas: do púlpito. Desse lugar elevado, situado no meio da igreja, e com uma espécie de toldo sobre ele para orientar a voz para baixo, podia-se comunicar mais eficazmente a Palavra para toda a assembleia. Agora, com os meios acústicos, resolve-se a questão de outro modo.

O lugar do qual se prega deve facilitar a comunicação visual entre o pregador e a comunidade, sem elementos intermediários que possam dificultar, física ou psicologicamente, a mútua proximidade de ambos. Portanto, não parece muito adequado que se utilize outro atril diante da cadeira, quase como um segundo ambão, para guardar papéis e livros. Impede que todos tenham uma boa visão do presidente.

Naturalmente, o lugar da homilia, a cadeira, deve também estar provido de uma condição acústica adequada.

Poderia deixar a dúvidas o fato de que em latim se diga que faz a homilia *"stans ad sedem"* (IGMR 136): estando de pé? Sentado? Em IGMR 138, usa-se a mesma expressão para a oração universal, em cujo caso se traduz claramente por "de pé junto à cadeira", porque a oração pede por sua natureza que se realize de pé.

Porém, no caso da homilia, parece o mais coerente com seu ofício de presidente que faça a homilia sentado. Por isso, a introdução ao Lecionário diz que a homilia se realiza "na cadeira, de pé ou sentado" (OLM 26).

A duração da homilia

A duração da homilia é importante para o equilíbrio e a proporção global de uma celebração. É também o que os fiéis notam mais, e o que mais comentam.[1] Embora seja verdade que, se tiver outras virtudes – linguagem acessível, aplicação concreta à vida –, "perdoarão" com relativa facilidade alguns minutos a mais. Do que se queixam com razão, às vezes, é do pouco impacto que as homilias têm e sua pouca relação com a vida. E a isso se acrescenta sua duração exagerada.

Motivos para uma homilia relativamente breve

Normalmente as homilias pecam por ser longas demais, com a consequência de que os pregadores se demoraram muito na homilia e depois têm que correr para "recuperar" o tempo.

Há vários motivos para recomendar uma homilia relativamente breve.

a) A homilia não é o principal: a própria Palavra, as leituras bíblicas, são mais importantes que sua explicação, por mais

---

[1] Numa paróquia de Barcelona foi realizada, há anos, uma pesquisa de opinião entre os participantes das missas dominicais. Propunham-se quatro respostas possíveis para qualificar a homilia: "distante da vida", "difícil de entender", "longa demais", "parece-me boa". Esta última possibilidade teve a maioria: 60%. Entre os que optaram por respostas negativas, 25% o fizeram porque acharam a homilia longa demais...

autorizada e preparada que seja; se a homilia ultrapassa ostensivamente o tempo das leituras, parece desproporcionada.

b) Antes era mais "necessária" uma homilia demorada, porque, por exemplo, era preciso repetir a parábola do filho pródigo, que os fiéis tinham escutado em latim; agora, tudo está em nossa língua, também as leituras, e, portanto, a homilia é um tanto relativizada, embora conserve sua importância.

c) Toda celebração, não só a homilia, é alimentadora da fé: os cantos, as orações e, sobretudo, as leituras.

d) A homilia deve ser proporcional ao conjunto da celebração; uma homilia que, em uma missa que vai durar 40 minutos, passa dos dez, parece excessiva; em oito ou dez minutos se pode dizer muito, caso tenha havido uma boa preparação, contando sobretudo com que as próprias leituras já foram proclamadas e a comunidade as escutou, e seguramente já produziram uma "homilia interior" nos ouvintes. Quem não conseguiu dizer algo substancioso nesses poucos minutos, não parece capaz de melhorar as coisas por mais que continue falando.

e) Não temos que subestimar os fiéis: captam mais do que cremos das leituras que escutam, se foram bem proclamadas, e não é necessário repetir demasiadas ideias; também eles acolheram a Palavra, e o Espírito age também sobre eles.

f) O homileta deve conhecer e respeitar as leis psicológicas da atenção que também aqui se aplicam. É claro que depende de sua pedagogia, simpatia e efetividade, mas é útil recordar que a capacidade de atenção das pessoas (para as palavras, sem imagens) é limitada.

Em uma revista alemã – os alemães (a) preocupam-se muito com a homilia, (b) fazem estatísticas de tudo – foi realizada uma pesquisa sobre o que fica na memória dos ouvintes depois da missa:

- nos primeiros três minutos, têm um alto grau de atenção (ou seja, seu conteúdo é muito recordado);
- nos quatro minutos seguintes, baixa notavelmente essa atenção;
- volta a subir um pouco nos minutos 7 e 8;
- e, a partir daí até o final, a atenção se aproxima do zero.

g) Não é necessário que a homilia diga tudo: às vezes, é bom terminar com uma perspectiva "não completa", deixando uma pergunta no ar, ajudando que todos continuem pensando e aplicando a si mesmos o que disse a Palavra, sem pretender apurar todas as consequências e aplicações.[2]

Depende também das circunstâncias

Tampouco este tema da duração da homilia, como muitos outros, pertence aos dogmas nem ao terreno das ciências exatas. Depende muito das circunstâncias da celebração.

Em uma celebração eucarística dominical, pensa-se que, em oito ou dez minutos, seja possível realizar convenientemente este ministério de ajuda à comunidade para que capte a Palavra. Enquanto, em uma celebração durante a semana, quando também tem muito sentido a homilia, poderia ser mais breve (digamos que uns cinco minutos).

---

[2] É famosa a frase de Baltasar Gracián, embora não se costume citá-la em sua totalidade: "O bom, se breve, é duas vezes bom; e mesmo o mau, se pouco, não é tão ruim". No ambiente eclesiástico, conta-se o conselho dado por um sacerdote a um jovem que veio para servir como vigário, referindo-se à homilia: "Prepare muito bem o começo do sermão, e também o final, e depois procure fazer com que não fiquem demasiado distantes um do outro...". O dito clássico o resume bem: "*Esto brevis, et placebis*" (Sê breve e agradarás).

Em uma celebração de "festa maior", talvez a comunidade já espere uma homilia um pouco mais prolongada, embora tampouco seja conveniente exceder-se nela, porque também nessas celebrações já se proclamaram as leituras que devem servir de ponto de referência para seu comentário.

> Das páginas da "Missa Dominical" recomendamos várias vezes uma homilia breve. Porém, uma vez (no n. 6 do ano 2000), cremos conveniente publicar o "protesto" de alguns missionários do Equador que nos pediram que não insistíssemos mais na brevidade da homilia. Diziam-nos que isso seria em todo caso útil lembrar na Europa, mas não necessariamente em outras terras, onde as pessoas não têm pressa, e, às vezes, a celebração eucarística do domingo é um acontecimento esperado, ao qual vêm de longe e não lhes importa meia hora a mais ou a menos. Para muitos é a única oportunidade de escutar a Palavra de Deus e sua explicação. Diziam-nos que os fiéis não se queixavam nunca da duração das homilias, se tinham sido instrutivas e concretas. Estranhavam, isso sim, às vezes uma homilia demasiadamente concisa ("o padre está com pressa", "o padrezinho está bravo", "parece que não teve tempo para se preparar bem"...). O mesmo acontecerá seguramente em muitos países da África.

Talvez seja sábio, portanto, lembrar a norma que a introdução ao Lecionário oferece (1981):

> Com esta explicação viva que é a homilia, a Palavra de Deus que foi lida pode adquirir uma maior eficácia, contanto que a homilia seja realmente fruto da meditação, devidamente preparada, *nem demasiado longa nem demasiado breve*, e leve em conta todos os que estão presentes, inclusive as crianças e as pessoas menos instruídas (OLM 24).[3]

---

[3] Esse problema da duração exagerada das homilias não parece acontecer apenas em nosso tempo. Frederico Guilherme I, rei da Prússia, denunciava, por volta do ano de 1744, que "os sermões se alongam fora de toda medida", e, com o desejo de "fixar um limite a pregações tão pesadas, mais aptas para enfraquecer do que para alimentar a devoção", ordenou que "nunca passassem de uma hora". E os pregadores que infringissem esta norma "deveriam pagar dois *talers* na igreja onde tenham pecado". Aqui conhecemos "multas" não por causa da duração, mas por causa do conteúdo supostamente político

Uma breve monição que apresenta a leitura

Antes das leituras, é conveniente, às vezes, uma breve monição que apresenta não tanto o conteúdo e as aplicações, mas o contexto da passagem, para despertar o interesse dos fiéis ou permitir a compreensão do que vão escutar.[4]

Antes das leituras, especialmente antes da primeira, pode-se fazer algumas breves e apropriadas monições... simples, fiéis ao texto, breves, preparadas minuciosamente e adaptadas ao matiz próprio do texto que devem introduzir (OLM 15).

Cabe ao presidente introduzir, de vez em quando, os fiéis, mediante algumas monições, na liturgia da Palavra, antes da proclamação das leituras... Esta função pode ser exercida por meio de outros, por exemplo, do diácono ou do comentador (OLM 42) (cf. também IGMR 31).

Um momento de silêncio antes e depois

Parece pouco adequado falar do silêncio quando se está refletindo sobre a homilia, que, fundamentalmente, é palavra. Contudo, no conjunto de uma celebração é importante a proporção entre palavra e silêncio, como também o é entre canto e palavra, entre palavras e gestos.

Não é necessário iniciar precipitadamente a homilia depois das leituras; é preciso deixar tempo para que todos se sentem e, após o silêncio, começar o comentário do sacerdote.

---

das homilias. Ainda bem que agora as autoridades não parecem muito interessadas nessa espécie de medidas relativas à homilia! E, em todo caso, o limite certamente se situa agora numa medida mais discreta do que uma hora...

[4] Sobre as monições antes das leituras, cf. Farnés, P. *Pastoral de la Eucaristía* (Dossiers CPL, 49), no capítulo "Las moniciones litúrgicas", principalmente p. 48-66, "Moniciones a las lecturas".

E, assim como depois de cada leitura (ou de cada salmo, na reza da Liturgia das Horas) se recomenda um momento de silêncio, para interiorizar o dito ou o escutado, também é bom que o Missal, em sua introdução, lembre repetidamente a conveniência de um momento de silêncio depois da homilia:

- "ao terminar a leitura ou a homilia, meditem brevemente sobre o que ouviram" (IGMR 45),

- "Estes momentos de silêncio podem ser observados [...] uma vez concluída a homilia" (IGMR 56),

- "depois da homilia é oportuno guardar um breve espaço de silêncio" (IGMR 66),

- "uma vez terminada a homilia, pode guardar-se um tempo de silêncio" (IGMR 136). [5]

O silêncio não é necessariamente passivo, mas pode ser um momento muito ativo. Depois de comungar, também é recomendado para favorecer, depois do ato principal de toda a celebração, a personalização e a interiorização da comunhão eucarística com Cristo.

Então, depois da Palavra e da homilia, o silêncio tem a mesma finalidade: ajudar a que todos – começando pelo próprio pregador – façam sua a Palavra e ativem o "diálogo" interior entre Deus e a comunidade; diálogo que a homilia tratou de provocar e animar.

Como diz a introdução ao Lecionário: "Assim, tendo escutado e meditado a Palavra de Deus, os cristãos podem dar-lhe uma resposta ativa, cheia de fé, esperança e caridade, com a oração, com o oferecimento de si mesmos, não só durante a celebração, mas também em toda a sua vida cristã" (OLM 48).

---

[5] Triacca, A. M. Il silenzio dopo d'omelia: suoi dinamismi pneumatologici. *Liturgia*, 145, p. 20-28, 1998.

Capítulo 14
A homilia, educadora da fé

De tudo que foi dito podemos deduzir a importância do ministério da homilia no conjunto da pastoral cristã.

Naturalmente, a homilia não é um elemento isolado, nem o principal, na dinâmica de uma celebração. A Palavra de Deus é mais importante que a homilia. Também conta a proclamação expressiva da Oração Eucarística e a realização dos sinais sacramentais, sobretudo na missa, em que os fiéis que acolheram a Palavra participam depois do Corpo e Sangue do Senhor.

A homilia tampouco assume ou substitui a função dos demais momentos formativos da comunidade: a evangelização, a catequese, os caminhos catecumenais, a pedagogia dos escritos e dos meios de comunicação, os cursos bíblicos, ou litúrgicos, ou de espiritualidade para grupos ou paróquias, a direção espiritual, ou as demais iniciativas de formação permanente. Além disso, situa-se dentro do itinerário que oferece o Ano Litúrgico, com a sucessão dos domingos e dos tempos fortes, assim como dos dias úteis.

Mas, certamente, em todo esse marco eclesial que se pode chamar educador, a homilia aparece como um fator muito notável, que ilumina, que ajuda a amadurecer progressivamente na fé. A homilia educa-nos todos a levar a sério e acolher em nossa vida a Palavra de Deus, a nos comprometer no projeto salvador que Deus nos oferece, a conseguir a unidade entre a fé que professamos, o sacramento que celebramos e a vida que vivemos.

É um momento relativamente breve, aproximadamente dez minutos, mas que, a longo prazo, se bem realizado, pode ser o motor de uma jornada ou de uma semana vivida na fé, na força salvadora da Palavra de Deus. Dez minutos que, para muitos cristãos, que não assistem a outros cursos ou iniciativas de formação, continuam sendo praticamente o único fator de animação de sua fé.

O *Código de Direito Canônico* lembra aos Bispos seu dever de pregar:

> Sendo que o povo de Deus se reúne, em primeiro lugar, pela Palavra do Deus vivo, a qual é sempre legítimo exigir dos lábios dos sacerdotes, os ministros sagrados tenham em grande estima o múnus da pregação, porque um de seus primeiros deveres é anunciar a todos o Evangelho de Deus (CDC 762).

O primeiro beneficiado, o pregador

O primeiro a ser educado pela homilia é a própria pessoa que a prepara e diz.

a) A homilia faz com ele sinta que *não é o dono da Palavra*, mas seu servidor. É a atitude fundamental de um ministro e de um profeta: considerar-se servidor da Palavra. Ele não é o criador da mensagem. Em todo caso, é o encarregado de suscitar uma disposição de acolhida. Mas a Palavra é de Outro. O pregador é o servidor de um acontecimento salvífico que ocorre, não entre ele e os fiéis, mas entre Deus e a comunidade. "Ele não era a luz, mas veio para dar testemunho da luz. A Palavra era a luz verdadeira" (Jo 1,8-9).

Quem dá uma conferência é dono de seu tema. O que prega uma homilia, não. Ele colocará de sua parte toda a pedagogia e a força de convite e exortação, mas a faísca deve surgir entre Deus e a assembleia. Não dizem o "amém" a ele, mas a Deus e a Cristo, Palavra definitiva e salvadora. O que prega, sentindo-se ele mesmo evangelizado, converte-se em evangelizador. Mas a Boa-Nova não foi inventada por ele. Ele é discípulo e porta-voz do único Mestre, Cristo. Não prega com a preocupação de "o que eu lhes digo hoje", mas com a atitude humilde do mensageiro que se pergunta "o que Deus nos diz hoje".

b) A homilia também o educa em sua *atitude pessoal de fé*. Para ser servidor da Palavra que ressoa para a comunidade, o pregador deve ouvi-la primeiro e acolhê-la pessoalmente. É, antes que homileta, ouvinte. Inclusive, quando está falando, não deveria escutar a si mesmo, mas em todo momento estar atento à Palavra. Deve notar que ele não se "soltou" dela, mas que a está seguindo e deixando ressoar nas reflexões que ele faz à comunidade. Como o disse bem Santo Agostinho (em seu sermão 179): é um sermão sobre a Palavra de Deus e desenvolve a ideia central de que o pregador deve antes de tudo saber escutar, para que depois sua palavra seja verdadeira. Porque "é um observador vazio da Palavra de Deus, externo, aquele que por dentro não é ouvinte da mesma".

c) Outro aspecto dessa função educativa da homilia para com o próprio pregador é fazê-lo sentir-se *um irmão dentro da comunidade*. Não prega de fora, nem de cima. É um fiel que faz parte da assembleia, embora tenha recebido o encargo oficial de ajudar os demais em sua fé. Crente entre crentes, e não tanto doutor ou mestre, o pregador, em tom fraterno que é próprio da homilia, vai sentindo cada vez mais respeito por seus irmãos. Pregar o aproxima da comunidade, convida-o a conhecê-la melhor e a aceitá-la. Não é dono dos fiéis, como não é da Palavra. Também os fiéis escutaram a Palavra e se deixaram iluminar por ela.

O pregador, com seu ministério, tenta ajudá-los para que o façam com maior profundidade. Ele escutou a Palavra, e ela ressoa antes de tudo nele, e depois exorta seus irmãos a partir de sua própria atitude de fé.

d) O pregador ouve a Palavra de Deus, que ressoa nele. Ouve a palavra dos homens, e ressoa também nele. E essa admirável "estereofonia" *o vai fazendo amadurecer em sua fé* e em seu papel de ministro.

Todos sabemos que isto pode parecer utópico. Que a rotina e o cansaço alquebram o homileta. Que ele pode aplicar todos os métodos da comunicação oratória sem que por isso repercuta muito nele próprio o que Deus diz. Pode converter-se em um carteiro que transmite mensagens, mas que não sintoniza com elas; em um mágico que lança bolas ao ar, faz maravilhas e, quando termina seu número, guarda-as em uma caixinha até o próximo número...

Por isso, afirmar que a homilia educa o sacerdote pressupõe que este exercite seu ministério com fé e com esperança. Então, é verdade que a Palavra e a homilia provocam o diálogo, sobretudo, entre o próprio pregador e Deus. E, por essas inacessíveis leis de comunicação espiritual que entram em jogo na celebração, muitas vezes é palpável que da qualidade desse diálogo pessoal que brota entre a fé do sacerdote e o Deus que fala depende em boa parte a eficácia das palavras que diz a seus irmãos.

Educa-nos a centralidade da Palavra

A homilia é educadora para toda a comunidade cristã, e em várias direções.

Um dos valores que a reforma litúrgica e a nova sensibilidade que amadureceu na Igreja ressaltaram mais é a prioridade e a centralidade da Palavra de Deus. E nesse redescobrimento da Palavra tem parte muito importante a homilia, se bem realizada.

Embora se pudesse, pelas aparências, pensar o contrário, porque a homilia se diz com maior ênfase que a leitura, não é a palavra do pregador o centro, mas a leitura bíblica que se proclamou antes, sobretudo o Evangelho. Se a homilia está bem pensada, vai tornando palpável à comunidade que o posto central corresponde ao Deus que lhes fala. A homilia é "relativa", não absoluta; não é independente, mas servidora da Palavra.

A comunidade, pela repetição desta dialética, vai compreendendo cada vez mais que Deus tem a iniciativa, que a autêntica Palavra salvadora é a dele. E isto pode ser de certa maneira revolucionário para uma geração como a nossa, que foi educada antes com o alimento dos livros de devoção e as leituras piedosas, e não precisamente ao ritmo da História da Salvação como nos é apresentada pelos livros bíblicos. Aí estão o novo Lecionário e a homilia, para lembrar a todos continuamente a importância da Palavra que Deus nos dirige e que não quer cair no vazio, mas encontrar-se com a atenção e a acolhida da comunidade cristã.

Uma homilia boa não se afasta da Palavra, em busca de outros temas ou argumentos, mas, partindo dela, aplica-a com pedagogia concreta e viva à história presente da comunidade, convidando todos a deixarem-se convencer por ela, e que se note sua mentalidade em seu estilo de vida. A riqueza atual e a estrutura do Lecionário, sobretudo com a leitura continuada dos vários livros bíblicos, é um convite a "deixar falar" a Deus, e não partir necessariamente de nossos problemas e perguntas, seguros de que, a longo prazo, Deus responderá nossas perguntas, mas disponíveis também a que seja ele que nos coloque suas perguntas e nos oriente para saber quais prioridades devemos seguir em nossa vida.

A Palavra de Deus não é uma página de um livro venerável, que abrimos como ato de homenagem devota a Deus. É cada vez mais acontecimento vivo na comunidade crente. É Palavra que se dirige a nós aqui e agora. O que quer a homilia é que se produza essa experiência, simples mas profunda, de fé e acolhida por parte dos fiéis; que a comunidade comungue com Cristo, que primeiro se nos dá como Palavra de salvação e depois como Corpo e Sangue de vida. As leituras já "soaram". A homilia tenta que, além disso, "ressoem" em nossa história e em nosso projeto de vida.

Educa-nos ao compromisso da vida

Outro aspecto em que a homilia educa a comunidade cristã é iluminando continuamente sua vida e sua história à luz da Palavra de Deus. A homilia, como vimos, é uma exortação fraterna a aceitar como critério de vida o que Deus nos propõe. Não se trata de pequenos detalhes que podemos acrescentar ao nosso estilo de vida. Trata-se de uma opção global e de uma alternativa: realizar nossa vida em Cristo e com base em Cristo; julgar nossa existência à sua luz, ver o mundo, a sociedade e nossos projetos, de sua perspectiva, dos olhos de Cristo. Por isso, a homilia educa para um sentido crítico, que muitas vezes é de contraste, juízo e discernimento quanto aos projetos vitais que espontaneamente assumimos no mundo de hoje. A homilia é um momento "profético" e comprometedor em nossa vida, interpretando-as a partir da Palavra.

A homilia não é o único meio de alimentar a fé da comunidade; também as orações, os cantos, a celebração inteira e, sobretudo, as leituras têm grande força alimentadora da fé. Mas a homilia, fazendo eco à Palavra proclamada e refletindo sua luz sobre a vida da comunidade, pode converter-se em uma verdadeira formação permanente, luz e alimento para os fiéis.

A Palavra nos apresenta ao longo do ano um sistema de valores que, muitas vezes, é oposto ao deste mundo. O pregador deve exercer o serviço do discernimento e da clarificação, para que a comunidade vá tornando própria a opção pela mentalidade de Deus.

Fora da celebração, estamos submetidos a um bombardeio de mensagens contrárias – uma autêntica "anti-homilia" ou "anti-Palavra" –, que devemos saber contrabalançar com a Palavra e a aproximação que a homilia faz dela à vida de hoje, até os últimos recantos de nossa existência.

A Palavra de Deus não é dita no ar, nem atemporalmente: cai sobre a comunidade com toda sua força. A homilia quer precisamente ajudar essa Palavra a iluminar até os últimos recantos de nossa existência. Às vezes, com o anúncio; outras, com a denúncia.

Para conseguir uma espiritualidade em torno da Palavra

Para que a homilia produza o melhor fruto, é preciso cuidar pastoralmente de várias dimensões, antes e durante a celebração.

Não teríamos que deixar tudo ao *"ex opere operato"*. Sim, é o Espírito Santo que move os corações, mas geralmente se serve do ministério humano dos leitores, da acústica e da palavra do pregador.

A Palavra de Deus, como explicou Jesus em sua parábola, pode produzir 30, ou 60, ou 100 por um. Mas, além do trabalho do Espírito, seu fruto depende de muitos fatores:

a) deve-se cuidar da linguagem dos sinais em torno da liturgia da Palavra: a pontualidade em seu início, a boa acústica, a dignidade do livro e do ambão, os sinais de respeito à Palavra;

b) é necessário cuidar, sobretudo, dos ministérios da Palavra: não só do da homilia, mas antes dos do leitor, do monitor e do salmista;

c) os fiéis devem ir se aprofundando na compreensão e no apreço da Palavra; devem ir se acostumando a interiorizá-la e personalizá-la cada vez que a escutam, sobretudo na celebração comunitária;

d) a homilia deve contribuir para que a comunidade cristã diga seu "sim" ou seu "amém" a Deus, respondendo ao "sim" e ao "amém" de Deus a ela (cf. 2Cor 1,20), imitando a atitude da Virgem Maria que respondeu ao anúncio do anjo: "Faça-se em mim segundo tua Palavra" (Lc 1,38).

Na liturgia da Palavra, pela fé com que a escuta, também hoje a assembleia dos fiéis recebe de Deus a Palavra da aliança, e deve responder a esta Palavra com fé, para que se vá convertendo cada vez mais em povo da nova Aliança (OLM 45).

É interessante recordar o que pede a Introdução ao Lecionário:

> O povo de Deus tem o direito de receber abundantemente o tesouro espiritual da Palavra de Deus, o qual se realiza ao levar à prática a OLM, e também através da homilia e da ação pastoral.
>
> Os fiéis, na celebração da missa, devem escutar a Palavra de Deus com uma veneração interior e exterior que os faça crescer continuamente na vida espiritual e os introduza cada vez mais no mistério que se celebra.

É famosa a passagem de Santo Agostinho quando, tomando a ideia de "um mestre de eloquência", diz que o pregador "deve falar de tal modo que ensine, deleite e mova (*ut doceat, ut delectet, ut flectat*)" (IV, 12, 27-29). Destas três finalidades, a primeira e necessária é "ensinar", para que os fiéis entendam o que Deus nos diz; depois, que "gostem" do que entenderam; mas depois vem o decisivo: que se movam para cumpri-lo. Por parte do ouvinte, corresponderia a "entender", "gostar" e "obedecer"...

Paulo VI resumiu bem, em 1975, a importância de uma boa pregação para a comunidade cristã:

> Esta pregação, singularmente inserida na celebração eucarística, da qual recebe força e vigor particulares, tem certamente um papel especial na evangelização, na medida em que ela exprime a fé profunda do ministro sagrado e em que ela estiver impregnada de amor. Os fiéis congregados para formar uma Igreja pascal, a celebrar a festa do Senhor presente no meio deles, esperam muito desta pregação e dela poderão tirar fruto abundante, contanto que ela seja simples, clara, direta, adaptada, profundamente aderente ao ensinamento evangélico e fiel ao magistério da Igreja, animada por um ardor apostólico equilibrado que lhe advém de seu caráter próprio, cheia de esperança, nutriente para a fé e geradora de paz e de unidade. Muitas comunidades paroquiais ou de outro tipo vivem e se consolidam graças à homilia de cada domingo, quando ela tem as qualidades apontadas (EN 43).

E a introdução ao Lecionário resume assim as finalidades pastorais de uma boa homilia:

> O presidente exerce, também, a sua função própria, e o ministério da Palavra de Deus quando pronuncia a homilia. Com efeito, a homilia conduz os irmãos a uma compreensão saborosa da Sagrada Escritura; abre as almas dos fiéis à ação de graças pelas maravilhas de Deus; alimenta a fé dos presentes acerca da palavra que na celebração se converte em sacramento pela intervenção do Espírito Santo; finalmente, prepara os fiéis para uma comunhão fecunda e os convida a praticar as exigências da vida cristã (OLM 41).

Apêndices

I
A SOLENE PREGAÇÃO DO LIVRO DE NEEMIAS

No capítulo 8 do livro de Neemias, no Antigo Testamento, temos um belo exemplo de pregação cultual a uma grande assembleia, a de Israel, para a volta do desterro do Norte.

Depois de uma geração vivida em terra pagã, aqueles israelitas, sobretudo os jovens, necessitavam claramente de uma reevangelização. Um leigo, o governador Neemias, e um sacerdote, o escriba Esdras, organizaram, com a ajuda de outros levitas, uma grande assembleia onde se ofereceu a todo o povo uma demorada catequese do Livro da Lei (o Deuteronômio), que tinha sido esquecido pela maioria nos anos do desterro em terras pagãs.

O ato de abertura do livro e sua leitura se revestiram de solenidade e aclamações.

> Todo o povo se reuniu como um só homem na praça situada defronte da porta das Águas. Disseram ao escriba Esdras que trouxesse o livro da lei de Moisés, que Iahweh havia prescrito para Israel. Então o sacerdote Esdras trouxe a Lei diante da assembleia, que se compunha de homens, mulheres e de todos os

que tinham o uso da razão. [...] ele leu o livro desde o alvorecer até o meio-dia [...] todo o povo ouvia atentamente a leitura do livro da Lei. O escriba Esdras estava sobre um estrado de madeira, construído para a ocasião. [...] quando ele o abriu [o livro], todo o povo se pôs de pé. Então Esdras bendisse a Iahweh, o grande Deus; todo o povo, com as mãos erguidas, respondeu: "Amém! Amém!", e depois se inclinaram e prostraram-se diante de Iahweh, com o rosto em terra.

Aqui entraram em ação os levitas (os catequistas, diríamos agora), para que a leitura fosse entendida e proveitosa:

[...] levitas [e Esdras] explicavam a Lei ao povo [...]: assim se podia compreender a leitura.

No segundo dia, os chefes de família de todo o povo, os sacerdotes e levitas, reuniram-se em torno do escriba Esdras, para estudarem as palavras da Lei.

Cada dia Esdras fez uma leitura do livro da Lei de Deus, do primeiro ao último dia.

Puseram em seguida em prática uma das instruções que encontraram escritas no livro: a construção de tendas ou tabernáculos, para habitar neles, como lembrança do deserto. E elevaram a Deus uma longa oração ou salmo de louvor (ocupa todo o capítulo 9), precedida de uma cerimônia penitencial, com jejum e confissão de seus pecados.

Tudo terminou em uma festa muito alegre, com comida e bebida, sem esquecer o gesto de solidariedade com os mais pobres. A alegria e a festa se explicam ao final, "pois haviam compreendido as palavras que lhes foram comunicadas".

Esdras disse a todo o povo: "Este dia está consagrado a Iahweh, vosso Deus: não estejais tristes nem choreis". Pois todo o povo chorava ao ouvir as palavras da Lei. E lhes disse também: "Ide e comei manjares gordurosos, bebei bebidas doces e mandai sua porção para quem não tem nada preparado. Porque este dia está consagrado ao nosso Senhor. Não estejais tristes: a alegria de Iahweh é vossa fortaleza".

Também os levitas tranquilizavam o povo dizendo-lhe: "Calai-vos, este dia é santo. Não estejais tristes". E o povo inteiro se retirou para comer e beber; distribuíram porções e se expandiram em grande alegria, pois haviam compreendido as palavras que lhes foram comunicadas.

Um bom modelo de toda pregação, de catequese e também de homilia. Que bom seria se os sacerdotes e catequistas leigos tivessem também hoje a arte de fazer compreender a todos o conteúdo dos livros bíblicos! E também que o povo cristão de hoje tivesse a atitude que mostrou naquela ocasião – ao menos como nos conta o livro de Neemias –, diante da pregação do livro bíblico: interesse, atenção, participação com aclamações, alegria festiva e compromisso de solidariedade com os mais pobres...

II
O PROBLEMA DA HOMILIA

O problema da homilia sempre preocupou a Igreja, porque milhões de fiéis ouvem, todos os domingos, as homilias nas missas. Por isso, parece-nos significativa esta carta do então bispo de Urgel (e copríncipe de Andorra), Mons. J. Martí Alanis, dirigida a seus diocesanos em 1978, sobre a importância e as dificuldades da homilia.

Nestas últimas semanas, provavelmente por coincidência, foram muitas as pessoas que me falaram das homilias nas missas dominicais. Houve um tempo – as pessoas mais velhas se lembram disso – em que a missa era dita sem nenhum tipo de homilia, ou com uma pregação sobreposta, sem referência aos textos bíblicos e realizada frequentemente por outro sacerdote ao longo da celebração. Hoje é diferente. A homilia ocupa um lugar importante.

A homilia, no entanto, é inquietante. Não me refiro ao fato de que, não faz muitos anos, as homilias eram objeto de multas governativas. Refiro-me ao agora. Há sacerdotes para quem essa responsabilidade pesa. Que dizer, se a teologia se está construindo, se as sensibilidades culturais são tão distintas, se o público é, às vezes, misto e desconhecido (pensem nas comarcas turísticas), se o tempo de que dispõem é tão breve...? Ou, pelo contrário, que dizer, se o público há anos é o mesmo, se existem poucas pessoas nos lugarejos de montanha, se falta clima religioso, se há uma celebração concorrida?

Uma obra de arte

Por outro lado, uma homilia benfeita é uma verdadeira obra de arte. O pastor deve falar como cabeça de uma comunidade com uma intenção religiosa de provocar a conversão, devendo, sem fazer floreios, relacionar a mensagem dos textos bíblicos do dia com os problemas reais dos que o escutam, e também relacionar tudo isso com a celebração eucarística. E isso em seis, em oito ou em dez minutos. Porque um número considerável de assistentes tem pressa e olha para o relógio. Hoje todos nós andamos cronometrados. E estamos cansados de escutar palavras. Palavras e mais palavras no rádio e na TV. Palavras que cansam. Além disso, estes meios de comunicação aprenderam a atrair o espectador aborrecido com fórmulas estimulantes, embora impliquem certo engano.

Como faremos para dizer uma palavra de fé a pessoas que não querem escutar, que preferem não pensar em determinados temas e que consideram aborrecidas e monótonas as palavras do sacerdote? "Diga aos sacerdotes que façam melhor suas homilias. O que dizem é aborrecido e não interessa", dizia-me há pouco uma senhora.

Uma situação difícil

O problema, de qualquer modo, não tem uma motivação única. Não existe nenhuma pregação que possa tornar totalmente compreensíveis os mistérios divinos que nos transcendem. Não existe ouvinte, por benévolo que seja, que não traduza tudo o que escuta para a linguagem de uma crítica pessoal e que livremente aceitará ou não a mensagem da fé e, mais ainda, as razões humanas que a apresentam. Uma celebração eucarística não é um ato acadêmico nem uma conferência que busca somente atrair o assentimento dos ouvintes pelas razões dadas e pelos dotes oratórios de persuasão do que prega. Pressupõe, antes, um acordo fundamental prévio, uma vivência de fé e uma vontade de celebrar o que se crê com a alegria da fraternidade de sentimentos.

Acrescenta-se aqui, além disso, a difícil situação que se produz em algumas celebrações de bodas ou funerais, nas quais logo nos damos conta de que boa parte do público está na igreja por um compromisso social e não "participa" na celebração.

Por tudo isso, não deveríamos pedir aos sacerdotes o que não se tem que dar ou não se pode dar em uma homilia de uma Eucaristia festiva.

Um esforço necessário

Agora, apesar disso, também se deve pedir aos sacerdotes que ponham todo seu esforço no aproveitamento destes minutos tão importantes. Todo mundo, quando fala, projeta a própria personalidade com sua riqueza cultural ou de sentimentos. Por isso, o sacerdote prepara a homilia quando se esforça por viver em si mesmo a riqueza do Evangelho, quando se cultiva intelectualmente com o estudo da Bíblia e da teologia, quando está como bom pastor perto das pessoas, de seus problemas, de suas aflições. Quando lê o jornal e quando ora.

Os homens de hoje, às vezes, pedem utopias, pura ciência humana, distração própria de que tem curiosidade e pouco mais. Mas também é verdade que têm o coração aberto para a boa semente.

Linguagem e sensibilidade

Captar a linguagem, o estilo de vida, ter sensibilidade diante dos problemas, dar-se conta de que muitas pessoas vivem uma angústia existencial, têm uma sensação de vazio, buscam respostas sérias e profundas, liberdade, segurança, paz e felicidade, é dever do sacerdote. Uma mensagem de fé e de amor, uma palavra que seja verdadeiramente de Deus, saída do coração, preparada com interesse em duas ou três horas, se necessário, com o estudo dos textos bíblicos e a reflexão das necessidades espirituais dos fiéis, converte-se em uma mensagem aceita, em uma palavra que se escuta.

Ter sacerdotes com vida de fé profunda, com preparação intelectual, em contato com os homens, com sensibilidade espiritual, é a riqueza da Igreja. Estes sacerdotes dirão palavras que verdadeiramente tocarão.

Uma nova razão para pensar que, em nossa vida, conta mais o que somos do que o que fazemos? Sim, conta mais. Porque ninguém dá o que não tem. Embora também seja verdade que, por melhor que seja a comida, de nada adianta se não há vontade de comer...

III
ACUPUNTURA HOMILÉTICA

Este é o título de um livro editado em alemão, cujo autor é W. Jetter (1976). É uma coleção de duas mil "agulhadas" sobre a homilia, em tom de ironia e saudável crítica.
Escolhemos as que nos parecem mais atuais para nosso ambiente.

Sobre a homilia em geral

- O que quer permanecer como é, quer que também a teologia permaneça como é; assim, pode estar mais seguro.

- Alguns dizem que a pregação é o ópio do povo, como a religião; porém, é um ópio que não cria dependentes.

- Se não se pede à homilia o que ela não pode dar, é mais fácil aceitá-la.

- Já as antigas teorias sobre a pregação diziam que de um sermão se pode sair quente, frio ou morno.

- As novas teorias de homilética dizem o mesmo, porém cientificamente, com números e estatísticas e razões profundas.

- Muitos preferem mudar o mundo a modificar a si mesmo.
- É muito mais fácil criticar um sermão do que fazer um bom sermão.

A preparação da homilia

- Quando o pregador se baseia em subsídios antigos, tem fácil conserto. É só acrescentar a palavra "hoje" e está resolvido.
- Não é por dizer a última novidade que se diz algo melhor.
- Mas aquele que, por segurança, diz sempre o mesmo corre o risco de alimentar seus ouvintes com conservas.
- Aquele que tem duas profissões e dois títulos não necessariamente está duplamente formado.
- A alguns pregadores convém aprender a conviver com as dúvidas e com os problemas que não têm solução.
- Nem sempre o último é o melhor. Às vezes, o penúltimo é mais válido.
- A alguns nada impressiona até que o vejam em estatísticas.
- As estatísticas dão informação, mas não experiência.
- O bispo Dibelius dizia que ele não acreditava em nenhuma estatística, a não ser que ele a tivesse elaborado.
- Feliz quem tem uma estatística a seu favor até que a opinião contrária traga outra.
- Muitos pregadores, enquanto meditam e se preparam, pensam mais em seu sermão do que em seus ouvintes.
- Um grande perigo dos pregadores é a melancolia; e assim nada fazem senão aumentar a melancolia e o desânimo dos outros.

Atitudes dos ouvintes

- Quem fala em público está exposto à contradição. Às vezes, os que o contradizem são os ouvintes. Às vezes, o Espírito Santo.
- Se o pregador não leva a sério a homilia, os ouvintes costumam fazer o mesmo.
- Nem tudo que agrada ao pregador também agrada aos ouvintes.
- Os que preferem sermões "progressistas" ficam muito satisfeitos quando escutam um que também o é. Porém, se é um sermão "edificante", nem por isso mudam de opinião: reafirmam-se em sua opinião anterior.
- Os que querem sermões "edificantes" ficam muito satisfeitos quando escutam um que também o é. Porém, nos sermões "progressistas", não mudam de opinião, reafirmam-se em seu gosto anterior.
- A maioria busca em um sermão o que já tem.
- Alguns criticam os sermões porque não dizem nada. Outros, porque dizem demais.

A homilia e o texto bíblico

- Às vezes, a Bíblia fala mais claramente que os pregadores que a querem explicar.
- Há homilias em que o texto evangélico se esconde atrás da explicação e não há quem adivinhe que texto é.
- O melhor texto não consegue impedir que se digam dele coisas horrendas.

- Sobre o mesmo texto há homilias tão distintas que parecem de textos diferentes.
- O texto bíblico serve para tudo.
- Alguns pregam em direção contrária ao texto que estão comentando.
- O texto que não leva a sério o texto bíblico tampouco leva a sério seus ouvintes.
- Aquele que tem muito interesse em falar de um tema medita tanto que, ao final, o texto se adapta ao tema.
- Às vezes, começa-se sonhando com as fontes do Jordão e, no final, se vai parar no Mar Morto.
- O que o texto quer dizer e o que o pregador quer dizer nem sempre coincidem.
- A exegese vale para tudo. Pode-se colocar no texto o que depois se quer tirar dele.
- Diz o pregador: "O que lhes digo não vale nada, o que se diz no Evangelho é tudo". Mas, se seus ouvintes lhe dizem isso, ele não concorda.

O modo de pregar

- Não é gritando muito que se convence mais o auditório.
- Não é bom que o único elemento forte do sermão esteja no microfone.
- Demóstenes exercitava sua oratória na praia; os cantores exercitam sua voz diante do espelho; a única coisa que os pregadores exercitam é a paciência dos ouvintes.

- As frases engenhosas agradam muito, mas cansam logo.
- Se há muita criatividade, brilha mais o pregador do que o Evangelho.
- Afrontar o povo no sermão é um gênero muito antigo. João Batista já o fazia. Os fariseus o escutavam com gosto, quando afrontava o povo. O povo, quando afrontava os fariseus, até Herodes o escutava com gosto. Só Herodíades não encontrava satisfação neste tipo de sermões.
- Também se pode dizer algo sem palavras difíceis.
- Não nos fazemos entender melhor por chamar de "perícope" a passagem em questão.
- Ao êxito de um sermão exige-se acabá-lo a tempo.
- Se se demora muito nos prolegômenos, cansam-se os ouvintes antes de chegar à essência. É melhor passar logo ao assunto.

IV
CONSELHOS A UM MAU ORADOR

Estes conselhos foram escritos por K. Tucholsky, um humorista alemão, que morreu em 1935. Foram traduzidos de seu livro-seleção "Zwischen Gestern und Morgen!" (Entre o ontem e o amanhã), Hamburgo, 1952, p. 95-96. Embora já tenham passado muitos anos e os irônicos "conselhos" estejam destinados a um orador profano, podem-se aplicar a essa difícil arte da homilia também em nossos tempos.

- Nunca comece pelo princípio, mas cinco quilômetros atrás. Algo assim como: "Senhoras e senhores, antes de entrar na matéria, permitam-me que brevemente...". Assim terá conseguido já tudo o que se pode pedir de um bom começo: uma saudação, um início distante, o anúncio do que pensa tratar e a palavrinha "brevemente". Em um instante, conquistou o coração e os ouvidos dos presentes. Porque o que estão esperando é precisamente isto: que lhes explique, se possível com muitos detalhes, o que vai dizer, o que está dizendo e o que já disse.

- Não fale de memória. Isso dá a impressão de insegurança. O melhor é que leia o discurso. Isso dá segurança e confiança. Além disso, agrada muito aos presentes o fato de que, a cada quatro frases, o orador levante o olhar com certa desconfiança, para se assegurar de que todos estão ainda lá... Não seja atrevido nem ignorante. Não pretenda ser um ridículo Cícero. Não fale de memória, mas prepare tudo bem. Tome o exemplo de nossos deputados em seu discurso: viu-os alguma vez falar improvisando? Certamente que preparam em suas casas todo o discurso, incluídas as passagens em que deve haver aplausos.

- Fale da mesma maneira que escreve. E eu já sei como escreve. Com períodos longos, longos. Estes parágrafos que você, em sua casa, onde tem a tranquilidade de que tanto necessita, sem pôr muita atenção em seus filhos, preparou, e que sabe perfeitamente como chegarão ao final, unindo entre si com cuidado as frases subordinadas, de modo que o ouvinte, que impacientemente se mexe em seu assento, espera o final de seu parágrafo... Ou seja, assim, como este parágrafo, ou mais longo.

- Comece sempre a partir dos antigos romanos e, se possível, antes de Cristo. Não se esqueça de dar o pano de fundo histórico de tudo que disser. Isso não só é tipicamente alemão. Fazem-no todos os homens instruídos que usam óculos. Você tem razão: não se entendem as coisas se não se explicam todos os antecedentes. As pessoas não vieram a seu discurso para ouvir coisas vivas, palpitantes, mas o que se encontra nos livros sábios. Muito bem. Dê-lhes sempre história, que isso é bom.

- Não se preocupe se as ondas que partem de você para o público voltam a você ou não. Isso de *feedback* é bobagem. Fale sem se

- preocupar com o efeito que produz, ou com o público, ou com o ambiente da sala. Fale, fale, que Deus o premiará.
- Diga tudo com orações subordinadas. Nunca diga: os impostos são muito elevados. Isso é demasiado simples. Diga: eu gostaria de acrescentar ainda ao dito, brevemente, que a mim os impostos parecem-me... Assim se faz agora.
- Não se esqueça de beber, de quando em quando, um gole de água. Isso se vê com muito gosto. Se fizer uma piada, ria um pouco antes, de modo que todos saibam onde está a graça.
- Um discurso é, como não, um monólogo. Não faça caso dos que dizem que um discurso tem muito diálogo ou que se parece a uma peça sinfônica. Não faça caso. Siga falando, lendo, ameaçando, contando.
- O emprego de números e estatísticas eleva muito o tom de um discurso. Isso tranquiliza os ouvintes, porque todos gostam de conservar na memória, por exemplo, uma série de dez números. Isso os diverte muito.
- Anuncie com muita antecipação o final do discurso, de modo que os ouvintes não tenham depois um ataque do coração pela alegria. Alguém começou seu discurso com estas palavras: "Para concluir, gostaria de dizer-lhes isto". Anuncie o final e depois comece de novo do princípio e fale ainda meia hora. Pode repetir isto várias vezes. Não fale nunca menos de uma hora e meia. Do contrário, não vale a pena começar.
- Quando um fala, os outros devem escutar. Essa é sua grande oportunidade. Não a desperdice.

BIBLIOGRAFIA

A MESA DA PALAVRA I: elenco das leituras da missa. São Paulo, Paulinas, 2007.

A. OLIVAR, *La predicación cristiana antigua*, Herder, Barcelona, 1991, 998 p.

COMISIÓN EPISCOPAL DE LITURGIA, *Partir el Pan de la Palabra* (= PPP). *Orientaciones sobre el ministerio de la homilía*, PPC, Madrid, 1985, 48. Contém também as orientações de J. López. Cf. também *Past Lit* 131-132 (1983) 11-32; *Not* 209 (1983) 814-834.

COMITÉ TEOLÓGICO DE LYON, Reflexión pastoral sobre la homilía. *Past Lit* 177-178 (1988) 29-39.

D. GRASSO, *Teología de la predicación. El ministerio de la palabra*, Sígueme, Salamanca, 1966, 371 p.; id. *La predicación a la comunidad Cristiana*, Verbo Divino, Estella, 1971, 366 p.

E. FOLEY, *Preaching Basics. A Model and a Method*, LTP, Chicago, 1998, 44 p.

E. FOURNIER, *La homilía según la constitución sobre la sagrada liturgia*, Estela, Barcelona, 1965, 238 p.

F. BROVELLI, *L'omelia, elementi di riflessione dal dibattito recente*: Scuola Cattolica 117 (1989) 287-329 (com abundante bibliografia de autores e documentos do magistério da Itália).

F. J. CALVO, *Homilética* (= *Sapientia Fidei* 29). BAC, Madrid, 2003, 246 p.

F. KLOSTERMANN, El predicador del mensaje Cristiano. In: *Palabra en el mundo*. Sígueme, Salamanca, 1972, 209-256.

G. ROVERE, *Il discorso omiletico*, Roma-Basilea, 1982.

G. THEISSEN et al. *Le défi homilétique. L'exégèse au servisse de la prédication*, Genève 1994, 321 p.

J. A. GOENAGA, La homilía: acto sacramental y de magisterio. *Phase* 95 (1976) 339-358; id., La homilía entre la evangelización y la mistagogia. *Past Lit* 226 (1995) 4-23.

J. ALDAZÁBAL, La homilía, resituada en la celebración litúrgica: *Phase* (1976) 7-24; id., La homilía, educadora de la fe: *Phase* 126 (1981) 447-459; id., Predicación. In: *Conceptos Fundamentales del Cristianismo*, Trotta, Madrid, 1993, 1058-1070; id., La homilía es para la comunidad. *Phase* 207 (1995) 231-240; id., *Assembleia litúrgica*. In: *Dizionario di Omiletica*, LDC, 1998, 140-145; id., *Enséñame tus caminhos* (= Dossiers CPL 67.68.72.73.75.76.80), CPL, Barcelona, 1995-1998, 7 vols. (homilias para os dias feriais); id., *Enséñame tus caminhos* (= Dossiers CPL 99.104.108), CPL, Barcelona 2003-2005, 3 vols. (homilias para os domingos dos três ciclos).

J. COMES, *La Homilía, ese reto semanal*, Edicep, Valencia, 1992.

J. LÓPEZ, Partir el Pan de la Palabra. Guía para el estudio... *Past Lit* 133-134 (1983) 29-40; id. El ministerio evangelizador de la homilía. In: *Eucaristía y Evangelización*, PPC, Madrid, 1993, 175-198.

L. A. VALERO, La Palabra: elemento esencial del ser y quehacer del presbítero. *Medellín* 119-120 (2004) 475-522.

L. DELLA TORRE, Homilía. *Nuevo Diccionario de Liturgia*, Madrid, 1987, 1015-1038.

L. MALDONADO, La homilía, esa predicación siempre vieja y siempre nueva: *Phase* 56 (1970) 183-202; *El menester de la predicación*, Sígueme, Salamanca, 1972, 222 p.; id. *A homilia: pregação, liturgia, comunidade*. São Paulo, Paulus, 1998.

M. SODI, A. M. Triacca (coords.). *Dizionario di Omiletica*, LDC-Velar, Leumann (Torino) – Gorle (Bergamo), 1998, XX-1708 p.

NATIONAL CONFERENCE OF CATHOLIC BISHOPS, *Fulfilled in Your Hearing. The Homily in the Sunday Assembly*, Washington, 1982.

R. BARILE, L'omelia. *Riv Past Lit* 2 (2004) dossier, 64 p.

T. BOSCO, *Come predicare oggi. Appunti sul ministero della Parola e in particolare sull'omelia*, LDC, Torino-Leumann, 1982, 160 p.

T. STENICO, *L'omelia*, LEV, Vaticano 1998.

VV.AA, Homélie. *Lit Foi Cult* 162 (2000) 2-63.

VV.AA, L'homélie. *Célébrer* 235 (1993) 3-16.

VV.AA, L'omelia oggi. *Riv Past Lit* 1 (1995) 1-67.

VV.AA, *Predicare oggi: perchè e come*, Queriniana, Brescia 2001.

VV.AA, *Prédication liturgique et les commentaires de la liturgie. Conférences S. Serge (1991)*, Ed. Liturg., Roma, 1992, 294 p.

W. KRUSCHE, La predicación em la celebración litúrgica de la comunidad en la actualidad. *Sel Teol* 63 (1977) 214-226.

Rua Dona Inácia Uchoa, 62
04110-020 – São Paulo – SP (Brasil)
Tel.: (11) 2125-3500
http://www.paulinas.com.br – editora@paulinas.com.br
Telemarketing e SAC: 0800-7010081